公務員試験

寺本康之の行政法

THE BEST HYPER

ザ・ベストハイパー

寺本康之 著

エクシア出版

はじめに

こんにちは。今回は行政法ザ・ベストプラスの改訂版を書かせていただくことになりました。旧版のザ・ベストプラスは多くの方にご愛好いただき、さまざまなフィードバックもいただきました。そこで、今回のザ・ベストハイパーは、そんな旧版のよいところを残し、足りないところを加筆することで更なる高みを目指しました。最新の試験傾向にあわせて知識のブラッシュアップも図っています。

もともと行政法は、行政の活動を規律するというその特殊性から、イメージを持ちにくく、とっつきにくさを感じる科目です。そこで、本書では難解な用語や概念をできる限りわかりやすく、かつ具体的に説明することに徹しました(それでも結構難しい科目ではあります)。また、構成も他の書籍に比べて極力シンプルなものにしました。例えば、本来、行政法は「行政組織法」「行政作用法」「行政救済法」に分けて記述するのが主流なのですが、本書ではそれをしていません。行政法を一連の流れで押さえるためにはこの区分けは不要（邪魔）だからです。このように、本書は「わかりやすさ」と「構成のシンプルさ」にこだわっているので、初めて行政法を学ぶ方でもガンガン知識をインプットしていくことができます。

行政法は、公務員を目指している皆さんにとって、受験時はもちろん、実際職員になってからもずっとお付き合いしていく科目です。また、自治体によっては昇任試験の科目として課されることもあります。ですから、将来的なことをも併せて考えると「得意になっておくべき科目No.1」と言えます。是非、より多くの受験生の方に本書を読んでいただき、行政法を自分のものにしていただきたいと思います。

最後になりますが、今回も、畑中先生に素晴らしい出版の機会をいただき本当に感謝しております。また、エクシア出版の堀越さんや髙橋さんをはじめ、数多くのスタッフの方々のお力添えを頂くことで何とか出版にまでこぎつけることができました。この場を借りて改めて感謝と御礼を申し上げます。

寺本康之

CONTENTS

How to use The BEST

重要度
星3つまでの3段階。星が多いほど行政法を理解するために大切。

頻出度
星3つまでの3段階。星が多いほど試験で出題される頻度が高め。

1 行政法の基本原理

重要度 ★★☆

頻出度 ★★☆

第1章では行政法の基本原理を勉強していく。抽象論ではあるが、試験ではよく出題されている。とくに法律による行政の原理（法治主義）は基本中の基本だ。

判例
公務員試験で過去複数回出題されたことがあるものを列挙。メリハリをつけて学習しましょう。

判　例

【租税関係と信義則との関係】（最判昭62・10・30） Ⓐ

事案▶ Xは、税務上の優遇措置のある青色申告をY税務署長に行い、これが受理された。そこで、Xは青色申告に係る所得税額を納付してきた。ところ

ランク
A … 1、2年ごとにどこかの試験種で出題される頻出判例
B … 3～5年周期で出題される重要判例
C … 10年に一度運が悪いと出題されるマイナー判例

PLAY! 理解度チェック

1. 「法律による行政の原理」のうち、新たな法規の定立は、議会が制定すべきであり、行政がなす場合には、法律の授権に基づくことが必要とする原則を何と呼ぶか。

1.
法律の法規創造力の原則。

2. 「法律による行政の原理」のうち、行政活動をするためには、法律上の根拠が必要であるという原則を何と呼ぶか。

2.
法律留保の原則。

PLAY!
とくに試験で問われそうなコア知識の簡単なQ＆A。理解度をチェックしましょう。

TRY!
実際の本試験問題で知識を確認。解くことよりも読んで誤りを確認することの方を重視しましょう。

TRY! 本試験問題に挑戦

行政機関の保有する情報の公開に関する法律（以下「情報公開法」という。）に関する次の記述のうち、妥当なのはどれか。　【国家一般職Ｒ2】

1. 行政機関の長は、開示請求に係る行政文書に不開示情報（行政機関非識別加工情報など情報公開法で定められている情報を除く。）が記録されている場合であっても、公益上特に必要があると認めるときは、開示請求者に対し、当該行政文書を開示することができる。

1. ○
そのとおり。
「長の裁量的開示」である。

行政法について

行政法とは

行政法とは、行政の活動を規律する法体系を言います。しかし、六法のどこを見ても「行政法」という法典は見当たりません。なぜでしょうか？　それは、「行政法」という名称自体が数多くある行政に関する法律（行政法規）を総称したものだからです。つまり、憲法や民法などとは異なり、「行政法」という名称の統一法典は存在しないのです。

現在、行政法規の数は1,900本にものぼると言われていますが、公務員試験で問われる法律は限られています。せいぜい行政代執行法、行政手続法、情報公開法、行政不服審査法、行政事件訴訟法、国家賠償法、地方自治法くらいのものです。ですから、試験で出題される範囲はそれほど広いものではありません。

勉強のコツ

行政法は、憲法のように分かりやすい科目ではなく、民法のように理論的な科目でもありません。そのため、多くの受験生が「意味不明」とか、「無味乾燥」といった感想を抱く科目です。現職の方々が口をそろえて、「実際の業務に就いてからじゃないと行政法なんてわからないよ」というくらいですから、まぁ「所詮そんなもんだ」と割り切って学習することが大切です。わからないからといって歩みを止めることのないよう注意しましょう。最初のうちは理解など気にせずにどんどん読み進めることをおススメします。

ただ安心してください。試験では本書に書いてあることが「そのまま」出題されます。本当に（マジで）「そのまま」です。それゆえ、

「よくわからないけどサクサク問題は解ける」という謎の現象が起こり、皆さんの大好きな満点を狙うことも可能となります。

最後に、一気に行政法を得意にするポイントについて述べておきます。それは、繰り返しの「間」を意識して学習することにつきます。前述したように、行政法は無味乾燥な科目であるため、学習した内容が記憶に残りづらいという弱みがあります。したがって、他の科目以上に繰り返しの「間」を意識してください。つまり、一度読んだら即座に2周目に突入していただきたいということです。間をあけるとすぐに知識が抜け落ちてしまいますので、最低３週目までは間髪入れずに繰り返し読んでください。そうすれば、しっかり知識として定着しますし、問題も解けるようになりますよ。「理解」より「経験」（繰り返しの回数）で得点できるようになる科目だと思っておきましょう。

1 行政法の基本原理

重要度
★★☆
頻出度
★★☆

第１章では行政法の基本原理を勉強していく。抽象論ではあるが、試験ではよく出題されている。とくに法律による行政の原理(法治主義)は基本中の基本だ。

1 法律による行政の原理（法治主義）

「法律による行政の原理（法治主義）」とは、行政の活動は、法律に従って行われなければならないという一般的な原理です。「権力は腐敗する、絶対的権力は絶対に腐敗する」（ジョン・アクトン）という言葉があるように、権力は放っておけば自然と暴走するものです。そこで、行政が暴走しないように法律でしっかりと歯止めをかけようとする、これが法律による行政の原理です。まずは次の図を見てみましょう。

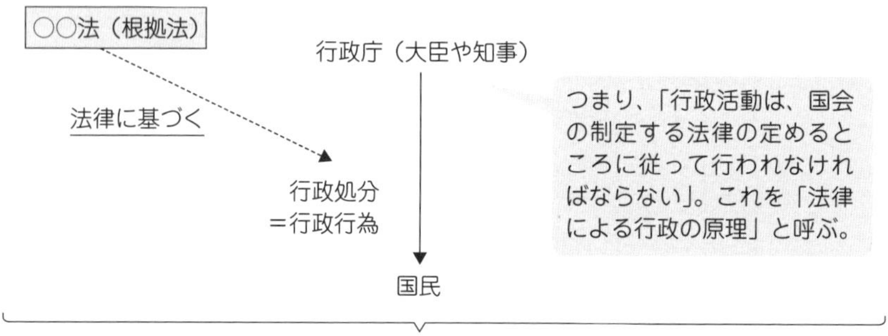

↓具体的には

＜法律による行政の原理の内容＞

- 法律の法規創造力の原則
- 法律優位の原則（どのような行政活動においても等しく適用される）
- 法律留保の原則

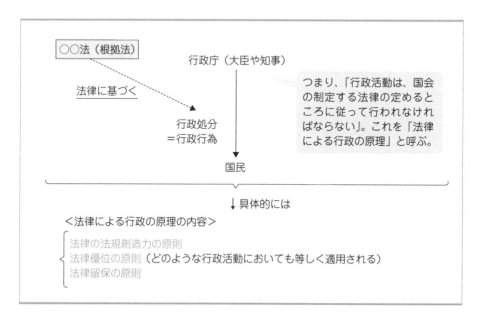

行政法の世界では「行政庁」という言葉がたくさん出てきますが、これは大臣や知事などの権限のある人のことを指します（詳細は後述）。そして、行政庁は国民に

対して「行政処分」をする権限を有しています。「行政処分」というのは講学上の「行政行為」と同義であり、今の段階では行政が国民に対してなす強制的、かつ一方的な法的行為だと思っておきましょう（詳細は後述）。皆さんが経験したことのある行政処分と言えば「自動車運転免許」や「課税処分」くらいなものでしょう。まさか「営業停止処分」などをくらったという人はいないですよね（笑）。他にも具体例は腐るほどあり、そのすべてを今の段階から理解するのは不可能です。

これら行政処分を行うためには、「根拠法（行政処分を根拠付ける法）」が必要です。例えば、課税処分をするためには所得税法等の根拠法がなければなりません。これが「法律による行政の原理」のイメージです。もっとも、「法律による行政の原理」は厳密に言うと３つの原則に分けることができます。それは「法律の法規創造力の原則」「法律優位の原則」「法律留保の原則」の３つです。それでは、これらを詳しく見ていきましょう。

（１）法律の法規創造力の原則

「法律の法規創造力の原則」とは、新たに法規を創造することができるのは議会のみであるという原則です。ですから、行政は、法律による授権（委任）がない限り法規を作ることができません。これは憲法41条で勉強した「国会中心立法の原則」と同じような内容となります。

（２）法律優位の原則

「法律優位の原則」とは、すべての行政活動は現存する法律に違反してはならないという原則です。行政は法律をちゃんと守りなさいということですね。この法律優位の原則は、どのような行政活動にも適用されます。

（３）法律留保の原則

「法律留保の原則」とは、行政活動をするためには、法律上の根拠が必要であるという原則です。実はこれが「法律による行政の原理」そのものの定義に一番近いものとなります。ただ、この法律留保の原則がどの範囲の行政活動に妥当するのかという点については、学説上見解の対立があります。試験的には次の表にある「侵害留保説」を押さえておきましょう。ただ、これを理解するためには「侵害行政」という言葉や「給付行政」という言葉を理解しておく必要があるので、まずは用語の説明をしておきます。

「侵害行政」とは、例えば営業停止処分や課税処分などのように国民の権利・自由を制限するような行政活動を意味します。したがって、国民の側から見れば非常に迷惑な行政活動ということになります。一方、「給付行政」とは、補助金の交付や生活保護の支給、公共施設の提供など、何らかのサービスを提供する行政活動を意味します。これは国民に対して便宜を図るものなので、国民の側からはありがたい、そんな行政活動と言えます。これらのことを前提に次の表を見てみましょう。

法律留保の原則

侵害留保説 （実務）	国民の**権利・自由を制限**したり、**国民に義務を課したりする**行政活動に限って法律の根拠が必要であると考える立場（**自由主義的**）。 結論　侵害行政には法律の根拠が必要であるが、給付行政については法律の根拠が不要である。 批判　例えば、補助金の交付などに法律の根拠が不要となれば、裁量で金銭のばらまきが行われるおそれがある。
全部留保説	**すべて**の行政活動について法律の根拠が必要であるとする立場（**民主主義的**）。 結論　侵害行政、給付行政という区別に関係なく、すべての行政活動に法律の根拠がなければならない。 批判　積極国家化、福祉国家化に伴って行政需要が多様化しているのに、法律がなければ一切動けないことになり、迅速さ・機敏さに欠ける。
社会留保説	国民の権利・自由を制限したり、国民に義務を課したりする行政活動に加え、**社会権確保を目的としてなされる給付行政（生活配慮行政）**を行う場合にも法律の根拠が必要であるとする立場。 結論　侵害行政にも、補助金の交付などの給付行政にも法律の根拠が必要となる。
権力留保説	行政活動が**権力的な行為形式**によって行われる場合には、法律の根拠が必要であるとする立場。 結論　給付行政でも、行政が一方的判断で行う行政活動には法律の根拠が必要となる。

重要事項（本質事項）留保説	行政活動のうち、重要な事項については法律の根拠が必要であるとする立場。 結論　重要な事項のみ法律の根拠が必要となる。 批判　何が重要な事項なのかが不明。基準としてあいまい。

2 法の一般原理

「法の一般原理」とは、平等原則、比例原則、信頼の原則など、すべての法領域に共通する原理を言います。では、これら法の一般原理は行政法の世界でも適用されるのでしょうか？　とくに信頼の原則については判例があります。「信頼の原則」とは、法律行為を行う当事者は、互いに信義を重んじて誠実にそれを行わなければならないという原則です。「信義誠実の原則」あるいは、単に「信義則」と呼ぶこともあります。

判 例

【租税関係と信義則との関係】（最判昭62・10・30） Ⓐ

事案▶ Xは、税務上の優遇措置のある青色申告をY税務署長に行い、これが受理された。そこで、Xは青色申告に係る所得税額を納付してきた。ところが、Y税務署長は、過去2年分の所得税につき青色申告の受理は間違っていたとして、その効力を否定し、税務上の優遇措置のない単なる白色申告とみなして更正処分をしてきた。そこで、Xは、このような更正処分が信義則に反する違法なものであるとして争った。

判旨▶ 原則として、租税法規に適合する課税処分を、信義則の適用により、違法なものとして取り消すことはできない（租税法律主義の原則が貫かれるべき租税法律関係においては、右法理の適用については慎重でなければならない）。しかし、租税法規の適用における納税者間の平等、公平という要請を犠牲にしてもなお当該課税処分に係る課税を免れしめて納税者の信頼を保護しなければ正義に反するというような特別の事情が存する場合には、例外的に租税法規に適合する課税処分を、信義則の適用により、違法なものとして取り消すことができる。

〈イメージ〉

Y税務署長 （租税法律主義） →適法	VS	X （信義則） →違法

理解のコツ

租税法律主義と信義則とではどちらが優先？

「納税者の信頼を保護しなければ正義に反するというような特別の事情が存する場合」には、信義則の適用により、違法な課税処分として取り消す余地があることを認めました。

【宜野座村工場誘致施策変更事件】（最判昭56・1・27） Ⓐ

事案▶ Y村は工場誘致施策の一環としてXの製紙工場の建設を認め、村をあげて全面的に協力することを明言した。しかし、その後の村長選挙で工場誘致施策反対派の候補者が当選し、工場誘致施策が変更されるに至った。そこで、Xは工場の建設・操業が不可能となったとして、不法行為に基づく損害賠償を求めて出訴した。

判旨▶ 地方公共団体が一定内容の将来にわたって継続すべき施策を決定した場合であっても、その後の社会情勢の変動などに伴って変更されることは当然であるが、**信義衡平の原則**に照らし、その施策の変更にあたっては、相手方の信頼に対して法的保護が与えられなければならない。したがって、これにより損害を被る者に対して何らの代償的措置を講ずることなく施策を変更することは、**信頼関係を不当に破壊**するものとして違法性を帯び、不法行為責任（損害賠償責任）を生じる。

理解のコツ

誘致しておいて無償で出て行けとは何様だ！

村長が代わった以上、施策が変更されることは仕方ありません。それが民主主義ですからね。しかし、施策を変更しておきながら「はい、出ていきなさい」というのはあまりにも気の毒です。そこで、投下した資本を回収できる程度の損害賠償はしてあげないといけないということになります。

【在ブラジル被爆者健康管理手当等請求事件】（最判平19・2・6） Ⓑ

事案▶ 法律に基づき健康管理手当の支給認定を受けた原子爆弾被爆者が外国へ出国したことで、その支給を打ち切られたため、未支給の健康管理手当の支払いを求めた訴訟。普通地方公共団体は地方自治法236条所定の消滅時効を主張したが、これが信義則に反し許されないのではないかが問題となった。

判旨▶ 普通地方公共団体が、基本的な義務に反して、既に具体的な権利として発生している国民の重要な権利に関し、法令に違反してその行使を**積極的に妨げるような一方的かつ統一的な取扱いをし、その行使を著しく困難にさせた結果**、これを**消滅時効にかからせた**という極めて**例外的な場合**においては、普通地方公共団体による時効の主張を許さないこととしても、国民の平等的取扱いの理念に反するとは解されず、かつ、その事務処理に格別の支障を与えるとも考え難い。したがって、本件において、**地方自治法第236条第２項を根拠に消滅時効を主張することは許されない**。

理解のコツ

ずうずうしいのはよくないよね

普通地方公共団体が国民の権利行使を困難にし、消滅時効にかからせたのであれば、当該地方公共団体が利益を預かるべく消滅時効を主張するのはずうずうしいですよね。そこで、消滅時効の主張を否定したのです。

PLAY! 理解度チェック

1. 「法律による行政の原理」のうち、新たな法規の定立は、議会が制定すべきであり、行政がなす場合には、法律の授権に基づくことが必要とする原則を何と呼ぶか。

2. 「法律による行政の原理」のうち、行政活動をするためには、法律上の根拠が必要であるという原則を何と呼ぶか。

3. 法律留保の範囲につき、実務上はどの立場をとっているとされるか。

4. 課税処分を例外的に信義則の適用により取り消すことができる場合とはどんな場合か？

5. 判例によると、村長選挙で工場誘致施策反対派の候補者が当選し、工場誘致施策が一方的に変更された場合には、地方公共団体にどのような責任が生じるのか。

1. 法律の法規創造力の原則。

2. 法律留保の原則。

3. 侵害留保説をとっているとされる。

4. 納税者の信頼を保護しなければ正義に反するというような特別の事情が存する場合。

5. 不法行為責任（損害賠償責任）が生じる。

TRY! 本試験問題に挑戦

行政法学上の法律による行政の原理に関する記述として、妥当なのはどれか。

【特別区H21】

1.「法律優位」とは、いかなる行政活動も、行政活動を制約する法律の定めに違反してはならないという原則である。

1．○
そのとおり。
すべての行政活動は現存する法律に違反してはならないという原則である。

2.「法律の法規創造力」とは、行政活動には必ず法律の授権が必要であるとする原則である。

2．×
本肢は「法律留保」に関する説明である。

3.「法律の留保」とは、新たな法規の定立は、議会の制定する法律又はその授権に基づく命令の形式においてのみなされ得るという原則である。

3．×
本肢は「法律の法規創造力」に関する説明である。

4.「権力留保説」とは、すべての公行政には具体的な作用法上の根拠が必要であるとするものである。

4．×
本肢は「全部留保説」に関する説明である。

5.「重要事項留保説」とは、侵害行政のみならず、社会権の確保を目的として行われる生活配慮行政にも、法律の根拠が必要であるとするものである。

5．×
本肢は「社会留保説」に関する説明である。

正答　1

2 行政法の法源

重要度
★★★

頻出度
★★★

行政法の法源については、メジャーなテーマとは言えないが、特別区の試験に限ればよく出題されている。

「**行政法の法源**」とは、行政が行動する際のよるべき基準です。もっとざっくりと言うなら、行政の活動を規律する根拠とでも考えておいてください。ここでは、行政法の法源となり得るものにはどのようなものがあるのかを見ていきます。

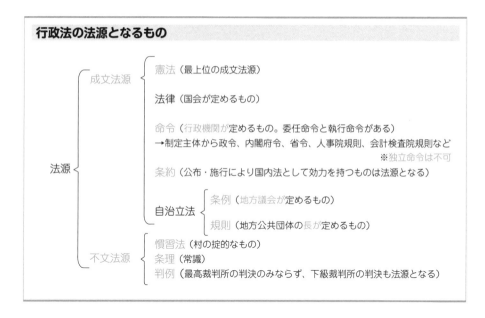

行政法の法源となるもの

- 法源
  - 成文法源
    - 憲法（最上位の成文法源）
    - 法律（国会が定めるもの）
    - 命令（行政機関が定めるもの。委任命令と執行命令がある）
      →制定主体から政令、内閣府令、省令、人事院規則、会計検査院規則など
      ※独立命令は不可
    - 条約（公布・施行により国内法として効力を持つものは法源となる）
    - 自治立法
      - 条例（地方議会が定めるもの）
      - 規則（地方公共団体の長が定めるもの）
  - 不文法源
    - 慣習法（村の掟的なもの）
    - 条理（常識）
    - 判例（最高裁判所の判決のみならず、下級裁判所の判決も法源となる）

法源としては、大きく「成文法源」と「不文法源」があります。**成文法源**はちゃんと文字で○○条という形で文書化されているものを言います。一方、**不文法源**は文書化されていないものを言います。日本は成文法主義をとっていますので、成文法源を重視しています。試験での出題パターンは、法源に「なる」「ならない」の正誤に過ぎないので、この表だけ頭に入れておけば十分です。とくに注意すべき点は、位置付けです。判例などは不文法源に位置付けられているので注意しましょう。

PLAY! 理解度チェック

Q1 条約は法源になるか。

Q1
なる。

Q2 条例は特定の地方公共団体のみに適用されるので、法源にはならないのではないか。

Q2
なる。

Q3 独立命令も法源となり得るのか。

Q3
なり得ない。行政が議会を無視して（委任もなく）勝手に制定する独立命令は、現行憲法下において制定することができない。また、緊急勅令も制定することができない。

Q4 判例は成文法源か？

Q4
不文法源である。

Q5 慣習法は法源になるのか。

Q5
なる。

TRY! 本試験問題に挑戦

行政法の法源に関する記述として、通説に照らして、妥当なのはどれか。

【特別区H26】

1．命令には、法律の個別具体の委任に基づく委任命令と、法律に基づくことなく独自の立場で発する独立命令があるが、いずれも行政機関が制定するものであるので、行政法の法源となることはない。

1．×
委任命令は法源となるが、独立命令は法源とならない。

2. 条約は、その内容が国内行政に関し、自力執行性のある具体的定めを含んでいる場合には、それが公布・施行されることによって国内法としての効力を持ち、行政法の法源となる。	2．○ そのとおり。 条約は法源となる。
3. 憲法は、国家の基本的な統治構造を定める基本法であり、行政の組織や作用の基本原則を定めるにとどまるので、行政法の法源となることはない。	3．× 最高法規として法源となる。
4. 下級裁判所の判決は法源となり得ないが、最高裁判所の判決は先例を変更するのに慎重な手続を経ることを求められるので、行政法の法源となる。	4．× 下級裁判所の判決も法源となる。
5. 条例は、必ず議会の議決を必要とするので行政法の法源となるが、地方公共団体の長が定める規則は、議会の議決を必要としないので行政法の法源となることはない。	5．× 長が定める規則も法源となる。

正答　2

図を
覚えよう！
「成文法源」と
「不文法源」の違いは
基本だよ

3 行政立法

重要度
★★★
頻出度
★★★

法源を見た延長上で、この章では「行政立法」を学んでいく。委任命令と執行命令の区別は超重要。

ここでは、行政が行う立法作用、すなわち「行政立法」を見ていくことにします。法律による行政の原理でも勉強しましたが、新たに法規を創造することができるのは議会だけでした。これを「法規創造力の原則」と呼びましたね。したがって、行政は、法律による授権（委任）がない限り法規を作ることができません。ただ、これは裏を返せば、法律による授権（委任）があれば法規を作ることができることを意味します。また、「法規」でないものは作っても構わないはずです。このような観点から、行政が行う立法作用もあり得るのです。これを広く「行政立法」と呼びます。では、行政立法にはどのような種類があるのでしょうか？　具体的に見ていくことにしましょう。

行政立法チャート

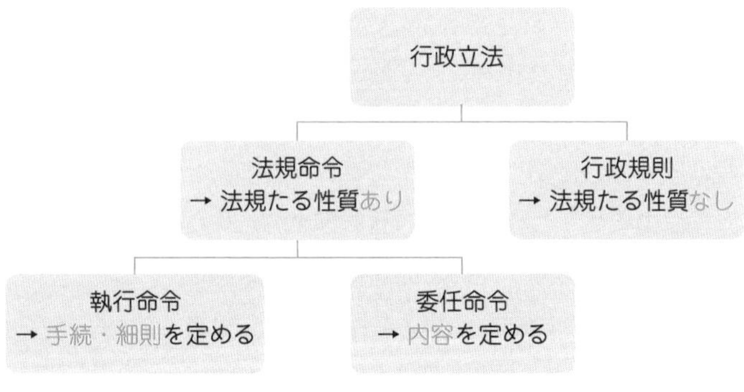

1 法規命令

「法規命令」とは、行政立法のうちでも「法規」たる性質を有するものを言います。「法規」とは、国民に対して法的な効力を持つものを指すので、国民はこれを守らなければなりません。ですから、何らかの形で法律の委任（授権）が必要となります。「制定主体」別に、政令（内閣が制定）、内閣府令（内閣総理大臣が制定）、省令（各省大臣が制定）、規則（委員会や庁の長、地方公共団体の長などが制定）があります。また、これとは別に「内容」に着目した分類があります。それが「執行命令」と「委任命令」の２つで、とても大切なので以下２つに分けて説明していきましょう。

（1）執行命令

「執行命令」とは、法規命令のうち、国民の権利・義務の内容自体を定めるものではなく、その内容を実現するための手続事項や細則事項を定めるものです。例えば、法律を○月△日から施行するとか、法律で決められた金額の具体的算定方法は□□としようなど、法律を執行していく際に手続的に必要となる細かい部分を決める命令です。正直、国民にとってはあまり影響がないし興味もないでしょう。したがって、法律の個別具体的な委任（授権）は不要とされています。つまり、一般的な委任で足りるということです。ただ、国民に対する公示は必要です（公布→施行）。これは法規である以上当然と言えば当然です。

（2）委任命令

「委任命令」とは、法規命令のうち、国民の権利・義務の内容自体を定めるものを言います。例えば、法律で「税率については以下命令に委任する」となっていた場合、委任を受けて「○○に関しては税率△△％とする」という具合に、国民の権利・義務の内容自体を定めてしまうのです。これが委任命令です。先ほどの執行命令とは異なり、税率が何％になるのかは国民の重大な関心事となります。行政が暴走したらそれこそ大変です。そこで、法律の個別具体的な委任（授権）が必要とされ、さらに国民に対する公示も必要です（公布→施行）。また、委任命令には、法律の個別具体的な委任があれば、罰則を定めることもでき、委任した法律が再委任を許す趣旨であれば、更に下位の法規範に再委任することもできます。そして、これは少し細かいかもしれませんが、委任の根拠となる法律が失効すれば、その存続の根拠がなくなるため、

ただ、実際は執行命令と委任命令の区別をすることは難しいと言われているよ。それだけ両者の区別はあいまいなんだ。

委任命令も効力がなくなります。「親亀がこけたら子亀もこける」というイメージで覚えてください。

さて、これら以外にも委任命令には論点がたくさんあります。1つ目が「国会側に課せられた限界」、2つ目が「行政側に課せられた限界」です。

まず、「国会側に課せられた限界」について説明します。委任命令には法律の個別具体的な委任が必要でした。ところが、法律が白紙委任や包括委任をしてしまったらどうなると思いますか？　当然、法律の委任の方法が不適切ということになり、その委任をした法律はその上位にある憲法に違反することになります（憲法の「国会中心立法の原則」に反するため)。つまり、違憲・無効となってしまうのです。この点については、1つだけ判例を覚えてください。憲法で勉強した「**猿払事件**」です。公務員の政治的行為の制限について国家公務員法が人事院規則に委任しているわけですが、それが包括的・白紙委任なのではないか？ ということが争われました。しかし、判例は、この委任の仕方は個別具体的な委任であるから、**国家公務員法は合憲**であるとしています（最大判昭49・11・6)。

次に、「行政側に課せられた限界」についてです。委任命令には法律の個別具体的な委任が必要でした。ところが、今度は、この個別具体的な委任を受けた委任命令が、法律の委任の趣旨を逸脱する内容を定めてしまった。この場合の委任命令は一体どうなってしまうのだろうか？ という問題です。当然、委任命令は上位にある法律に違反したことになるわけですから、違法・無効となってしまいます。そして、委任命令が法律の委任の趣旨を逸脱するか否かが争われた判例は数多くあります。すべてにつき合う必要はありませんので、試験で問われそうなものだけを列挙してみます。

判例

【サーベル事件】（最判平2・2・1） Ⓐ

事案▶ 銃刀法が、美術品として価値のある刀剣類の登録方法や鑑定基準等を銃砲刀剣類登録規則に委任していたところ、当該規則が鑑定の対象を日本刀に限定し、サーベル等の外国製刀剣を除外していた。このことが、銃刀法の委任の趣旨を逸脱しているのではないかが争われた。

銃刀法（登録方法や鑑定基準を委任）

↓

銃砲刀剣類登録規則（日本刀に限る）

判旨▶ この日本において、文化財的価値を有するものが日本刀のみであるという判断は合理的であるため、**委任の趣旨を逸脱しない**。

理解のコツ

サーベルには文化財的価値がありません

サーベルは外国製刀剣なので、日本では文化財的価値がありません。ですから、当該規則が鑑定の対象を日本刀に限定しても問題ないわけです。

【監獄法事件】（最判平3・7・9） Ⓐ

事案▶ 監獄法は原則として被勾留者に対して外部者との接見を認めていた。しかし、その委任を受けて作られた監獄法施行規則では、14歳未満の者との接見を原則禁止していた。そこで、このような監獄法施行規則は監獄法の委任の範囲を超えているのではないかが争われた。

監獄法50条（接見自由の原則の下接見の制限について委任）

↓

監獄法施行規則（14歳未満の者は原則として在監者と接見してはいけない＝原則禁止）

判旨▶ 監獄法施行規則は、監獄法の接見に関する許可基準を変更しているに等しく、法律によらないで、被勾留者の接見の自由を制限するものであるから、監獄法50条の**委任の範囲を超える**ものと言わなければならない。

理解のコツ

原則接見を認めないなんてそんなバナナ

監獄法施行規則は、原則として接見を自由とする監獄法の原則をひっくり返してしまいました。ゆえに委任の範囲を超えると判断されたのです。

【認知児童扶養手当事件】(最判平14・1・31) Ⓑ

事案▶ 児童扶養手当法は、児童扶養手当の支給対象となる児童の範囲を命令に委任していた。ところが、その委任を受けて作られた児童扶養手当法施行令は、父から認知された児童を形式的に支給対象から除外していた。これが児童扶養手当法の委任の範囲を逸脱するのではないかが争われた。

児童扶養手当法 (支給対象者となる児童の範囲を委任)

↓

児童扶養手当法施行令 (父から認知された児童は除外)

判旨▶ 法律上父に認知されたとしても、通常、現実の扶養を期待することはできないのであるから、児童扶養手当法施行令は法の**委任の範囲を逸脱したものとして違法・無効**である。

理解のコツ

認知されたとしても現実の扶養は期待できません

法律上父に認知されたからと言って、それが現実の扶養と結びつくのかというとそうではないということですね。認知されたとしても、扶養を期待できないことは多々あるわけですから、形式的に認知されたからと言って、児童扶養手当の支給対象となる児童から除外するのはおかしいというわけです。

【医療品ネット販売禁止事件】（最判平25・1・11）　B

事案▶　新薬事法の施行に伴って改正された新薬事法施行規則では、医薬品の郵便等販売（ネット販売）が一定の場合以外一律に禁止されていた。そこで、医薬品のインターネット販売業者であるXは、新薬事法施行規則が新薬事法の委任の範囲を逸脱する違法なものであり、無効であるとして出訴した。

新薬事法（郵便等販売を禁止する趣旨ではない）

↓

新薬事法施行規則（郵便等販売は禁止、対面販売のみ）

判旨▶　新薬事法の委任の趣旨は、第一類医薬品及び第二類医薬品のインターネットを通じた郵便等販売（ネット販売）を一律に禁止するものではない。にもかかわらず、新薬事法施行規則は、インターネットを通じた郵便等販売を一律に禁止している。したがって、新薬事法施行規則中の係る規定は、新薬事法の**委任の範囲を逸脱し違法・無効**である。

理解のコツ

ネット販売禁止はおかしいよね

この判例は、新薬事法施行規則の規定が、郵便等販売を一律に禁止することとなる限度において、法の趣旨に適合するものではないと判断しています。

従来非課税措置が採られていた物品に、通達を契機として課税処分がされた場合であっても、当該通達の内容が法律の正しい解釈に合致するものであれば、当該課税処分は、法律に基づく処分と解して構わない、というのが判例だよ（最判昭33・3・28）。憲法で勉強した「パチンコ球遊器事件」だね。

2 行政規則

「**行政規則**」とは、行政機関の定立する定めではあるのですが、国民の権利義務に直接関係しない、外部効果を持たない**内部ルール**です。**訓令**や**通達**、**告示**など名称は問いません。また、**解釈基準**、**裁量基準**、**要綱**など他の形式でもよいとされています。行政規則は、会社で言うと就業規則みたいなものです。従業員が遵守すべきルールであり、外部の人には全く影響がないというイメージを持っておきましょう。ですから、行政規則は、行政内部で守られるべき基準であり、一般国民に対して何か通用力を持つような代物ではありません。そのため、法律の根拠も、国民に対する公示も不要です。国民に関係ないものをわざわざ法律で縛る理由はないからですね。では、次に行政規則の王様、「通達」についてまとめてみます。

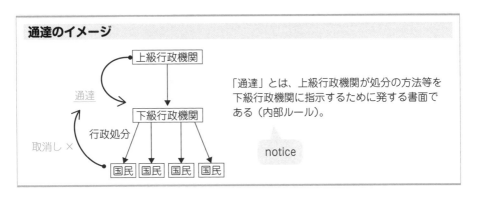

通達のイメージ

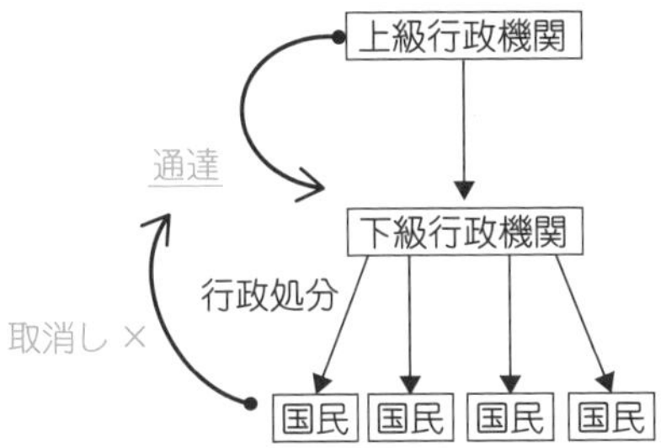

「通達」とは、上級行政機関が処分の方法等を下級行政機関に指示するために発する書面である（内部ルール）。

notice

さて、まずは図を見てみましょう。通達は、内部ルールに過ぎないので、国民はこの通達に従う義務を負いません。言い換えると、国民に対しては何ら法的効力がないということになります。もちろん、下級行政機関はこの通達に重大かつ明白な瑕疵（かし）がない限り、従わなければなりません。また、国民は個々の行政処分については取消訴訟（処分の取消しの訴え）で争えます。矢印が国民に向いているからですね。しかし、通達について取消訴訟を提起して争うことはできません。なぜなら、通達の矢印は国民には直接向いていないからです。これを専門用語で「処分性がない」と表現します（詳細は後述）。すなわち、通達には処分性がないので「取り消してくれ～」という形で裁判所に訴えを提起することができないのです。さらに、通達は裁判所を拘束しないことになっています。これは当然です。よって、裁判所は通達と異なる解釈を採用することができます。

行政事件訴訟法の中に規定されている抗告訴訟の一種だよ。今は「処分を争うために用意された訴訟だ」くらいに思っておこう。

では、最後に大切な命題、すなわち「通達に違反する行政処分は直ちに違法とはならない」について解説しておきます。例えば、ある従業員Xが社内ルールに違反した取引を業者Yとの間で行ったとします。その場合、当該従業員Xは内部的に上司からきついお叱りを受けることになるでしょう。場合によっては出世ができなくなるかもしれませんね。しかし、その取引自体が当然に法律違反になるわけではありませんよね。このように社内ルールに違反するという問題と、法律違反になるという問題は全く別の話なのです。ただ、いずれにしても内部ルールに違反したことにはなるので、行政の世界で言えば、通達に違反する行為をした職員は職務上の懲戒責任を負うことになります。これは自業自得と言えますね。

PLAY! 理解度チェック

1. 法規命令の種類を答えよ。
2. 委任命令に対する法律の委任の程度は？
3. 委任の根拠となる法律が失効した場合、委任命令はどうなるのか。
4. 鑑定の対象を日本刀に限定している銃砲刀剣類登録規則は、法の委任の趣旨を逸脱しているのか。
5. 父から認知された児童を形式的に児童扶養手当の支給対象から除外していた児童扶養手当法施行令は、法の委任の範囲を逸脱するのか。
6. 通達について取消訴訟を提起して争うことはできるのか。また、それはなぜか？
7. 通達に違反する行政処分は直ちに違法となるのか。

1. 委任命令と執行命令。
2. 個別具体的な委任が必要。
3. 効力がなくなる。
4. 逸脱していない。
5. 逸脱する。
6. できない。処分性がないため。
7. ならない。

TRY! 本試験問題に挑戦

行政法学上の法規命令に関する記述として、通説に照らして、妥当なのはどれか。
【特別区H25】

1. 法規命令は、公布されること及び施行期日が到来することによってその効力を生じ、規則の形式をとることもある。

1．○
そのとおり。
法規命令は公布が必要。その後施行期日が到来したら効力を生じる。また、規則（委員会や庁の長などが制定）もある。

2. 法規命令は、一旦、有効に成立した以上、根拠法とは独立の存在を有するので、根拠法が廃止されても、失効することは一切ない。

2．×
根拠法が廃止されたら失効する。例えば、委任の根拠となる法律が失効すれば、その存続の根拠がなくなるため、委任命令も効力がなくなる。

3. 法規命令のうち執行命令は、法律の特別の委任に基づき、新たに国民の権利や義務を創設する命令である。

3．×
委任命令の誤り。

4. 執行命令を制定するためには、法律の一般的な授権だけでは足りず、法律の個別的・具体的な授権が必要である。

4．×
個別的・具体的な授権が必要なのは委任命令である。執行命令を制定するためには、法律の一般的な授権があればよい。

5. 法規命令のうち委任命令は、法律の執行を目的とし、法律において定められている国民の権利義務の具体的細目や手続を規定する命令である。

5．×
執行命令の誤り。

正答　1

4 行政上の法律関係

重要度
★★★
頻出度
★★★

「行政上の法律関係」は、行政法の中でも分かりにくいテーマの１つだ。試験対策的には判例の結論を覚えておけば足りる。深追いは禁物、絶対にやめよう。

「行政上の法律関係」とは、行政と国民との間の法律関係のことを言います。私人間の法律関係であれば民法などの私法を使いますよね？

例えば、皆さんが車を私人から購入したら、民法上の売買契約が成立しますね。では、行政上の法律関係についても私法を使っていいのでしょうか？　それとも行政上の法律関係という理由で私法は使わずに特別扱いをしていくのでしょうか？

私人相互の関係を基礎づける実体法と手続法のことだよ。民法や商法･会社法、借地借家法などがあるね。

判例を分析すれば、原則私法を使っても構わないという傾向が見えてきます。しかし、例外的に私法の適用を排除するものがいくつかあるので、こちらの例外の方を意識的に覚えるようにしましょう。試験対策としてはこれで十分です。

農地買収処分に民法177条（対抗要件主義）が適用されるのか？	適用されない（最大判昭28・２・18）。 理由　農地買収処分は、私人間でなされる民法上の売買とは異なり、権力的手段を用いて農地の強制買上げを行うため。
租税の滞納処分による差押えにつき民法177条が適用されるのか？	適用される（最判昭31・４・24）。 理由　差し押えた国の地位は、民事訴訟法上の強制執行における差押債権者の地位に類するから。
公営住宅の使用関係に、民法や旧借家法（現借地借家法）の適用があるのか？	ある。また、信頼関係の法理も適用される（最判昭59・12・13）。
国の安全配慮義務違反に基づく損害賠償の消滅時効につき、会計法30条の短期消滅時効（５年）が適用されるのか？	会計法30条の短期消滅時効（５年）は適用されない。旧民法167条１項を適用し10年となる（最判昭50・２・25）。 理由　会計法30条は、国の権利義務を早期に確定するという行政上の便宜を考慮したものである。しかし、安全配慮義務違反についてこのような便宜を考慮する必要はない。

地方議会の議員の報酬請求権を譲渡することはできるのか？	条例に譲渡禁止の規定がない限り、譲渡することができる（最判昭53・2・23）。
準防火地域内の耐火建築物につき接境建築を認める建築基準法65条は、建物を建てるときに隣地境界線から50センチメートル以上の距離を置かなければならないとする民法234条1項の特則なのか？	建築基準法65条は、民法234条1項の特則である（最判平元・9・19）。よって、民法234条1項の適用が排除され、建築基準法65条が適用される。
①地方公共団体の長（村長）のなした行為には、民法110条（権限外の行為の表見代理）が類推適用されるのか？ ②地方公共団体の長（市長）が当該普通地方公共団体を代表して行う契約締結に、民法108条（自己契約及び双方代理）が類推適用されるのか？	①民法110条が類推適用される（最判昭34・7・14）。 ②民法108条が類推適用される（最判平16・7・13）。
現業公務員（昔の郵政職員）は公法上の関係なのか？	現業公務員も公法上の関係である（最判昭49・7・19）。 理由　一般職の国家公務員として、国の行政機関に勤務し、任用等についても国家公務員法や人事院規則がほぼ適用されているため。
取締法規である食品衛生法の営業許可を受けないで行った食品の売買契約は私法上無効となるのか？	売買契約は必ずしも無効となるわけではなく有効である（最判昭35・3・18）。
河川沿岸の住民には、河川の全水量を独占的排他的に使用する権利があるのか？	ない。公水使用権は、河川の全水量を独占的排他的に使用し得る絶対不可侵の権利ではなく、使用目的を充たすに必要な限度の流水を使用し得るに過ぎない（最判昭37・4・10）。
村道における私人の通行妨害に対して、妨害排除（邪魔だどけと言うこと）を請求できるのか？	村道使用の自由権を侵害された場合には不法行為の問題が生じ、妨害排除を請求できる（最判昭39・1・16）。

公共用財産は取得時効の対象となるのか？	公共用財産が、長年の間放置され、その形態・機能を全く喪失し、占有の継続により公の目的が害されるようなこともなく、公共用財産として維持すべき理由がなくなった場合には、黙示に公用が廃止されたものとして、取得時効が成立する（最判昭51・12・24）。

PLAY! 理解度チェック

1. 租税の滞納処分による差押えにつき民法177条が適用されるのか。

2. 国の安全配慮義務違反に基づく損害賠償の消滅時効につき、会計法30条の短期消滅時効（5年）が適用されるのか。

3. 地方議会の議員の報酬請求権は譲渡することができるのか。

4. 建築基準法65条は、民法234条1項の特則なのか。

5. 地方公共団体の長（市長）が当該普通地方公共団体を代表して行う契約締結に、民法108条（自己契約及び双方代理）が類推適用されるのか。

6. 公共用財産の取得時効が認められる場合の法律構成は？

1. 適用される。

2. 適用されない。

3. 条例に譲渡禁止の規定がない限り、譲渡することができる。

4. 特則である。

5. 類推適用される。

6. 黙示の公用廃止。

TRY! 本試験問題に挑戦

行政上の法律関係に関するア〜オの記述のうち、判例に照らし、妥当なもののみを全て挙げているのはどれか。　【国家総合職R１】

ア. 金銭の給付を目的とする国の権利及び国に対する権利につき５年の消滅時効期間を定めた会計法第30条の趣旨は、国の権利義務を早期に決済する必要があるなど主として行政上の便宜を考慮したことに基づくものであるところ、自衛隊員が、自衛隊の車両整備工場において同僚の運転する自動車にひかれ死亡した場合における国の安全配慮義務違反を理由とした損害賠償責任については、かかる行政上の便宜を考慮する必要があるから、同条の消滅時効期間が適用される。

ア. ×
会計法第30条の５年の消滅時効期間は適用されない。旧民法167条１項が適用される。

イ. 普通地方公共団体の議会の議員の報酬請求権は、公法上の権利であり、法律上特定の者に専属する性質のものとされているため、単なる経済的価値として移転性が予定されているということはできないから、当該普通地方公共団体の条例に譲渡を認める旨の規定がない限り、これを譲渡することはできない。

イ. ×
条例に譲渡禁止の規定がない限り、譲渡することができる。

ウ. 国税滞納処分により滞納者の財産を差し押さえた国の地位は、民事訴訟法上の強制執行における差押債権者の地位に類するものであり、租税債権がたまたま公法上のものであることは、国が一般私法上の債権者より不利益

ウ. ○
そのとおり。
国税滞納処分による差押えには民法第177条の適用がある。

な取扱いを受ける理由とはならないから、滞納処分による差押えの関係においても、不動産に関する物権変動の対抗要件について定めた民法第177条の適用がある。

エ. 公水使用権は、それが慣習によるものであると行政庁の許可によるものであるとを問わず、公共用物たる公水の上に存する権利であることに鑑みると、河川の全水量を独占排他的に利用し得る絶対不可侵の権利ではなく、使用目的を満たすに必要な限度の流水を使用し得るにすぎないものと解すべきである。

エ. ○
そのとおり。
公水使用権は独占排他的な絶対不可侵の権利ではない。

オ. 普通地方公共団体が、地方自治法上の法令遵守義務に反して、既に具体的な権利として発生している国民の重要な権利に関し、法令に違反してその行使を積極的に妨げるような一方的かつ統一的な取扱いをし、その行使を著しく困難にさせた結果、これを消滅時効にかからせたという極めて例外的な場合においては、普通地方公共団体が、地方自治法第236条第2項を根拠に消滅時効を主張することは、信義則に反し、許されない。

オ. ○
そのとおり。
かかる例外的な場合においては、普通地方公共団体が消滅時効を主張することはできない。

1．ア、イ、エ　2．ア、ウ、オ　3．イ、ウ、エ　4．イ、エ、オ
5．ウ、エ、オ

正答　5

5 行政組織

重要度
★★☆

頻出度
★☆☆

この章では、行政組織の講学上の分類を学んでいく。定義とその内容をしっかりと頭に叩き込もう。

行政組織イメージ

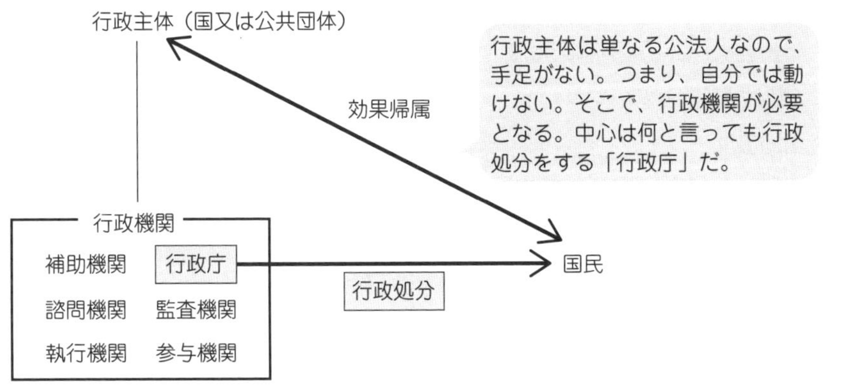

1 行政主体

「**行政主体**」とは、行政上の権利義務が帰属する主体のことを言います。要は、**国又は地方公共団体**、公共組合、特殊法人、独立行政法人などの公法人のことを指します。ただ、これら行政主体はあくまでも法人ですから、権利義務が帰属するだけで自分で何か動くことができるわけではありません。そこで次に「行政機関」の存在が必要となるのです。

2 行政機関

まず、おおざっぱに「**行政機関**」とは行政主体の手足となって活動する機関のことを指します。行政主体に効果を帰属させるために一生懸命働く人々といったところでしょうか。「機関」という言葉を使っていますが、実際は「人」です（笑）。

①行政庁

「行政庁」とは、行政主体の意思を決定し、それを外部に表示する機関です。言わば司令塔的な行政機関ですね。「意思を決定」「外部に表示」というのは、行政処分をする権限を持っているという意味です。例えば、大臣、知事、市町村長、税務署長などの権限のある人を指し、原則独任制の機関となっています。もっとも、行政委員会は例外的に合議制をとります。このことをお忘れなく。

機関が1人の人で構成される制度を独任制と言う（単独制と呼ぶこともある）。一方、機関が複数の人で構成される制度を合議制と言うよ。行政委員会には公正取引委員会や公害等調整委員会などがある。行政学でも勉強する内容なので覚えておこう。

②諮問機関

「諮問機関」とは、行政庁に対して意見や答申を提示する機関です。この諮問機関がする答申には法的拘束力がありません。ただし、諮問手続が法律上要求されているのに、その手続を経ないで行政処分をしてしまうと、当該行政処分が違法になることがあります（最判昭46・1・22）。

③参与機関

「参与機関」とは、行政庁の意思決定に参与する機関です。何だか諮問機関と似ていますね。しかし、参与機関の議決は、行政庁を法的に拘束する点で諮問機関とは異なります。したがって、その数は少なく電波監理審議会、検察官適格審査会などに限定されています。基本的に「○○審査会」とか「△△審議会」という名称が付いている機関はほとんど参与機関になります。

④監査機関

「監査機関」とは、行政機関の事務や会計処理などをチェックする機関です。国には会計検査院、地方公共団体には監査委員があります。

⑤執行機関

「執行機関」とは、行政目的を実現するために必要とされる実力行使を行う機関です。したがって、権力的な公務員をイメージしておくとよいでしょう。警察官、消防官、徴税職員などですね。ちなみに「執行」とは、通常の業務執行という場合の「執行」とは異なります。「実力」を行使することを「執行」と呼んでいます。

⑥補助機関

「補助機関」とは、日常事務を遂行する機関です。各省庁の次官、内部部局の長（局長や部長）、副知事、副市町村長、会計管理者、その他一般職公務員などがその具体例です。ということは、皆さんは公務員試験を受けて補助機関になろうとしているわけです。これを言ってよく怒られますが（笑）、行政法学的にはそういうことになります。

3 指揮監督権

上級行政機関は下級行政機関に対する指揮監督権を持っています。行政組織は、ピラミッド型の階層構造になっているので、ときとして上が下に指示することも必要になります。そこで、上級行政機関に指揮監督権が認められているのです。具体的には、①監視権、②許認可権、③訓令（通達）権、④取消停止権、⑤権限争議裁定権、⑥代執行権などがありますが、特に試験的に重要なのは③訓令権です。これは通達を出す権限として重要です。すでに勉強したあの通達です。

また、⑥代執行権についてもたまに試験で出題されています。代執行権とは、下級行政機関がやるべきことをやらないと、上級行政機関が代わりに行ってしまうというもので、簡単に言うと「あんたがやらないなら俺がやっちゃうよ」という権限です。ただ、これは結局上級行政機関が下級行政機関の権限を奪ってしまうこと（実質的な処分権限の変更）を意味するので、若干危険な匂いがします。そこで、代執行権を発動するためには、法律による根拠が必要となります。

PLAY! 理解度チェック

1. 行政主体の意思を決定し、それを外部に表示する機関を何と呼ぶか。

2. 諮問機関と参与機関の違いは何か？

3. 執行機関の「執行」とは、どういう意味か。

4. 国と地方の監査機関をそれぞれ挙げよ。

5. 代執行権を発動するためには、法律の根拠が必要か。

1.
「行政庁」。

2.
答申や議決が行政庁の意思を法的に拘束するか否か。

3.
実力を行使するという意味。

4.
国＝会計検査院。
地方＝監査委員。

5.
必要。

TRY! 本試験問題に挑戦

行政機関についての講学上の概念に関するア～エの記述のうち、妥当なもののみをすべて挙げているのはどれか。 【国家一般職H19】

ア. 行政庁とは、行政主体の意思又は判断を決定し外部に表示する権限を有する機関を言い、各省大臣及び都道府県知事は行政庁に該当するが、公正取引委員会や公害等調整委員会等の行政委員会は行政庁に該当しない。

ア. ×
行政委員会は合議制の行政庁である。

イ. 諮問機関とは、行政庁から諮問を受けて意見を具申する機関をいい、諮問機関に対する諮問手続が法律上要求されているのに、行政庁が諮問手続を経ることなく行政処分をした場合であっても、行政庁の決定が違法となることはないとするのが判例である。

イ. ×
諮問手続が法律上要求されているにもかかわらず、諮問手続を経ないで行政処分をした場合は、違法となることがある（最判昭46・1・22）。

ウ. 執行機関とは、行政上の義務を国民が履行しない場合に強制執行をしたり、違法な状況を排除する緊急の必要がある場合に即時強制をするなど、行政目的を実現するために必要とされる実力行使を行う機関を言う。

ウ. ○
そのとおり。
ここで言う「執行」とは実力を行使するという意味である。

エ. 監査機関とは、監査の対象となっている機関の事務や会計処理を検査し、その適否を監査する機関を言い、国の会計検査を行う会計検査院や地方公共団体の財務に関する事務の執行等を監査する監査委員が監査機関に該当する。

エ. ○
そのとおり。
国には会計検査院、地方公共団体には監査委員が置かれている。

1．ア　　2．ア、イ　　3．イ、ウ　　4．ウ、エ　　5．エ

正答　4

試験に受かったら
補助機関になるのね
イメージ
トレーニング中？

6 権限の代行

重要度
★★★
頻出度
★★★

権限の代行とは、「自分の権限を誰かに代わりにやってもらう」ことを指す。面倒なテーマなので倦厭（けんえん）されがちだが、正直、全然難しくない。

「権限の代行」とは、権限を持っている行政機関に代わって、他の行政機関がその権限を行使することです。ざっくり言えば「僕の代わりに君がやってくれたまえ」ということですね。種類としては、大きく「権限の委任」と「権限の代理」があります。

1 権限の委任

「権限の委任」とは、行政機関がその権限の一部を他の行政機関に委譲し、その行政機関の権限として行わせることを言います。これはちょうど自分が持っている権限を他の人に「あげる」といったイメージです。当該権限は委任機関から受任機関に移り、権限の所在が変わることになります。これにより、以後、委任機関は当該権限を喪失するため、当該権限を行使することができなくなる反面、受任機関は自己の名と責任の下（自己の行為として）で当該権限を行使していくことになります。このように、権限の委任は、権限の所在が変わることから、①法律の根拠、②公示の２つが必要とされています。

分かりますか？　要は、権限の委任はかなりの重大事項なのです。また、当該権限に関する争い、すなわち取消訴訟や不服申立ての相手方も受任機関を基準に決めるということになります。

また、委任の範囲については、委任機関の権限の一部に限るとされています。権限の全部あるいは主要な部分の委任が認められるということになると、委任機関の存在意義がなくなってしまうからです。抜け殻を存続させるために箱を残す（税金を払う）のはおかしいということになります。

最後に注意点ですが、上級行政機関から下級行政機関に権限の委任が行われた場合であっても、上級行政機関は下級行政機関に対する指揮監督権を行使することができます。上下関係にあるという事実は委任によっても変わらないので当然と言えば当然です。

指揮監督権は、行政機関が上下関係にあるという事実から認められる権限なんだ。

2 権限の代理

「権限の代理」とは、行政機関の権限を他の行政機関が代わって行うことを言います。権限の委任とは異なり、権限の所在は変わらないので、被代理機関の権限として行使されることになります。「被代理機関の権限として」とは、「顕名」をする必要があるということを意味しています。つまり、代理機関は、被代理機関の代理として権限を行使することを明らかにする必要があるので、代理機関の名前で権限を行使してはならず、被行政機関の名義で権限を行使しなければならないのです。例えば、「A代理庁B」という肩書で権限を行使する、これが「顕名」のイメージです。権限の代理は、権限の所在が変わらない以上、公示は不要です。また、当該権限に関する争い、すなわち取消訴訟や不服申立ての相手方も被代理機関を基準に決められるということになります。

では、もう少し突っ込んで考えていきましょう。実は、権限の代理には「法定代理」と「授権代理」の２つがあります。受験生としては、これら２つをちゃんと区別しながら覚えるようにしましょうね。面倒かもしれませんがここは我慢です。

（1）法定代理

「法定代理」とは、本来の行政機関が欠けたとき又は事故があったときに、法律の定めるところに従い、他の行政機関が、権限のすべてを代行することを言います（権限の一部ではない）。例えば、地方自治法上、地方公共団体の長に事故があるときには、副知事又は副市町村長がその職務を代理することになっているのですが（地方自治法152条１項）、このようなケースが法定代理の典型です。法律に根拠があることから「法定代理」と呼びます。

（2）授権代理

一方、「授権代理」とは、本来の行政機関が他の行政機関に対して代理権を授与して代わりにやらせることを言います。「今回は君がやって。代理権を授けるからさ」

というわけです。授権代理の場合、権限の所在は変わらないという権限の代理の特質から、**法律の根拠は不要**であるとされています。

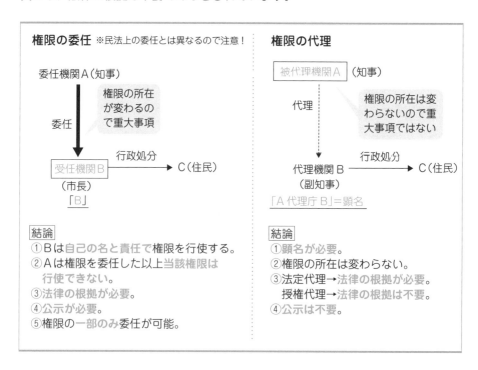

権限の委任 ※民法上の委任とは異なるので注意！

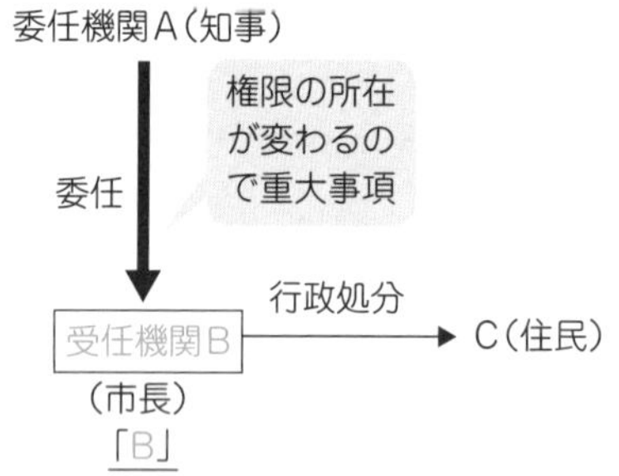

結論
①Bは**自己の名と責任で**権限を行使する。
②Aは権限を委任した以上**当該権限は行使できない。**
③**法律の根拠が必要。**
④**公示が必要。**
⑤権限の**一部のみ**委任が可能。

権限の代理

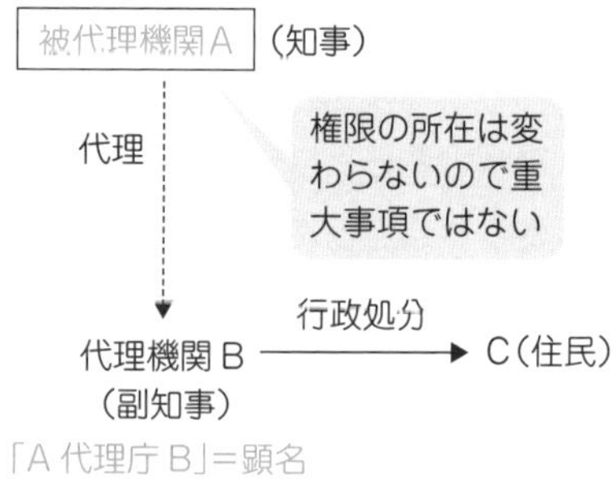

結論
①**顕名が必要。**
②権限の所在は変わらない。
③法定代理→**法律の根拠が必要。**
　授権代理→**法律の根拠は不要。**
④**公示は不要。**

3 専決（代決）

「**専決**」とは、権限を有する行政庁が、補助機関（一般の公務員）に事実上事務処理についての**決裁権限**を与え、補助機関が**当該行政庁の名で**、権限を行使することを言います。俗に「内部委任」などと呼ばれることもあります。部長が知事や市町村長の名前の印を押すことだと思っておけばよいでしょう。例えば、印鑑証明書は市町村長の名義で作成発行されていますが、実際は補助機関が専決しています。市町村長が一つひとつ印を押しているわけではありません。そして、専決権者が不在の場合に、それよりも下位の者が決裁を臨時的に行うことを代決と言います。部長が不在だから課長が決裁するというような場合ですね。専決も代決も権限の所在が変わるわけではないので、**法律の根拠は不要**です。

PLAY! 理解度チェック

1. 権限の委任がなされた場合、受任機関はどのように権限を行使するのか。

2. 権限の委任をするためには法律の根拠が必要か。

3. 委任機関の権限の全部又は主要な部分の委任は許されるか。

4. 上級行政機関から下級行政機関に権限の委任が行われた場合、上級行政機関は下級行政機関に対する指揮監督権を行使することができなくなるのか。

5. 権限の代理が行われた場合、代理機関は自己の名と責任の下で権限を行使してよいのか。

6. 授権代理をするためには法律の根拠が必要か。

7. 専決をするためには法律の根拠が必要か。

1.
自己の名と責任の下で行使する。

2.
必要である。

3.
許されない。

4.
指揮監督権を行使することはできる。

5.
いけない。顕名が必要であり、形の上では被代理機関の責任の下で権限を行使する。

6.
不要。

7.
不要。

TRY! 本試験問題に挑戦

行政機関相互の関係に関する次の記述のうち、妥当なのはどれか。

【国家一般職H26】

1. 行政機関がその権限の一部を他の行政機関に委譲（移譲）し、これをその行政機関の権限として行わせる権限の委任について、権限の委譲（移譲）を受けた受任機関は、委任機関の行為として、当該権限を行使するものとするのが判例である。

1. ×
受任機関は、自己の行為として、当該権限を行使する。

2. 行政法上の委任は、民法における委任とは異なり、委任によって権限が委任機関から受任機関へ委譲（移譲）されるものの、なお委任機関は当該権限を喪失せず、引き続き当該権限を行使することができると一般的に解されている。

2. ×
委任機関は当該権限を喪失するので、引き続き当該権限を行使することはできない。

3. 法定代理は、法律によってあらかじめ他の行政機関が本来の行政庁の権限を代行することが定められていることから、法定代理によって権限を行使することになった代理機関は、被代理機関の代理として権限を行使することを明らかにする必要はないと一般的に解されている。

3. ×
代理機関は、被代理機関の代理として権限を行使することを明らかにする必要がある。ゆえに「顕名」をしなければならない。

4. 補助機関が、法律により権限を与えられた行政機関の名において権限を行使することをいう専決は、法律が定めた処分権限を変更することになるため、法律による明文の根拠が必要であると一般的に解されている。

4．×
専決は単なる決裁権限を与える行為に過ぎないため、処分権限の変更を伴わない。よって、法律による明文の根拠は不要である。

5. 上級行政機関が法律が定めた下級行政機関の権限を代執行（代替執行）する場合、実質的に法律が定めた処分権限を変更することになるため、法律による明文の根拠が必要であると一般的に解されている。

5．○
そのとおり。
指揮監督権のうち、代執行権を行使する場合には法律による明文の根拠が必要である。

正答　5

7 行政行為の種類・効力

重要度 ★★★
頻出度 ★★★

この章では、ついに行政行為の全貌が明らかとなる。公務員試験では超頻出テーマとなるので、定義、内容、具体例をしっかりと理解し記憶するようにしてもらいたい。

1 行政行為とは?

行政行為のイメージ

行政がなし得る行為＝行政作用

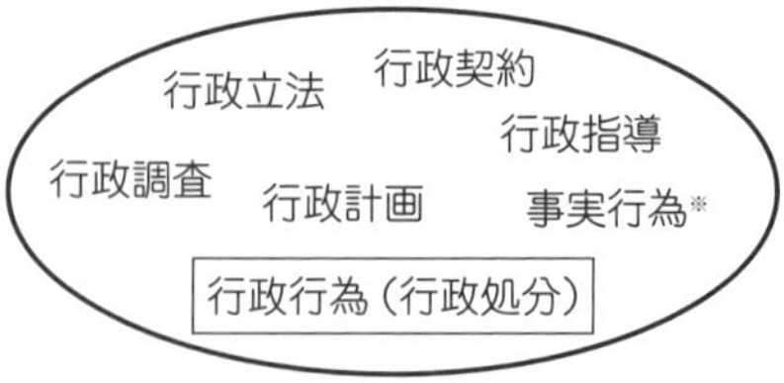

※事実行為とは、当該行為が法律的効果につながらない行為を言う。自動車の運転などを思い浮かべるとよい。

まずは図を見てください。大きな楕円の枠が行政作用と呼ばれているものです。これは行政が抽象的になし得る行為くらいのイメージが持てればOKです。そして、行政作用の中にはいろいろな種類があるのですが、その中の１つとして「行政行為（行政処分）」があります。つまり、行政行為とは、行政作用のうち、ほんの一部に過ぎません。では、行政行為とは一体何でしょうか？　行政処分と同義だとして、具体的にどのようなものを指すのか、この点については判例が定義をしてくれています。ちょっと見てみましょう。

「**行政行為**」とは、公権力の主体たる国又は公共団体が行う行為のうち、その行為によって、**直接国民の権利義務を形成し、又はその範囲を確定することが法律上認められているもの**を言う。

目が点ですか（笑）？　そうでしょう。「直接国民の権利義務を形成」「その範囲を確定」という部分がポイントです。行政行為の要素としては、①行政庁の**一方的判断**であること（公権力性）、②**私人に対して**行われるものであること（外部性）、③**権利義務を形成**するものであること（法的効果性）、④**個別具体的**なものであること（個別具体性）、などが挙げられます。行政行為は公権力の発動の真骨頂ですから、当然私人に対して法的効果を持ちます。適法な行政行為であれば、私人はそれに対してNOと言うことができません。例えば、適法な課税処分ならば、それを嫌だと言って拒むことはできないのです。あ～こわいこわい。

2 行政行為の分類

次は具体的に行政行為の分類を見ていきましょう。この辺りからだんだんと行政行為のイメージが湧いてくると思います。ちなみに、以下の分類はあくまでも**講学上の分類**です。実際の法令で使っている言葉とは微妙にずれることがあります。例えば、講学上「許可」と分類されるようなものでも、法令上は「免許」となっているケースなどが散見されます。

（1）法律行為的行政行為

「**法律行為的行政行為**」とは、行政庁の**意思表示**によって、一定の法律効果が発生する行為を言います。意思表示とは一定の法律効果の発生を欲する意思だと思っておきましょう。ちなみに、意思表示をする際に、行政庁は裁量を入れることができます。ただ、この裁量については、**許可の裁量＝狭い、特許の裁量＝広い**とった感じで、多少のばらつきが見られます。なお、試験でよく出題されるのは「許可」「特許」「認可」の３つです。そこで、この３つは若干細かいところまで触れてみたいと思います。

このような行政に認められた判断の余地のことを行政裁量と呼ぶよ。詳細は10章で。

	意義	具体例
下命・禁止	「下命」とは、一定の作為義務を課す行為を言います。「～しなさい」というパターンのものだと思っておきましょう。 「禁止」とは、一定の不作為義務を課す行為を言います。「～するな」というパターンのものだと思っておきましょう。	下命（租税の賦課、違法建築物の除却命令） 禁止（道路の通行禁止、営業停止命令）
許可	「許可」とは、法令による一般的禁止（不作為義務）を特定の場合に解除する行為を言います。詳細に言うと、本来国民が自由にできる行為を一般的に禁止しておいて、特定の場合に限りその禁止を解除して、国民にその自由を返してあげるという行為です。運転免許を例に考えてみましょう。車の運転は本来誰でも自由にできるはずです。しかし、それを野放図にしておくと事故が多発するし、被害者も出ます。そこで、一般的に法律で「運転はしちゃいかんよ」という形で禁止の網を張っておくのです。そして、技能試験や学科試験に合格した者だけにその禁止の網を解除し、自由を返してあげる、言い換えれば運転してもよいことにする。これが許可のイメージです。ですから、許可は決して権利や権利能力を与えたりする行為ではないので注意してください。ただただ預かっていた自由を返しているだけなのです。 【論点】 ・無許可で行った取引等の私法上の効果は、有効です。無許可行為は有効と覚えましょう。取引の相手方を保護するためにこのような取扱いとします。もちろん、無許可行為をした張本人は強制執行や処罰の対象になりますが、これは自業自得でしょう。 ・要件を満たす許可申請が競合した場合に、１人にしか許可を出せないようなときには、先願主義がとられます。例えば、公衆浴場法に基づく営業許可について申請が競合し、１人にしか許可を出せないような場合には、先に申請書を提出した者に許可を出します。言わば早い者勝ちです。これは裏を返せば行政の裁量の幅が狭いことを意味しています。	自動車の運転免許 医師の免許 各種営業許可  この言葉を使ってよいのは後述する「特許」だけだよ。  要件をすべて満たしている申請というのが前提だよ。

	意義	具体例
許可	・許可の対象としては、法律行為のみならず、事実行為もあり得ます。例えば、自動車の運転免許は公道での運転行為を許していくわけですが、運転行為自体は法律行為ではありません。事実行為です。このように事実行為に対する許可もあるので注意しておきましょう。 ・許可された地位を譲渡・相続できるか否かは、その性質により決まります。すなわち、対人許可（運転免許や医師免許等）は、その人限りのものなので、原則として譲渡・相続できません。医者の子どもは必ずしも医者ではないですね。一方、対物許可（自動車の車体検査、公衆浴場の許可等）は、人に着目しないので、原則として譲渡・相続できます。	
免除	「免除」とは、法令による作為義務を特定の場合に解除する行為を言います。イメージ的には許可の逆ですね。	納税義務の免除・猶予、児童の就学義務の免除
特許	「特許」とは、人が本来有しない権利や地位・権利能力などを設定する行為を言います。「権利」や「地位」、「権利能力」という言葉はこの特許の最大のキーワードとなります。まずはおおざっぱに、特別扱い＝特許というイメージを持っておきましょう。 【論点】 ・特許なしに行った取引等の私法上の効果は無効です。権利がない以上当然ですね。無権利者は有効な行為ができないのです。 ・要件を満たす特許申請が競合し、１人にしか特許を出せないようなときには、能力主義がとられます。つまり、行政庁が自由に特許を出す対象を選べるということです。特別扱い＝特許なので、それに値する者を慎重に選べるというのは当然です。そして、これは行政の裁量の幅が広いということを暗に示しています（自由裁量）。	公有水面埋立の免許、電気事業やガス事業の許可、道路占用の許可、河川の占用許可、鉱業権設定の許可、鉄道・バス運送事業の許可、公益法人設立の認可、公務員の任命、外国人の帰化の許可

	意義	具体例
認可	「認可」とは、第三者の行った法律行為の効力を補充して、その効果を完成させる行為を言います。もともと成立している法律行為に対して、行政がGOサインを出すというイメージを持つと分かりやすいでしょう。具体例としては、農地の権利移転の許可を押さえておきましょう。農地の売買等を行うには知事の許可がなければいけません。つまり、当事者間で農地の売買等をするだけでは所有権は移転せず、知事が許可することによって初めて所有権が移転するということになるのです。 【論点】 ・認可は私法上の行為の瑕疵を治癒するものではありません。例えば、もともと瑕疵（キズ）のあった私人間の契約に認可を与えたとしても、契約が有効になるわけではありません。したがって、この場合は、取消しや無効を主張できます。 ・無認可行為は、無効です。これも認可がないということはGOサインがないということですから、当然と言えば当然です。 ・認可の対象は、法律行為のみで、これは定義上明らかです。	農地の権利移転の許可、銀行合併の認可、公共料金値上げの認可、河川占用権の譲渡の承認、建築協定の認可
代理	「代理」とは、第三者が本来行うべき行為を行政が代わってなすことを言います。試験ではほとんど出題されないので、無視（笑）。	土地収用裁決

（2）準法律行為的行政行為

「準法律行為的行政行為」とは、法律によって一定の法律効果が発生する行為を言います。法律行為的行政行為のように意思表示によって一定の法律効果が生じるわけではありません。そして、意思表示ではない以上、基本的にそこに裁量を入れる余地はないと言われています。なお、次の表のうち試験的に重要なのは「確認」と「公証」の2つだけですから、時間がなければ他はカットしてもOKです。

	意義	具体例
確認	「確認」とは、特定の事実又は法律関係の存否について、公の権威をもって判断し確定する行為です。特定の事実又は法律関係をチェックし、特定の事実や法律関係があれば一定の法律効果を発生させるという類のものです。	建築確認、土地収用の事業認定、所得税額の決定・更正、発明の特許、当選人の決定、審査請求の裁決、市町村の境界の裁定
公証	「公証」とは、特定の事実又は法律関係の存在を公に証明する行為です。「公」に「証」明で「公証」というわけで、基本的に公務員の窓口業務のイメージを持っておくとよいでしょう。	選挙人名簿への登録、不動産登記簿への登録、戸籍への記載、住民票等の各種証明書の交付、運転免許証の交付
通知	「通知」とは、一定の事項を知らせる行為です。試験ではほとんど出題されません。	禁制品であることの通知、行政代執行の戒告、納税の督促
受理	「受理」とは、申請や届出などの申出を有効なものとして受領する行為です。これも試験ではほとんど出題されません。	婚姻届の受理

3 行政行為の効力

行政行為の種類は大体理解できましたか？　辛抱強く何度も繰り返して覚えていきましょう。次は「行政行為の効力」について見ていきます。行政行為には私法上の行為とは異なり特殊な効力があります。ここは重要なものばかりなので、一つひとつしっかりと理解していく必要があります。

（1）拘束力

「拘束力」とは、適法な行政行為がその内容に応じて相手方及び行政庁を拘束するという一般的な効力を言います。試験で問われることは非常に少ないので、「ふ～ん」と思っておけばOKです。

（2）公定力

「公定力」とは、たとえ違法な行政行為であっても、権限ある国家機関によって取り消されるまでは、一応有効なものとして取り扱われる効力です。この公定力はとても重要なので、次の図を見てください。

公定力

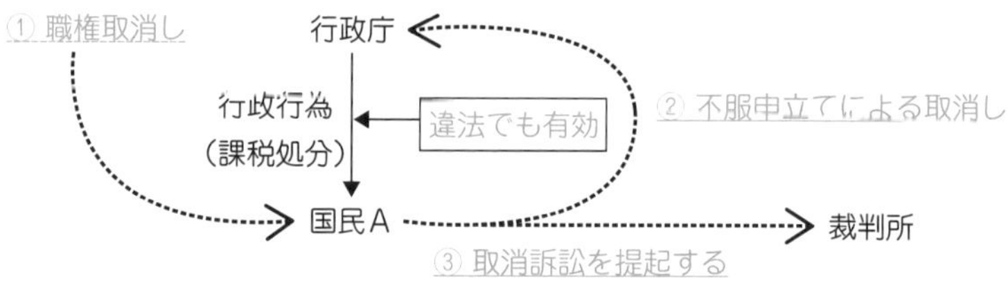

例えば、国民Aが行政庁から違法な課税処分をされたとしましょう。この場合、普通に考えると、国民Aは当該課税処分に従う必要はありません。そもそも課税処分は違法なのですから。しかし、課税処分は行政行為であり、公定力があります。公定力は、たとえ違法な行政行為であっても、一応有効なものとして取り扱われる効力です。つまり、公定力があるということは、違法な課税処分でも有効と扱われますので、国民Aはそれに従わなければならないのです。「違法だけど有効」、これが「公定力」です。では、この場合、国民Aはどのような手段で公定力を排除すればよいのでしょうか？

ずばり３つの手段があります。まずは図中①の「**職権取消し**」についてです。これは行政庁の側が自ら進んでミスを認め、「ごめんね、今回の行政行為は取り消すね」と言ってくるパターンです。察しは付くと思いますが、現実的にはあり得ません。行政庁が自分のやったミスを認めることなど普通はないからです。だから①についてはあまり現実味がありません。次に図中の②についてですが、これは国民Aが直接行政の側に文句を言って取り消してもらうというもので、「**不服申立て**」と言います（**審査請求**）。最後に図中の③についてですが、これが「司法的解決」です。「**取消訴訟**」（**処分の取消しの訴え**）と言って、行政行為を取り消してもらう訴訟です（この場合、裁判所は当該行政行為が有効であることを前提として適法か違法かを判断する）。

このように公定力を排除するための手段は３つあるということを覚えておきましょう。ただ、いずれにしても、一度違法な行政行為をしてしまうと、公定力があるため、国民の側に迷惑がかかります。そういった意味で行政行為は非常にこわいのです。なお、公定力を定めた明文規定はありません。もっとも、法律（行政事件訴訟法）によって、取消訴訟が用意されているということは、裏を返せば取り消されるまでは一応有効に扱うということなのだろうと解釈することができます。このようなことから、公定力の根拠は、**取消訴訟の排他的管轄**にあると言われています。

本当は他にも職権取消しや不服申立てがあるわけだから、取消訴訟の「排他的管轄」とまでは言えないんだけどね。でも、試験的にはこれで覚えておこう。

最後に注意点を指摘しておきます。公定力は「違法だけど有効」というものですから、あくまでも「違法」な行政行為に認められる効力です。そのため、瑕疵が「**重大かつ明白**」になると違法を通り越して「**無効**」になってしまうのですが、このような無効な行政行為には公定力は認められません。瑕疵が大きすぎるからです。したがって、無効な行政行為については国民は従う必要がありません。

では、論点に入ります。

国家賠償請求訴訟と公定力

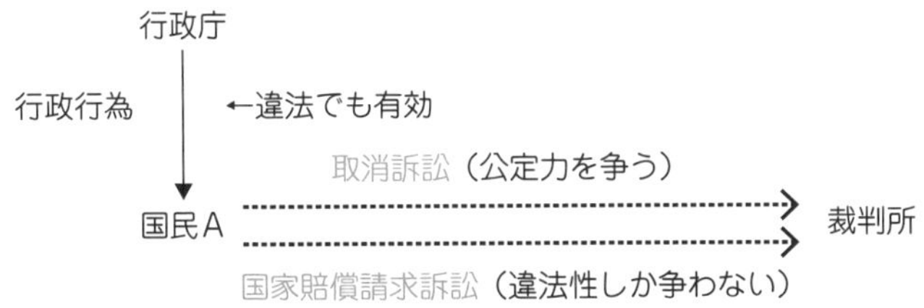

この図のように、国民に対して違法な行政行為がなされた場合、国民Aは公定力を排除してもらうために、取消訴訟を提起することができます。これは先ほど学習しました。ただ、取消訴訟は行政行為の取消しが目的の訴訟ですから、たとえ勝訴したとしても、お金は一銭ももらえません。そこで、損害賠償を請求するためには別途国家賠償請求訴訟を提起する必要があります。

そうすると、ここで１つの疑問が生まれます。つまり、国家賠償請求訴訟で損害賠償を請求するためには、その前提として取消訴訟を提起し、公定力を排除しておかなければならないのではないか、もっと言うと①取消訴訟による公定力の排除→②国家賠償請求訴訟で損害賠償を請求、と考えるのが筋なのではないか、という疑問です。ただ、この点について判例は、「国家賠償請求訴訟を提起する前に、取消訴訟等を提起して取消判決（ないし無効確認判決）を得ておく必要はない。したがって、いきなり国家賠償請求訴訟を提起しても構わない」としています（最判昭36・4・21）。なぜならば、取消訴訟は、行政行為の「公定力を排除するため」の訴訟であるのに対して、国家賠償請求訴訟は単に「違法性を確認しお金を請求するため」の訴訟であって、公定力を争う訴訟ではないからです。

また、判例は「このことは、当該行政処分が金銭を納付させることを直接の目的としており、その違法を理由とする国家賠償請求を認容したとすれば、結果的に当該行政処分を取り消した場合と同様の経済的効果が得られるという場合であっても異ならないというべきである」としているよ（最判平22・6・3）。

よって、公定力は国家賠償請求訴訟には及ばないので（公定力は国家賠償請求訴訟とは無関係なので）、あらかじめ取消訴訟で公定力を排除しておく必要はありません。また、このことから、例えば国家賠償請求訴訟において裁判所が行政行為の違法性を肯定し損害賠償を認めても、当該行政行為の効力（公定力）はそのまま存続することになります。なお、これらは刑事訴訟でも同じで、公定力は刑事訴訟にも及びません。したがって、刑事訴訟の前提として、行政行為につき取消訴訟を提起して、取消判決を得ておく必要はありません。

（3）自力執行力（執行力）

「自力執行力」とは、国民が行政上の義務を履行してくれない場合、裁判の過程を経ずに（確定勝訴判決＝債務名義を得なくても）強制執行できるという効力です。これはかなり強烈な効力です。通常、私人間のトラブルであれば、自力救済は禁止されているので、相手方の義務の履行を求めたければ、裁判の手続を経る必要があります。例えば、私人Ａが私人Ｂに対してお金を貸したというケースで、Ｂがお金を返してくれないときは、胸ぐらをつかんで「返せコノヤロー」とはできません。裁判で勝ち債務名義を得たうえでなければ強制執行をすることはできないのです。しかし、行政行為の場合は、裁判の過程を経ずに無理矢理強制執行をしても構いません。これが「自力執行力」です。ただし、濫用されては困るので、行政行為の根拠法とは別の根拠法がなければ自力執行できない、というルールになっています。次の図を見てみましょう。

債務名義とは、強制執行によって実現されることが予定される請求権の存在、範囲、債権者、債務者を表示した公の文書のことだよ。強制執行をするためには、この債務名義が必要なんだ。債務名義の種類としては、確定勝訴判決、仮執行宣言付判決、仮執行宣言付支払督促、和解調書、調停調書があるよ。

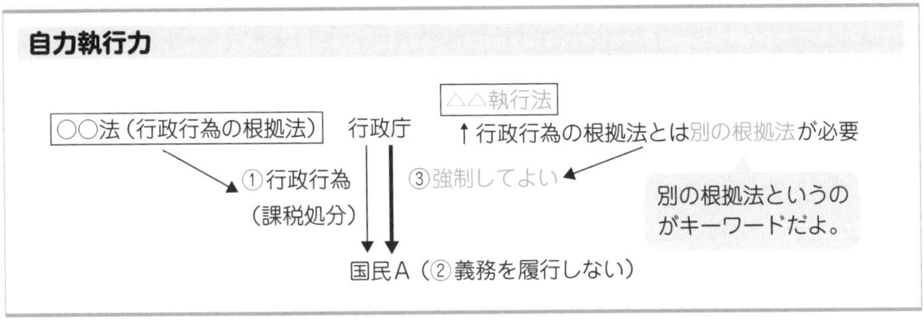

このように、行政庁が強制執行をするためには、行政行為の根拠法とは**別の根拠法**がなければならないのです。つまり、これは「強制執行の根拠を行政行為の根拠法の中においてもダメだよ、執行専門の法律がなければいけないよ」ということを言っているのです。

（4）不可争力（形式的確定力）

「**不可争力**」とは、一定期間が経過すると、**国民（私人）の側から**行政行為を争うことができなくなるという効力です。簡単に言うと、時間切れで争えなくなるという効力ですね。法律関係の早期安定というのがその趣旨です。取消訴訟であれば処分があったことを知った日から**6か月**でOUT、不服申立て（審査請求）であれば処分があったことを知った日の翌日から起算して**3か月**でOUTということになります。

なお、不可争力は、あくまでも、国民（私人）の側から争えなくなるだけであり、行政庁の側が自らミスを認めて取り消す**職権取消しは制限されません**。これは不可争力とは関係がないので注意してください。よって、10年後だろうが20年後だろうが、職権取消しは可能です。

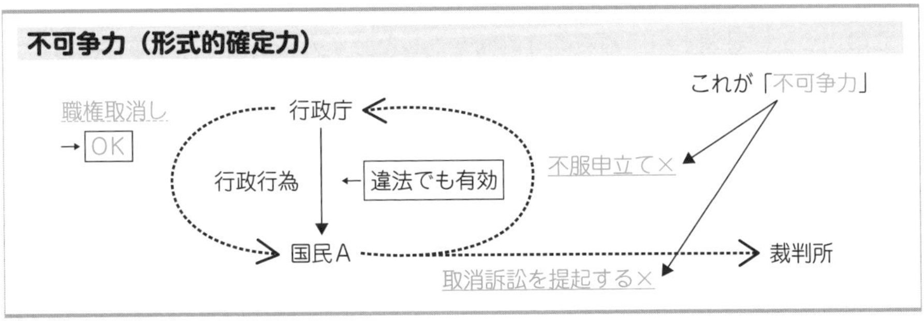

（5）不可変更力（実質的確定力）

「不可変更力」とは、行政行為のうち、争訟裁断行為（裁決など）についてのみ生じる効力で、一度裁決をしたのであれば、その後判断を下した行政庁自らが当該裁決を変更することはできないという効力です。非常に難しいですね。ここは解説が必要だと思うので、まずは次の図を見てください。

不可変更力（実質的確定力）

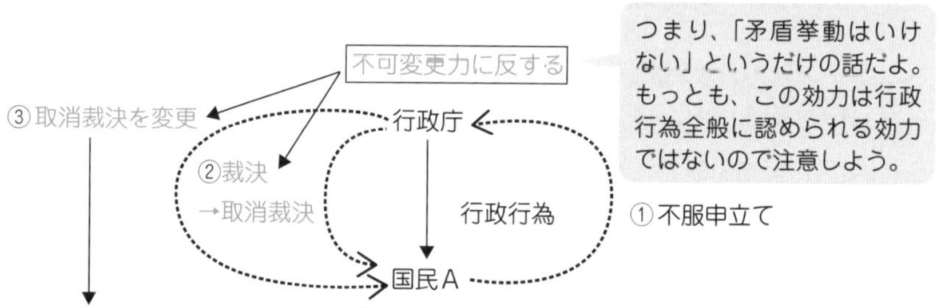

この変更（取消裁決の取消し）は違法である。しかし、当然に無効とはならない。
ゆえに公定力があるので取り消されるまでは有効。

例えば、行政庁が国民Aに対して営業停止処分をしたとします。これを不服としたAは行政の側に不服申立て（審査請求）をしました。審査の結果、行政庁は「ごめん、今回の営業停止処分は間違っていたわ」ということで取消裁決を出しました。この「裁決」というのは不服申立ての結論部分で、裁判でいう判決みたいなものだと考えておいてください。「あ〜よかった、これでまた営業ができる」とAは思っていたのですが、裁決を出した行政庁がその後、「やっぱり、営業停止処分をするべきだったわ、取消裁決を取り消します」と言ってきたとすると、どうでしょうか？　Aの側からすると「ふざけるな！」となるはずです。

このように、裁決という最終的な判断を下した張本人が、後でそれを自由に変更できてしまうならば、法律関係が錯綜しますし、ひいては国民の信頼をも失いかねません。そこで、裁決のような争訟裁断行為については、いったん下した判断を後で勝手に変更できないようにしたのです。これが「不可変更力」です。不可変更力とは読んで字のごとく、「変えられないという効力」です。一度覚えれば忘れませんね。ただし、注意点があり、この不可変更力は、すべての行政行為に備わっている一般的な効力ではありません。あくまでも「争訟裁断行為である裁決などにだけ」備わっている効力だと思っておきましょう。

では、仮に、不可変更力に違反して、取消裁決を変更した（取消裁決を取り消した）とします。そのとき当該変更はどのように扱われるのでしょうか？　この点、判例は、当該変更は**違法**ではあるが、**当然に無効となるわけではない**としています。したがって、公定力があるので取り消されるまでは有効という取扱いを受けることになります（最判昭30・12・26）。

PLAY! 理解度チェック

問題	解答
1. 法令による一般的禁止を特定の場合に解除する行政行為は何か。	1. 許可。
2. 許可の例は何か。	2. 自動車の運転免許、医師の免許、各種営業許可。
3. 無許可で行った取引等の私法上の効果は有効か無効か。	3. 有効。
4. 人が本来有しない権利や地位・権利能力を設定する行政行為は何か。	4. 特許。
5. 公有水面埋立の免許や鉱業権設定の許可は講学上どの行政行為に該当するか。	5. 特許に該当する。
6. 認可とはどのような行政行為か。	6. 第三者のなした法律行為の効力を補充して、その効果を完成させる行為を言う。

7. 所得税額の決定・更正や当選人の決定は講学上どの行政行為に該当するか。

7. 確認に該当する。

8. 公定力は行政行為に重大かつ明白な瑕疵がある場合にも認められるのか。

8. 認められない。

9. 国家賠償請求訴訟を提起する前に、取消訴訟等を提起して取消判決（ないし無効確認判決）を得ておく必要があるか。

9. 必要ない。いきなり国家賠償請求訴訟を提起して構わない。

10. 自力執行力が認められるためには、行政行為の根拠法とは（　　　　　　）がなければならない。

10. 別の根拠法

11. 不可争力により行政庁による職権取消しも制限されるのか。

11. 制限されない。

12. 不可変更力はどのような行政行為に認められる効力なのか。

12. 争訟裁断行為である裁決などに認められる効力である。

TRY! 本試験問題に挑戦

行政法学上の行政行為の分類に関する記述として、通説に照らして、妥当なのはどれか。 【特別区H30】

1. 公証とは、特定の事実又は法律関係の存在を公に証明する行為をいい、納税の督促や代執行の戒告がこれにあたる。

1．×
後半の具体例が「通知」のものとなるので誤り。

2. 特許とは、第三者の行為を補充して、その法律上の効果を完成させる行為をいい、農地の権利移転の許可や河川占用権の譲渡の承認がこれにあたる。

2．×
「認可」の誤り。

3. 認可とは、すでに法令によって課されている一般的禁止を特定の場合に解除する行為で、本来各人の有している自由を回復させるものをいい、自動車運転の免許や医師の免許がこれにあたる。

3．×
「許可」の誤り。

4. 確認とは、特定の事実又は法律関係の存否について公の権威をもって判断する行為で、法律上、法律関係を確定する効果の認められるものをいい、当選人の決定や市町村の境界の裁定がこれにあたる。

4．〇
そのとおり。
「公証」と区別して覚えよう。

5. 許可とは、人が生まれながらには有していない新たな権利その他法律上の力ないし地位を特定人に付与する行為をいい、鉱業権設定の許可や公有水面埋立の免許がこれにあたる。

5. ×
「特許」の誤り。

正答　4

TRY! 本試験問題に挑戦

行政法学上の行政行為の効力に関する記述として、妥当なのはどれか。

【特別区H30】

1. 行政行為の不可争力とは、一度行った行政行為について、行政庁が職権で取消し、撤回、変更をすることができなくなる効力であり、実質的確定力とも呼ばれている。

1. ×
「不可変更力」の誤り。

2. 行政行為の拘束力とは、行政行為がたとえ違法であっても、無効と認められる場合でない限り、権限ある行政庁が取り消すまでは、一応効力のあるものとして通用する効力であり、規律力とも呼ばれている。

2. ×
「公定力」の誤り。

3. 行政行為の不可変更力とは、一定期間が経過すると私人の側から行政行為の効力を裁判上争うことができなくなる効力であり、形式的確定力とも呼ばれている。

3. ×
「不可争力」の誤り。

4. 行政行為には公定力が認められるが、公定力の実定法上の根拠は、国家権力に対する権威主義的な考えに求められ、取消訴訟の排他的管轄には求めることはできない。	4．× 公定力の根拠は、取消訴訟の排他的管轄に求めるのが一般的である。
5. 行政行為には公定力が認められるが、行政行為が違法であることを理由として国家賠償請求をするにあたり、あらかじめ取消判決や無効確認判決を得る必要はない。	5．○ そのとおり。 いきなり国家賠償請求をすることができる。

正答　5

8 行政行為の附款

重要度 ★★☆
頻出度 ★★☆

これまで行政行為について学んできたので、今度はそのサブテーマである「行政行為の附款」について学んでいこう。内容的に難しいことは一切ないので、時間をかけずに攻略できるはずだ。

1 附款

「行政行為の附款」とは、行政行為の効果を制限するために、主たる意思表示に付加された従たる意思表示のことを言います。つまり、本体たる行政行為にくっついているおまけみたいなものです。ただ、おまけではあるものの、これ自体も行政行為です。基本的に、附款は主たる意思表示の内容を制限するものなので、法律行為的行政行為にのみ付すことができ、意思表示を要素としない準法律行為的行政行為には付すことはできません。つまり、確認や公証、通知、受理には附款を付すことができないということです。また、附款は、これを付すことができる旨の明文規定があれば付すことができますが、このような明文の規定は必ずしも必要ではなく、行政庁の裁量で付すことができる場合があります。

2 種類

では、附款の種類を見ていくことにしましょう。ここでは定義と内容をしっかりと押さえることがポイントになります。

(1) 条件

「条件」とは、行政行為の効果を、将来発生することが不確実な事実にかからせることを言います。「不確実な事実」ですから、例えば、「君が出世したらこの車をあげるよ」と言った場合の「出世したら」という部分が条件になります。出世するかどうかは将来的に不確実です。「出世しないかもしれない」、このようなものを条件と呼ぶのです。条件には２種類あります。「停止条件」と「解除条件」の２つです。

まず、「停止条件」から説明しましょう。これは、条件の成就によって行政行為の

効果が発生する場合を言います。例えば、通行止めという行政行為について、「道路工事を開始したら通行止めにします」というような条件が付いていたとしましょう。この場合には、工事開始という条件が成就したら、そこから初めて通行止めという行政行為の効果が発生することになります。

「停止」というイメージと「発生」というイメージは結びつきにくいので注意しよう！

停止条件

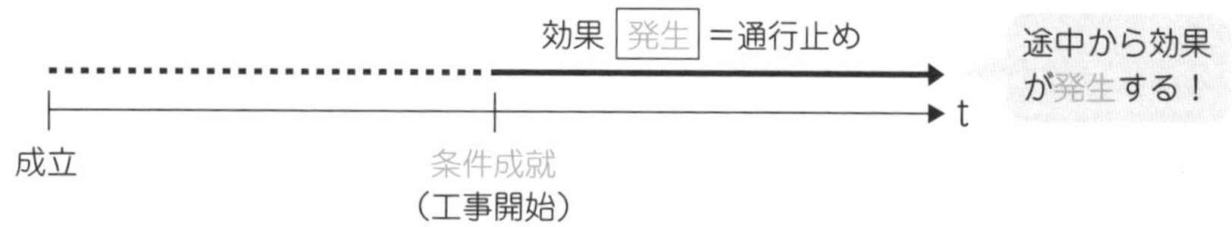

次に、「解除条件」を説明します。これは、条件の成就によって行政行為の効果が消滅する場合を言います。例えば、先ほどの通行止めの例で言えば、「橋が完成するまでの間は通行止めにします」というような条件が付いているケースです。この場合、橋の完成という条件が成就したら、通行止めという行政行為の効果が消滅します。文字通り、通行止めが解除されることになるのです。

解除条件

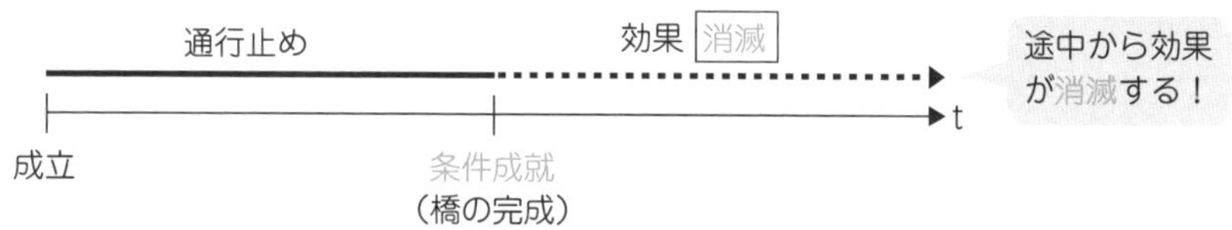

（2）期限

一方、「期限」とは、行政行為の効果を将来発生することが確実な事実にかからせることを言います。これには「始期」と「終期」があります。「○年○月○日から△年△月△日まで」という期限が付された場合、「○年○月○日」が始期、「△年△月△日」が終期ということになります。超簡単ですね。ただ、場合によっては「次に雨が降ったときからそれがやむまで」のような不確定期限というものもあり得ます。

将来的に絶対に雨は降るわけですが、それをいつと特定できないものが不確定期限です。

（3）負担

「負担」とは、特許・許可・認可などの授益的行政行為（国民に対してメリットを与える行政行為）に対し、特別の義務を課すことを言います。運転免許を与える際の、眼鏡着用義務などがその典型です。運転免許証を持っている人は後で見てみてください。視力が悪い人の免許証には、「免許の条件等」という部分に「眼鏡等」と書いてあるはずです。「条件」と書いてあるのですが、講学上は「負担」です。このように、本来の行政行為以上の義務を課す負担を付ける場合は、法律の根拠が必要となります。また、もし負担に従わなくても、本体たる行政行為の効力が当然に失われることにはなりません。つまり眼鏡着用義務に違反しても、運転免許自体は失効しないのと同じことです。私も過去、眼鏡着用義務に違反して警察に捕まったことがありますが、あの時は２点減点され、反則金7,000円を支払って終わりでした（笑）。ですから、運転免許は今も当然生き残っています。

（4）撤回権の留保

「撤回権の留保」とは、行政庁が特許・許可・認可などの授益的行政行為をする際に、その行政行為を撤回する（取り消す）権利を留保しておくことを言います。「土地の使用を許可します。しかし、公益上の必要が生じた場合には撤回します」というようなイメージです。ただ、注意してもらいたいのですが、撤回権を留保していたとしても、公益上必要な場合等撤回すべき実質的な理由がない限り、撤回権を行使することはできません。これは、撤回権の濫用的行使をシャットアウトする趣旨です。

（5）法律効果の一部除外

「法律効果の一部除外」とは、法律が与えた効果の一部を発生させないようにすることを言います。例えば、公務員に出張を命じておきながら、旅費は一定額までしか支給しないというような場合がこれにあたります。ただ、この法律効果の一部除外は行政行為によって国会で作った法律の内容を変えてしまうことを意味しますので、勝手にできるわけではありません。具体的には、法律の根拠が必要だとされています。

3 附款の限界

附款は、行政行為の目的を確実に達成するために付されるものです。よって、本体たる行政行為の目的と無関係な附款を付すことはできません。例えば風俗営業の許可（健全な風俗を維持することが目的）という行政行為に、「ふるさと納税をすること」（地域振興目的）という附款は付けられません（笑）。また、附款によって相手方に課す義務は必要最小限度のものに限られます。これは「比例原則」ですね。よって、附款として過大な義務を課すことは、「比例原則」に反し違法となります。例えば運転免許を与える際に、「１回運転するごとに1,000円の税金を払え」という負担を課すことはできません。さらに、「平等原則」に反することもできません。

比例原則とは、達成されるべき目的とそのために取られる手段との間に合理的な比例関係がなければならないという原則だよ。要はバランスの問題だよね。

最後に、附款も行政行為ですから、公定力を有しています。したがって、たとえ違法な附款が付されていても、それが取り消されるまでは一応有効と扱われます。では、附款が違法である場合、附款だけを取り消せばよいのでしょうか。それとも、行政行為全体（附款＋本体たる行政行為）を取り消さなければならないのでしょうか？　この点、場面を２つに分けて考えていくのが通常です。すなわち、①附款が本体たる行政行為と可分であれば、附款だけの取消しを求めることができますが、②附款が本体たる行政行為と不可分であれば、附款のみの取消しを求めることはできず、行政行為全体を取り消さなければなりません。

PLAY! 理解度チェック

1. 附款を付すことができる行政行為とは？

2. 附款は法律に直接明文規定がない場合でも付すことができるのか。

3. 条件のうち、ある事実の発生によって行政行為の効果が発生するものを何と呼ぶか。

4. 負担に従わなかった場合、本体たる行政行為の効力は当然に失われるのか。

5. 撤回権を留保した場合には、何の理由もなく自由に撤回ができるのか。

6. 附款によって相手方に課す義務は必要最小限度のものに限られるのか。

7. 附款だけの取消しを求めることができる場合とはどんな場合か。

1.
法律行為的行政行為。

2.
できる（行政庁の裁量で付すことができる場合がある）。

3.
停止条件と呼ぶ。

4.
失われない。

5.
できない。公益上必要な場合等撤回すべき実質的な理由がない限り、撤回権を行使することはできない。

6.
限られる（比例原則）。

7.
附款が本体たる行政行為と可分である場合。

TRY! 本試験問題に挑戦

行政法学上の行政行為の附款に関する記述として、妥当なのはどれか。

【特別区R1】

1. 条件とは、行政行為の効力の発生及び消滅を発生確実な事実にかからしめる附款であり、条件成就により効果が発生する停止条件と効果が消滅する解除条件とに区別することができる。

1. ×
条件は、発生不確実な事実にかからしめる附款である。

2. 期限とは、行政行為の効力の発生及び消滅を発生不確実な事実にかからしめる附款であり、事実の発生により効果が生じるものが始期、効果が消滅するものが終期である。

2. ×
期限は、発生確実な事実にかからしめる附款である。

3. 負担とは、行政行為の主たる内容に付随して、相手方に特別の義務を命ずる附款であり、法令に規定されている義務を課すことになり、負担に違反した場合、本体たる行政行為の効力が当然に失われる。

3. ×
負担に違反した場合であっても、本体たる行政行為の効力は当然に失われるわけではない。

4. 撤回権の留保とは、行政行為について撤回権を明文で留保する附款であり、撤回権を留保していれば、行政庁は理由が無い場合でも本体たる行政行為を自由に撤回することができる。

4. ×
公益上必要な場合等撤回すべき実質的な理由がない限り、撤回権を行使することはできない。

5. 法律効果の一部除外とは、法令が一般にその行政行為に付した効果の一部を発生させないこととする附款であり、法律の認めた効果を行政庁の意思で排除するものであるから、法律効果を除外するには法律の根拠が必要である。

5．○
そのとおり。
法律の根拠が必要である点は重要である。

正答　5

TRY! 本試験問題に挑戦

行政行為の附款に関するア～オの記述のうち、妥当なもののみをすべて挙げているのはどれか。【国家一般職H28】

ア. 附款は行政庁の裁量権行使の一環であるため、裁量権行使についての制約がかかることになり、明文の規定がなくとも、平等原則や比例原則に違反する附款は許されない。

ア．○
そのとおり。
平等原則や比例原則に違反する附款は許されない。

イ. 条件とは、行政行為の効力の発生・消滅を発生確実な事実にかからしめる附款をいう。

イ．×
「発生不確実な事実」の誤り。

ウ. 附款は、あくまで主たる意思表示に付加された行政庁の従たる意思表示に過ぎないから、本来の行政行為による効果以上の義務を課す負担を付す場合であっても、法律の根拠は不要である。

ウ．×
この場合は法律の根拠が必要となる。

エ. 行政行為を撤回するためには、あらかじめ撤回権を留保する附款を付さなければならない。

エ. ×
あらかじめ撤回権を留保する附款を付けていなくても、撤回できることがある。この点は後述。

オ. 附款は主たる意思表示に付加された行政庁の従たる意思表示であることから、附款のみを対象とする取消訴訟を提起することはできない。

オ. ×
附款が本体たる行政行為と可分であれば、附款だけの取消しを求めることができる。

1. ア　2. イ　3. ア、ウ　4. ウ、エ　5. エ、オ

正答　1

忘れちゃいけない！
運転免許の更新手続。
眼鏡も忘れずにね

9 行政行為の瑕疵

重要度 ★★★
頻出度 ★★★

行政行為の瑕疵には２種類ある。とくに「無効」の瑕疵については例外を含めてしっかりと押さえておこう。

1 行政行為の瑕疵

「行政行為の瑕疵」には２種類あります。ざっくり説明すると、行政行為に軽微な瑕疵がある場合は、違法な行政行為、すなわち取り消しうべき行政行為となります。しかし、それを通り越して重大かつ明白な瑕疵があると判断された場合は、無効な行政行為となってしまいます。

瑕疵ある行政行為

軽微な瑕疵	➡	違法な行政行為＝取り消しうべき行政行為
重大かつ明白な瑕疵	➡	無効な行政行為

とくに無効な行政行為の瑕疵は、重大「かつ」明白な瑕疵です。重大「又は」明白な瑕疵ではないので注意しましょう。ただ、このように瑕疵を２種類に分ける実益はどこにあるのでしょうか？　実はもうすでに１回勉強しているのです。えっ？と思った方は、「公定力」を思い出してください。「違法だけど有効」というあの公定力です。つまり、無効な行政行為には公定力は生じません。また、公定力が生じない以上、それを争うときの時間切れ、いわゆる不可争力もありません。これをまとめると次のようになります。

行政行為の瑕疵

	違法な行政行為＝取り消しうべき行政行為（軽微な瑕疵）	無効な行政行為（重大かつ明白な瑕疵）
効果	取り消されるまでは有効＝公定力あり →取り消されて初めて遡及的に無効となる	当然に無効＝公定力なし →何もしなくても最初から無効
期間制限（不可争力）	あり（出訴期間・不服申立期間）	なし

では、なぜ無効な行政行為というためには、重大性のみならず明白性まで必要なのでしょうか？　そもそも「明白」とは一体何なのでしょうか？　この「明白」とは、一般人の誰もが「あ～だめだこりゃ」と分かるくらい、外形上客観的に明らかであることを言います。ですから、行政庁が内部的に調査ミスをしたか否かというようなことは明白性に影響しません（最判昭36・3・7）。また、明白性を要求した趣旨は、行政行為の存在を信頼する第三者の保護を図る点にあります。その行政行為を見て、違法と判断する者と無効と判断する者とが割れてしまうようでは不安定極まりない、つまりフェアではありません。そこで、明白性という客観的な要件を課し、誰が見ても「あ～だめだこりゃ」と言えるような場合にだけ無効になるとしているのです。そうなると、行政行為の存在を信頼する第三者の保護を考える必要のない場合には、明白性の要件を不要と解する余地が出てきます。

実は、判例の中にも明白性の要件に触れずに無効と判断したものが１つだけあります。その判例によると、「課税処分」は重大性の要件さえ満たせば無効となるというのです。すなわち、一般に、課税処分は課税庁と被課税者との間にのみ存するもので、処分の存在を信頼する第三者の保護を考慮する必要がないので、当該処分における内容上の過誤が課税要件の根幹についてのものであれば（つまりそれだけ重大であれば）、当該処分は当然無効となります（最判昭48・4・26）。これは要するに、課税処分の場合は、瑕疵が重大でありさえすれば、無効となるという判断を示したということになりますね。

2 瑕疵の治癒

「瑕疵の治癒」とは、行政行為に違法な瑕疵があったとしても、その後の事情の変化によって当初欠けていた要件が事後に具備されるに至ったときは、当該行政行為を完全に有効なものとして取り扱うことを言います。瑕疵が直ったのだから有効として扱おうということです。判例の中には瑕疵の治癒を認めたものもあれば認めなかったものもあります。ここでは瑕疵の治癒を認めなかった判例を１つだけ紹介しておきます。

判例には、農地買収計画の異議棄却決定に対する訴願の提起があるにもかかわらず、その裁決を経ないで、県知事が土地所有者に買収令書を発行したという瑕疵を、その後、訴願棄却の裁決があったことによって治癒するとしたものがある（最判昭36・7・14）。

ある日、Xは税務署長から法人税の更正処分を受けたのですが、その更正処分に付されていた理由がそれはそれは適当だった（笑）。こういうのを理由付記の不備と言い、違法原因となります。Xとしては、「こんな理由付記ではなぜ更正処分を受けたのか分からないじゃないか！」ということで、不服申立て（審査請求）をしました。ところが、その後、裁決においてその更正処分の具体的根拠が明らかにされました。問題はここからです。最後の裁決段階で更正処分の具体的根拠が明らかにされた以上、理由付記の不備の瑕疵を治癒してしまってよいのでしょうか？　もちろんダメでしょ！　というわけですね。最後の段階で根拠が明らかにされることで瑕疵が治癒されるのであれば、「理由なんて適当に付けておけばいいや、どうせ後で根拠が明らかになれば瑕疵は治癒されるし。ガハハ！」という行政の怠慢につながります。そこで、判例は、更正処分の理由付記の不備を後日の裁決で補ったとしても瑕疵の治癒は認められないとしています（最判昭47・12・5）。きわめて常識的な判断だと言えますね。

裁決とは審査請求の結論的な判断で、裁判でいう判決のようなものだよ。

3 違法行為（無効行為）の転換

「違法行為（無効行為）の転換」とは、ある行政行為に瑕疵があって本来は違法ないし無効であるが、これを別個の行政行為としてみると瑕疵がなく適法要件を満たしている場合に、別個の行政行為として完全に有効と扱うことを言います。死者に対してなされた許可を、相続人に対する許可として有効と扱うようなケースを考えてみるとよいと思います。判例には、農地委員会の買収計画が法43条の要件は充足していなかったものの、法45条の要件を充足していたので、法45条の処分として効力を維持したものがあります（最大判昭29・7・19）。

4 違法性の承継

「違法性の承継」とは、行政行為が連続して行われる場合において、先行行為に瑕疵がある場合、後行行為の効力を争う訴訟の中で、先行行為の瑕疵を理由に取消しを主張することができるのかという問題です。次の図を見てみましょう。

違法性の承継

結論　原則→違法性の承継は認められない。

例外→①先行行為と後行行為が一連の手続を構成し、

②同一の法効果の発生を目指している場合には違法性の承継が認められる。

（例：農地買収計画と農地買収処分○、事業認定と土地収用裁決○、安全認定と建築確認○、課税処分と滞納処分×）

Aは、①の先行行為が違法であったため、争おうと思えば争える状態でした。つまり、取消訴訟などを提起できる状態にありました。それにもかかわらず、ボケ～ッとしていて時間切れ、不可争力でOUTとなってしまいました。しかし、その後、①に続いて②の後行行為がなされました。もっとも、この後行行為は何ら瑕疵のない適法な処分です。このときAはわざと②についていちゃもんをつけて取消訴訟を提起します。その際②には瑕疵がないわけですから、②がおかしいという主張をしても無駄ですよね。そこで、Aは「確かに、②自体には瑕疵はありません。しかし、②は①に引き続いてなされた処分です。したがって、①が違法なので②も違法となるはずです」と主張をします。これが「違法性の承継」の問題です。

では、この主張を認め、違法性の承継を肯定してよいのでしょうか？ 普通に考えてダメでしょう。このような違法性の承継を肯定してしまうと、行政行為が連続していさえすれば10年前、20年前の違法性をも突っ込めることになってしまいますよね。これでは法律関係の早期安定の観点から不可争力を設けた趣旨を没却してしまいます……。ですから違法性の承継は、原則として認められません。ただ、例外的に①先行行為と後行為が一連の手続を構成し、②同一の法効果の発生を目指している場合には認められます。具体例をまとめておきましょう。違法性の承継が認められるもの、認められないものをそれぞれ挙げてみました。

農地買収計画と農地買収処分 （最判昭25・9・15）	違法性の承継が認められる。
事業認定と土地収用裁決	違法性の承継が認められる。
安全認定と建築確認 （最判平21・12・17）	違法性の承継が認められる。
課税処分と滞納処分	違法性の承継が認められない。 →課税処分がなされたときに税金を納めれば滞納処分は行われない。よって、一連の手続とは言えない。また、課税処分は、税金を支払う義務を発生させることを目的としているが、滞納処分は、税金を強制的に徴収することを目的としている。よって、法効果も異なる。

5 行政行為の取消しと撤回

（1）取消し

「取消し」とは、成立当初から瑕疵のある行政行為の効力を遡及的に消滅させることを言います。例えば、法定の受給資格を満たしていないにもかかわらず生活保護の決定がなされた場合を考えましょう。この場合、最初の段階から行政行為に瑕疵があります。受給資格がないのに生活保護をあげるねと言ってるわけですから。そこで、当該生活保護の決定を取り消すのですが、これが取消しです。

行政行為の取消しには、「職権取消し」と「争訟取消し」があります。「職権取消し」は以前にも出てきたので何となくイメージできると思います。行政行為をした行政庁自らがミスを認めて取り消すということでした。一方、「争訟取消し」というのは、不服申立て（審査請求）をしたり、取消訴訟を提起したりして、行政庁や裁判所に取り消してもらうことを言います。ただし、今回は職権取消しをメインに話を進め、争訟取消しについては後でしっかりと勉強することにしましょう（行政不服審査法や行政事件訴訟法の章で後述）。

まず、職権取消しは、処分庁だけでなく、上級行政庁（上級監督庁）も行うことができます。ここで上級行政庁が含まれてくるのはなぜかと言うと、上級行政庁の指揮監督権の中に取消権も含まれているからです。また、職権取消しを行うにあたっては、法律上の根拠は不要です。なお、授益的行政行為については、常に職権取消しが認められるわけではありません。すなわち、相手方の不利益を上回る公益上の必要性がある場合に限り認められると考えていきます。というのも、授益的行政行為というのは、相手方にメリットを与え既得的地位を授ける行政行為です。許可・特許・認可などを考えるとよいでしょう。一度これらを与えたにもかかわらず、あとで勝手に行政の側が取り消してしまうと、相手方を害してしまいます。ですから、相手方の不利益を上回る公益上の必要性がある場合に限り、職権取消しを認めるべきだと考えていくのです。

間違っているものを正すだけだからだよ。

では、最後に取消しの効果について見ていきましょう。取消しの場合、当初から瑕疵があるわけですから、その効果も瑕疵のある時点に遡らせるべきです。したがって、当該行政行為が初めからなかったものとされます（遡及効）。しかし、授益的行政行為の取消しについては、別途考慮が必要です。すなわち、むやみに遡及させると、相手方が害されてしまいます。そこで、この場合の取扱いについては、取消しの遡及効を否定する説が有力です。

取消しのイメージ

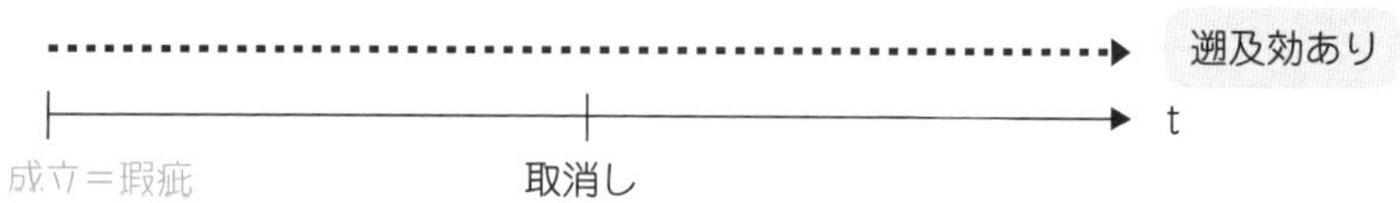

（2）撤回

「撤回」とは、当初瑕疵なく成立した行政行為の効力を後発的事情を理由に将来に向かって消滅させせることを言います。例えば、スピード違反を理由とする運転免許の取消しなどがこれに該当します。要するに、行政行為をした当初は問題がなかったのに、後で問題が生じたため取り消すことにしたというケースです。

撤回は、法律上特別の定めがない限り、処分庁だけがすることができます。というのも、撤回は処分の裏返しだからです。また、撤回をするにあたっては、法律上の根拠は不要です。この点については「菊田医師事件」という判例があります。これは、菊田医師が、諸事情によって中絶を望む人を説得したうえで子どもを産ませ、不妊等で子どもができない夫婦に渡していたことが発覚し、「指定医師」の指定を取り消されてしまったという事件です（講学上は撤回）。この事件で判例は、法令上その撤回について直接明文の規定がなくとも、指定を撤回することができるとしています（最判昭63・6・17）。なお、授益的行政行為については、職権取消しと同じように、相手方の被る不利益を考慮しても、なおそれを撤回すべき公益上の必要性が高いと認められる場合に限り撤回することができると考えられています。

次に、撤回の効果を見ていきます。撤回の場合、後発的事情を理由として効力を失わせるものですから、その効果としては将来に向かって効力が失われることになります。これを「将来効」と言います。

撤回のイメージ

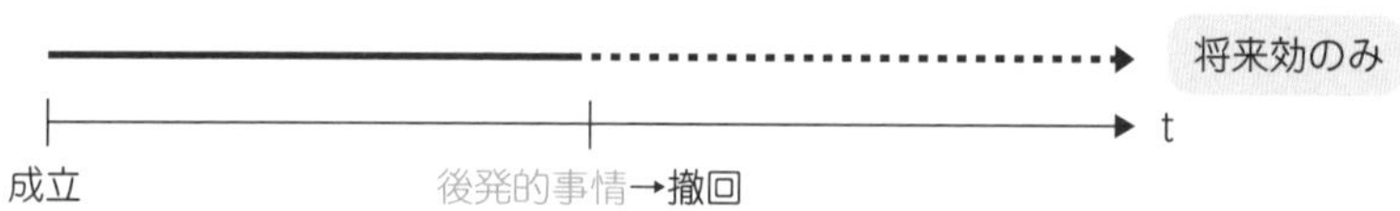

最後に、撤回をするにあたって損失補償をしなければならないのか？ という論点についてお話しします。基本的にこの場合は損失補償をした方がいいでしょう。法律の中には損失補償をする旨を明記しているものもあります。しかし、常に必要なのか？ というとそうでもないのです。というのも次の判例があるからです。ちょっと見てください。

判例

【都有財産の使用許可の撤回と補償】（最判昭49・2・5） A

事案▶ Xは、東京都から土地を期間の定めなく、使用許可を受けて借りていた。しかし、その後、東京都はこの土地を本来の行政目的である卸売市場用地として使用するため、使用許可を取り消し（撤回）、Xに土地の返還を命じた。そこで、東京都は、Xに対して使用許可の撤回により生じた使用権喪失部分の損害について補償する必要があるのかが問題となった。

判旨▶ 本件使用許可は、使用期間について**期間の定めがない**ので、本来の行政目的が出てきた時点で**原則として消滅**するものであり、また、権利自体にこのような**制約が内在**しているものとして付与されたものである。よって、特別の事情がない限り、使用権喪失について**補償は不要**である。

理解のコツ

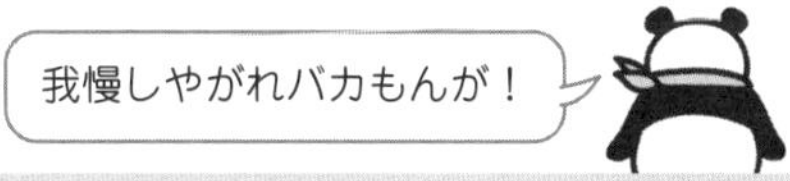

本件のポイントは、使用許可について「期間の定めがなかった」という点です。期間の定めがないということは、本来の行政目的を達成する必要が生じた時点で、許可の効力が消滅するということを意味します。そして、それはもともと権利自体に内在していたわけです（つまり権利が消えることは覚悟するべきだったということ）。ですから、その使用権喪失については補償をしなくても構わないのです。

（3）取消しや撤回の手続的規制

最後に重要なことについて触れますが、これはまだ行政手続法を勉強していないので、さらっと読んでおけば足ります。これまでに述べた取消し・撤回のうちでも、授益的行政行為の取消し・撤回は、それ自体が行政手続法上の不利益処分というものに該当してしまいます。したがって、行政手続法上のルールが適用されることになります。具体的には、取消しや撤回をする前に、原則として意見陳述のための手続（聴聞・弁明の機会の付与）を与えなければなりません。つまり、いきなり取消しや撤回をするのではなく、これらをする前に一度言い訳を言う機会を与えるのです。

取消しと撤回のまとめ

	職権取消し	撤回
瑕疵の時点	成立当初からの瑕疵。	成立後の瑕疵（後発的事情）。
効果	原則　遡及効あり 例外　授益的行政行為の場合は遡及効が制限されることがあり得る。	将来効のみ
法律の根拠	不要	
主体	処分庁、上級行政庁（上級監督庁）	原則として、処分庁のみ
制限	授益的行政行為の場合及び不可変更力を生ずる場合について制限される。	

PLAY! 理解度チェック

1. 無効な行政行為の瑕疵とは？

2. 判例によると、課税処分はどのようなときに無効となるのか。

3. 更正処分の理由付記の不備を後日の裁決で補った場合には、瑕疵の治癒が認められるのか。

4. ある行政行為に瑕疵があって本来は違法ないし無効であるが、これを別個の行政行為としてみると瑕疵がなく適法要件を満たしている場合に、別個の行政行為として完全に有効なものと扱うことを何と言うか。

5. 違法性の承継が認められるための要件は何か。

6. 職権取消しは、処分庁だけでなく、上級行政庁（上級監督庁）もすることができるのか。

7. 職権取消しをするためには、法律上の根拠は必要？　不要？

8. 取消しには遡及効があるのか。

1. 重大かつ明白な瑕疵。

2. 当該処分における内容上の過誤が課税要件の根幹についてのものであるとき。

3. 認められない。

4. 違法行為（無効行為）の転換と言う。

5. ①先行行為と後行行為が一連の手続を構成し、②同一の法効果の発生を目指している場合であること。

6. できる。

7. 不要。

8. ある。

9． 撤回は、原則として誰ができるのか。

9．
処分庁のみ。

10． 撤回には遡及効があるのか。

10．
ない。

11． 都有財産を期間の定めなく使用許可を受けて借りていた場合、その後使用許可が撤回されたときは、使用権喪失について補償をする必要があるのか。

11．
補償する必要はない。

TRY! 本試験問題に挑戦

行政法学上の行政行為の瑕疵に関する記述として、最高裁判所の判例に照らして、妥当なのはどれか。　【特別区Ｒ１】

1．村農地委員会が農地について小作人の請求がないにもかかわらず、その請求があったものとして旧自作農創設特別措置法施行令第43条に基づいて定めた農地買収計画を、同計画に関する訴願裁決で同令第45条により買収を相当とし維持することは、村農地委員会が買収計画を相当と認める理由を異にするものと認められ違法であるとした。

1．×
違法行為の転換を認めて「違法であるとはいえない」とした。

2．農地買収計画の異議棄却決定に対する訴願の提起があるにもかかわらず、その裁決を経ないで、県農地委員会が訴願棄却の裁決があることを停止条件として当該農地買収計画を承認し、県知事が土地所有者に買収令書を発行したという瑕疵は、その後、訴願棄却の裁決があったことによっても治癒されないとした。

2．×
「治癒される」とした。

3. 法人税青色申告についてした更正処分の通知書が、各加算項目の記載をもってしては、更正にかかる金額がいかにして算出されたのか、それが何ゆえに会社の課税所得とされるのか等の具体的根拠を知る手段がない場合、更正の付記理由には不備の違法があるが、その瑕疵は後日これに対する審査裁決において処分の具体的根拠が明らかにされれば、それにより治癒されるとした。

3．×
付記理由不備の瑕疵は、後日これに対する審査裁決において処分の具体的根拠が明らかにされても、治癒されない。

4. 課税処分に課税要件の根幹に関する内容上の過誤が存し、徴税行政の安定とその円滑な運営の要請を斟酌してもなお、不服申立期間の徒過による不可争的効果の発生を理由として被課税者に処分による不利益を甘受させることが著しく不当と認められるような例外的事情のある場合には、当該処分は、当然無効と解するのが相当であるとした。

4．○
そのとおり。
重大性のみで無効とした。

5. 都建築安全条例の接道要件を満たしていない建築物について、同条例に基づき建築物の周囲の空地の状況その他土地及び周囲の状況により安全上支障がないと認める処分が行われた上で建築確認がされている場合、その安全認定が取り消されていなければ、建築確認の取消訴訟において、安全認定が違法であるために同条例違反があると主張することは許されないとした。

5．×
違法性の承継が認められるため、安全認定が違法であると主張することができる。

正答　4

10 行政裁量

重要度 ★★☆
頻出度 ★★☆

このテーマはとにかく判例学習が大切である。ただ、その数がとても多いので意外と嫌になってしまう人も多い。そこで、まずはランクを意識してコア判例を確実に押さえるようにしていきたい。

1 行政裁量とは?

「行政裁量」とは、行政に認められる判断の余地のことです。さらにざっくりと言うならば、行政庁は、行政行為をする際に、ああした方がいい、こうした方がいいという形で独自の裁量的判断を入れることがあります。これが行政裁量です。伝統的には次のような分類がなされてきたので、一応確認しておきましょう。

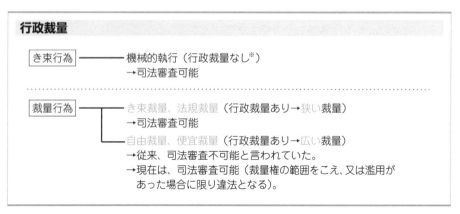

行政裁量

き束行為 ―― 機械的執行(行政裁量なし※)
→司法審査可能

裁量行為 ―┬― き束裁量、法規裁量(行政裁量あり→狭い裁量)
　　　　　　│　→司法審査可能
　　　　　　└― 自由裁量、便宜裁量(行政裁量あり→広い裁量)
　　　　　　　　→従来、司法審査不可能と言われていた。
　　　　　　　　→現在は、司法審査可能(裁量権の範囲をこえ、又は濫用があった場合に限り違法となる)。

※ただし、判例は、道路法47条4項の規定に基づく車両制限令12条所定の道路管理者の認定は、基本的には裁量の余地のない確認的行為の性格を有するものであるが、合理的な行政裁量を行使することが全く許容されないものと解するのは相当でない、としている(最判昭57·4·23)。このように判例はき束行為的性質を有する行政行為にも裁量を入れる余地があることを認めている。

どうでしょうか? 言葉が多義的で混乱してしまうかもしれませんが、一口に裁量と言っても、その幅が広いものもあれば狭いものもあるのです。ただ現在は、あまりこのような区別は重要視されていません。というのも、行政事件訴訟法30条という条文が、裁量処分の判断基準を示しているからです。この行政事件訴訟法30条には、「行政庁の裁量処分については、裁量権の範囲をこえ又はその濫用があつた場合に限り、裁判所は、その処分を取り消すことができる」と明記されています。これはつまるところ、裁量権に逸脱・濫用があった場合には処分が違法となるため、取消しの対象になるということです。よって、裁量処分については、裁判所が裁量権の逸脱・濫用の有無を判断することになります。

また、行政裁量には、「**要件裁量**」と「**効果裁量**」という区別もあります。これはそんなに難しくはありませんが、まずは図を見てみましょう。

要件裁量と効果裁量

○○法第△△条

第１項　厚生労働大臣は、～公益上必要があると認めるときは、～必要な措置をとることができる。

「公益上必要があると認めるとき」↓要件裁量

「必要な措置をとることができる」↓効果裁量

このような条文があったと仮定し、これを前提に話を進めていきます。「要件裁量」とは、条文の要件該当性の判断に裁量を認める場合を言います。ですから、「公益上必要があると認めるとき」という部分が要件裁量であり、必要があると認めても認めなくてもいいわけです。一方、「効果裁量」とは、行政行為をするのかしないのか、するとしていかなる処分を選択するのかという判断に裁量を認める場合を指します。ですから、「必要な措置をとることができる」という部分が効果裁量となります。必要な措置をとるのかとらないのか、とるとしてどのような措置をとるのかを選べるわけです。また、これ以外にも、いつ、行政行為をするのかという「**時の裁量**」や、どのような手続をとるかという「**手続の裁量**」などがあると言われています。このように裁量の種類は意外と多いのです。

2 行政裁量に関する事例

ここからは、ひたすら行政裁量が問題となった判例を見ていきましょう。試験で出題されやすいものを掲載するにとどめたので、これが試験的にはミニマムなのだと思ってください。ただ、実際これだけ知っておけば十分正答を導き出すことができるはずです（笑）。

判例

【山形県余目町事件】(最判昭53・5・26) Ⓐ

事案▶ XはY県に対して個室付浴場業(ソープランド)の許可申請を行い、Y県知事はこれに対し許可処分を下した。しかし、その後周辺住民の反対運動が激しくなったため、Y県知事はXの開業を阻止することにした。そして、児童遊園(公園)の周囲200メートル圏内には個室付浴場を作ってはいけないとの法律(風俗営業取締法)があることに着目し、個室付浴場の近隣134.5メートル付近にあった空き地を整備し、児童遊園の設置を認可した。Xは、Yに対して、このような知事の児童遊園設置認可処分は権利の濫用であるとして国家賠償請求訴訟を提起した。

判旨▶ 児童遊園設置認可処分は、個室付浴場の開業を阻止する目的でなされたものであり、**行政権の著しい濫用**によるものとして**違法**であり、損害賠償請求を認めるべきである。

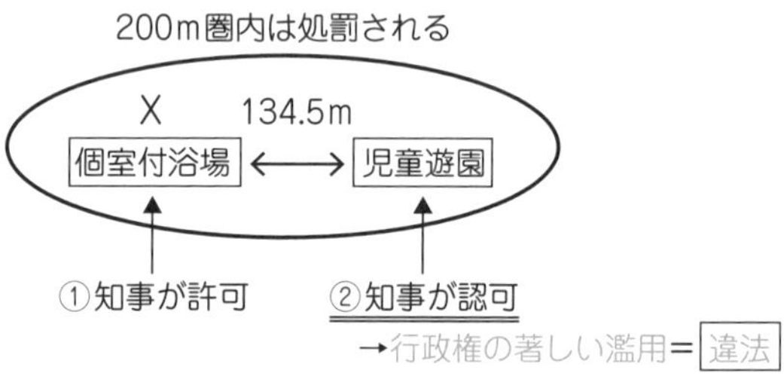

理解のコツ

このまちにソープランドはいらない

本件の知事の児童遊園設置認可処分は、個室付浴場を排除するためだけになされたものです。このような処分はそもそも目的や動機が不法なので権利の濫用だと判断されたわけです。

【神戸税関事件】（最判昭52・12・20） Ⓐ

事案▶ 神戸税関の職員であった者が、懲戒免職処分の違法性を争った事件。

判旨▶ 公務員につき、懲戒事由がある場合に、懲戒処分を行うかどうか、懲戒処分を行うときにいかなる処分を選ぶかは、**懲戒権者の裁量**に任されている。したがって、裁判所は、処分の適否を審査する際に、懲戒権者と同一の立場に立って懲戒処分をすべきであったかどうか、又はいかなる処分を選択すべきであったかについて判断し、その結果と懲戒処分とを比較してその軽重を論ずることはできない。裁判所は、当該懲戒処分が社会通念上著しく妥当性を欠き、**裁量権を濫用**したと認められるときに限り違法と判断すべきである。

理解のコツ

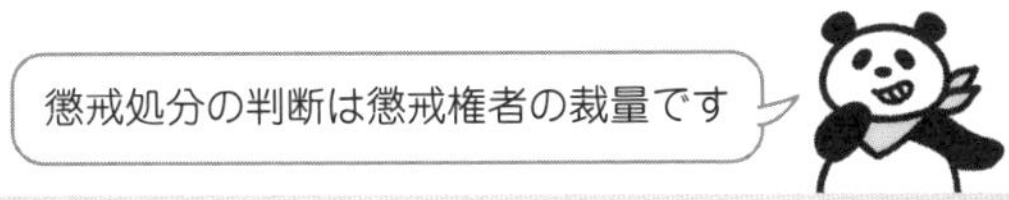

懲戒処分の判断は懲戒権者の裁量です

裁判所ができるのは、懲戒権者の裁量権の行使に基づく処分が「社会通念上著しく妥当性を欠き、裁量権を濫用したと認められる場合」に違法と判断することまでです。それ以上に懲戒権者と同一の立場に立って、「僕なら懲戒処分はしなかった」「○○のような懲戒処分をすべきだった」というような判断はしてはいけないのです。

【マクリーン事件】（最大判昭53・10・4） Ⓐ

事案▶ アメリカ人のマクリーン氏は在留期間の更新を申請したが、これに対して法務大臣は不許可処分を下した。これを不服として、処分の取消しを求めて出訴した。

判旨▶ 更新事由の有無の判断は、**法務大臣の広汎な裁量**に任されている。したがって、裁判所は、その判断の基礎とされた重要な事実に誤認があること等により右判断が全く事実の基礎を欠くかどうか、又は事実に対する評価が明白に合理性を欠くこと等により右判断が社会通念に照らし著しく妥当性を欠くことが明らかであるかどうかについて審理し、それが認められる場合に限り、右判断が**裁量権の範囲を超え**、又は**その濫用があった**ものとして違法と判断することができる。

理解のコツ

法務大臣の広汎な裁量を認めた点と、裁量権の行使が違法になってしまう例外的な要件をしっかりと押さえましょう。

【伊方原発訴訟】（最判平4・10・29）　Ⓐ

事案▶ 原子炉の設置許可処分に対し、周辺住民が本件許可処分の取消しを求めて出訴した事件。

判旨▶ 原子炉の設置許可については、科学的、専門技術的知見に基づく意見を尊重して行う**内閣総理大臣の合理的判断（裁量判断）**に委ねられている。原子炉設置許可処分の取消訴訟における裁判所の審理、判断は、原子力委員会若しくは原子炉安全専門審査会の専門技術的な調査審議及び判断を基にしてされた被告行政庁（内閣総理大臣）の判断に不合理な点があるか否かという観点から行われるべきである。

具体的には、①現在の科学技術水準に照らし、右調査審議において用いられた**具体的審査基準に不合理な点**があり、あるいは、②当該原子炉施設が右の具体的審査基準に適合するとした原子力委員会若しくは原子炉安全専門審査会の**調査審議及び判断の過程に看過し難い過誤、欠落**があり、被告行政庁の判断が**これに依拠**してされたと認められる場合には、被告行政庁の右判断に不合理な点があるものとして、右判断に基づく原子炉設置許可処分は違法と解すべきである（結論的には違法性を否定した）。

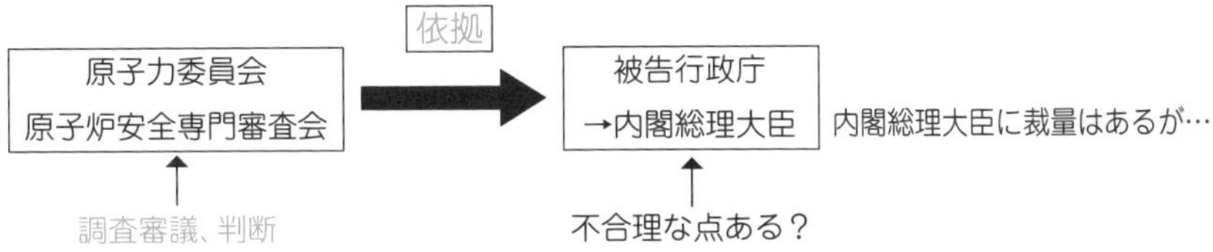

理解のコツ

原子炉設置許可処分は極めて専門技術的

原子炉設置許可処分の審理・判断は、原子力委員会若しくは原子炉安全専門審査会の専門技術的な調査審議及び判断を基にしてされた被告行政庁の判断に、不合理な点があるか否かという観点から行われるべきだと言っています。つまり、この処分は内閣総理大臣が単独で行っているわけではないのです。あくまでも委員会や審査会の意見を基に行っているわけですから、その過程にちゃんと目を向けないと違法かどうかは判断できない……結局こういうことになります。

【土地収用法における損失補償額の決定】（最判平9・1・28） Ⓑ

事案▶ 土地収用法に基づく損失補償額の決定について、収用委員会に裁量が認められるのかが争われた。

判旨▶ 補償をすべき「相当な価格」は、通常人の経験則及び社会通念に従って**客観的に認定**すべきものである。よって、補償額の決定につき、収用委員会に裁量権が認められると解することはできない。

そして、裁判所は、収用委員会の補償に関する認定判断に裁量権の逸脱濫用があるかどうかを審理判断するのではなく、裁決時点における正当な補償額を客観的に認定し、裁決によって定められた補償額が認定額と異なるときは、裁決によって定められた補償額を違法とし、正当な補償額を確定すべきである。

理解のコツ

補償額の決定につき裁量はない

補償額はあくまでも客観的に決められるべきものです。したがって、その決定につき収用委員会に裁量を認めるべきではないのです。

【指名競争入札参加拒否事件】（最判平18・10・26）　B

事案▶　村が発注する公共工事の指名競争入札に長年指名を受け継続的に参加してきた建設業者をある年度以降全く指名せず、入札に参加させなかった事案。

判旨▶　法令の趣旨に反する運用基準の下で、主たる営業所が村内にないなどの事情から**形式的に村外業者に当たると判断**し、そのことのみを理由として、他の条件いかんにかかわらず、およそ一切の工事につき平成１２年度以降全く上告人を指名せず指名競争入札に参加させない措置を採ったとすれば、それは、考慮すべき事項を十分考慮することなく、一つの考慮要素にとどまる村外業者であることのみを重視している点において、**極めて不合理**であり、**社会通念上著しく妥当性を欠く**ものといわざるを得ず、そのような措置に裁量権の逸脱又は濫用があったとまではいえないと判断することはできない。

理解のコツ

形成的な判断はマズイよね～

形式的に村外業者に当たると判断し、そのことだけを理由に入札に参加させないのは違法であると判断したわけです。すなわち、考慮すべきことを考慮しておらず、一つの考慮要素に拘泥した点がマズイということです。

【学校施設の目的外使用許可】（最判平18・2・7） A

事案▶ 公立小学校の職員団体が、研修会場として使用するため、公立中学校に対して使用許可を申請した。ところが、目的外使用に該当するために不許可とされた。これが裁量権の逸脱となるのかが争われた。

判旨▶ 学校施設の目的外使用を許可するか否かは、原則として、**管理者の裁量**に委ねられている。もっとも、その判断要素の選択や判断過程に合理性を欠くところがないかを検討し、その判断が、**重要な事実の基礎を欠く**か、又は社会通念に照らし**著しく妥当性を欠く**ものと認められる場合に限って、裁量権の逸脱又は濫用として違法となる。

理解のコツ

目的外だから不許可もやむを得ない？

本来の目的とは異なる目的で使用するわけですから、その許否については原則として管理権者の裁量に委ねられるべきです。なお、この判例は、結論として、本件不許可処分を裁量権の逸脱と認定しています。ちょっと注意してくださいね。

【エホバの証人剣道実技拒否事件】（最判平８・３・８） A

事案▶ 神戸市立工業高等専門学校の生徒X（エホバの証人）は、宗教上の教義に基づき学校の体育で剣道実技の履修を拒否し、その結果、単位を得ることができずに２度にわたる原級留置処分を受けた（いわゆる留年）。そして「２年連続」の原級留置処分を退学事由と定めていた学則により、退学処分となってしまった。

判旨▶ 高等専門学校の校長が学生に対し原級留置処分又は退学処分を行うかどうかの判断は、**校長の合理的な教育的裁量**に委ねられるべきものである。しかし、本件各処分は、（代替措置を何ら検討していないので）**考慮すべき事項**

を考慮しておらず、又は考慮された事実に対する評価が明白に合理性を欠き、その結果、社会観念上著しく妥当を欠く処分をしたものと評するほかはなく、裁量権の範囲を超える違法なものと言わざるを得ない。

理解のコツ

この判例は、①考慮すべきことを考慮せず、②考慮された事実に対する評価が明らかに誤っていること、の２点を違法判断の要素としています。これを「他事考慮」と言う場合があります。

【個人タクシー事件】（最判昭46・10・28）　A

事案▶　個人タクシー事業の免許申請をした者が、内部的な基準に適合しないことを理由に却下処分を受けた（聴聞担当者が基準を知らず必要な質問等が行われずに却下処分がなされた）。そこで、申請却下処分の取消しを求めて出訴した。

判旨▶　免許の許否を決する際には、抽象的な免許基準を定めるだけではなく、さらに具体化した審査基準を設定しなければならない。また、審査基準を公正かつ合理的に適用すべく、とくに、右基準の内容が微妙・高度の認定を要するものである場合には、右基準を適用するうえで必要とされる事項について、申請人に対し、その主張と証拠の提出の機会を与えなければならない。さらに、免許の申請人は、このような公正な手続によって免許の許否につき判定を受けるべき法的利益を有するものと解すべきであるから、これに反する審査手続によって申請の却下処分がなされたときは、その利益を侵害するものとして、処分の違法事由となる。

行政庁
免許申請 ↑↓ 許否→ ①抽象的な免許基準でＯＫ？→ダメ（具体的な審査基準が必要）
申請者
↓さらに
②主張と証拠の提出の機会を与える必要あり？→あり
↓もし
③これらなしに却下処分がなされたらどうなる？→処分が違法になる

理解のコツ

テキトーな基準で拒否されたのでは
たまったもんじゃない

免許申請の許否手続については、抽象的な免許基準を定めるだけでは足りず、より具体化した審査基準を設定し、申請人に主張と証拠の提出の機会を与えなければなりません。そして、これらをしないで免許申請の却下処分がなされたときは違法となります。

【群馬バス事件】（最判昭50・5・29）　Ⓑ

事案▶ 法の要請に基づき、諮問機関に対する諮問を経た後に処分をした場合においても、当該処分が違法となる場合があるのかが争われた。

判旨▶ 行政処分が諮問を経ないでなされた場合はもちろん、これを経てなされた場合においても、当該諮問機関の審理、決定（答申）の**過程に重大な法規違反**があることなどにより、その決定（答申）自体に法が諮問機関に対する諮問を経ることを要求した**趣旨に反するような瑕疵があるとき**は、これを経てなされた処分も違法として取消しを免れない。

理解のコツ

諮問はすればいいってもんじゃない

法が諮問機関に対する諮問を経るべきことを要求している趣旨は、行政庁が、諮問機関の決定(答申)を慎重に検討し、これに十分な配慮を払い、特段の合理的な理由のない限りこれに反する処分をしないように要求することにより、当該行政処分の客観的な適正妥当と公正を担保することにあります。そうである以上、諮問自体はしたけれどその過程に誤りがあったというのでは全く諮問をした意味がありませんね……。お話になりません。

PLAY! 理解度チェック

1. 行政事件訴訟法30条によると、裁量処分はどのような場合に違法となり取消しの対象となるのか。

2. 山形県余目町事件において、知事がした児童遊園設置認可処分は、適法・違法いずれと判断されたか?

3. 神戸税関事件によると、裁判所は、懲戒権者と同一の立場に立って懲戒処分をすべきであったかどうか、又はいかなる処分を選択すべきであったかについて判断できるのか?

1.
裁量権の範囲をこえ、又はその濫用があった場合。

2.
違法と判断された。

3.
判断できない。

4. 伊方原発訴訟によると、原子炉設置許可処分が違法となるのはどんな場合か。

4.
調査審議に用いた①具体的な審査基準に不合理な点があり、あるいは②原子力委員会若しくは原子炉安全専門審査会の調査審議及び判断の過程に看過し難い過誤、欠落があり、被告行政庁の判断がこれに依拠してなされたと認められる場合。

5. 学校施設の目的外使用の許否について、管理権者に裁量は認められるのか。

5.
原則、認められる。

6. 判例によると、代替措置を何ら検討することなく原級留置・退学処分をしたことは違法となるのか。

6.
なる。

TRY! 本試験問題に挑戦

行政裁量に関するA～Dの記述のうち、最高裁判所の判例に照らして、妥当なものを選んだ組合せはどれか。【特別区 H24】

A. 道路運送法に定める個人タクシー事業の免許にあたり、多数の申請人のうちから少数特定の者を具体的個別的事実関係に基づき選択してその免許申請の許否を決しようとするときには、同法は抽象的な免許基準を定めているに過ぎないのであるから、行政庁は、同法の趣旨を具体化した審査基準を設定し、これを公正かつ合理的に適用すべきである。

1．○
そのとおり。
個人タクシー事件。

B. 旧出入国管理令に基づく外国人の在留期間の更新を適当と認めるに足りる相当の理由の有無の判断は、法務大臣の裁量に任されており、その判断が全く事実の基礎を欠く場合又は社会通念上著しく妥当性を欠くことが明らかな場合に限り、裁判所は、当該判断が裁量権の範囲を超え又はその濫用があったものとして違法であるとすることができる。

B. ○
そのとおり。
マクリーン事件。

C. 原子炉設置の安全性に関する判断の適否が争われる原子炉設置許可処分においては、行政庁の判断が、原子力委員会若しくは原子炉安全専門審査会の専門技術的な調査審議及び判断を基にしてなされたものである限り、当該行政庁の処分が、裁判所の審理、判断の対象となることはない。

C. ×
判例によると、原子炉設置許可処分の取消訴訟における裁判所の審理、判断は、原子力委員会若しくは原子炉安全専門審査会の専門技術的な調査審議及び判断を基にしてされた被告行政庁（内閣総理大臣）の判断に不合理な点があるか否かという観点から行われる（伊方原発訴訟）。ゆえに、委員会や審査会の調査審議や判断を基にしていればよいという問題ではない。

D. 懲戒権者の裁量権の行使としてされた公務員に対する懲戒処分の適否を裁判所が審査するにあたっては、懲戒権者と同一の立場に立って、懲戒処分をすべきであったかどうか又はいかなる処分を選択すべきであったかについて決定し、その結果と当該懲戒処分とを比較して、その違法性を判断しなければならない。

D. ×
このようなことはしてはならない。裁判所は、あくまでも当該懲戒処分が「社会通念上著しく妥当性を欠き、裁量権を濫用したと認められるとき」に違法と判断することしかできない（神戸税関事件）。

1．A、B　2．A、C　3．A、D　4．B、C　5．B、D

正答　1

11 行政指導

重要度
★★★
頻出度
★★★

第11章以降では、行政作用のうち「行政行為以外」を見ていく。これを「非権力的行為形式」などと呼ぶことがある。「行政指導」「行政契約」「行政計画」「行政調査」という順番で話を進めていくのでしっかりとついてくるように。

1 定義

「行政指導」とは、行政機関がその任務又は所掌事務の範囲内において一定の行政目的を実現するため特定の者に一定の作為又は不作為を求める指導、勧告、助言その他の行為であって処分に該当しないものを言います（行政手続法2条6号）。なんじゃこりゃ？という感じですよね。実はこれは「行政手続法」の中に書かれている行政指導の定義なのです。さて、言っていることは至って単純です。要するに、行政指導とは、「処分」以外、すなわち行政行為以外の形式で行う指導、勧告、助言のことで、言うなれば、国民に対する事実上のアドバイスです。

行政手続法は、行政が一定の活動をするにあたり守るべきルールを定め、行政運営における公正の確保と透明性の向上を図り、国民の権利利益を保護するために作られた法律だよ。

例えば、税務相談や中小企業の経営支援などを行う、このような類のものを「助成的行政指導」と呼びます。あるいは、高層マンションを建てようとしている業者と地域住民との調整、これも行政指導です。横断幕を掲げて「マンション建設反対！」とやっているところに、行政が「まぁまぁちょっと話し合いましょうよ」と割って入り調整をかけるのですが、このようなものを「調整的行政指導」と言います。さらには、違法なエステ業者や労働基準法違反の行為を平然と行うブラック企業に対して、いきなり「6か月の営業停止処分を下す！」としてしまうのはちょっと気の毒だから、まずは穏当に電話で注意喚起をするなど（ジャブを入れる）、これも「規制的行政指導」と呼ばれるれっきとした行政指導です。おそらく皆さんは公務員になったら日常的に行政指導をする（させられる？）ことになると思います（笑）。

では、なぜこのような行政指導なるものが必要なのでしょうか？　その目的は一体何なのでしょうか？　一言で言うなら、様々な行政需要に機敏に対応し行政責任を全うすること、これが行政指導の目的です。このことから、行政指導をするためには、法律の根拠はいりません。もちろん法律の規定に従って行われる行政指導もありますが、必ずしも法律の根拠はいらないのです。「お手軽簡単行政指導」というわけですね。ただ、どうでしょう？　何となく察しがつくと思いますが、行政指導の中でもとくに規制的行政指導は濫用されると困ります。法律の根拠なくバンバン出して、行政の意向に無理矢理従わせるようなことが起こったら大変です。そこで、法律の根拠はいらないのですが、行政指導を出すときの一定のルールは行政手続法の中で規定されています。詳細は後で述べますが（行政手続法で腐るほど説明する）、例えば、①行政指導に携わる者は、その相手方に対して、当該行政指導の趣旨及び内容並びに責任者を明確に示さなければならない（行政手続法35条１項）というルールや、行政指導が口頭でされた場合において、その相手方から当該行政指導の内容等を記載した書面の交付を求められたときは、当該行政指導に携わる者は、行政上特別の支障がない限り、これを交付しなければならない（35条３項）というルールなど、数多く規定されています。

2 行政指導の限界

行政指導は、あくまでも相手方の任意の協力によってのみ実現されるものです。したがって、事実上の任意の協力要請行為に過ぎないのですが、実際は行政処分まがいの強制をしてしまっているケースも多いのです。この点については、判例を２つほど紹介します。

判例

【品川マンション事件】（最判昭60・7・16） Ⓐ

事案▶ Xはマンションを建設するために東京都の建築主事に建築確認を申請した。ところが、周辺住民が反対運動を起こしていたため、東京都は話合いにより解決するよう行政指導をし、

建築物等の建築計画が法令に適合しているかどうかを審査する行政行為だよ。工事着工前に審査するんだ。これがおりないとそもそも工事に着工できないよ。

建築主事も当該話合いが上手くいくまで建築確認を留保することにした。

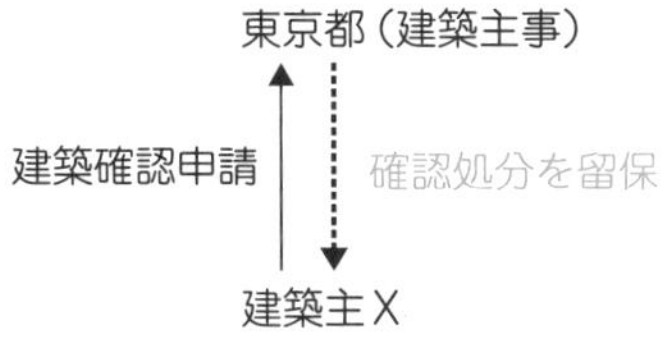

判旨▶ いったん行政指導に応じて建築主と付近住民との間に話合いによる紛争解決を目指して、協議が始められた場合でも、建築主において建築主事に対し、確認処分を留保されたままでの行政指導にはもはや協力できないとの意思を真摯かつ明確に表明し、当該確認申請に対し直ちに応答すべきことを求めているものと認められるときには、特段の事情がない限り、確認処分の留保の措置を受忍せしめることは許されない。よって、それ以後の行政指導を理由とする確認処分の留保は、違法である。

理解のコツ

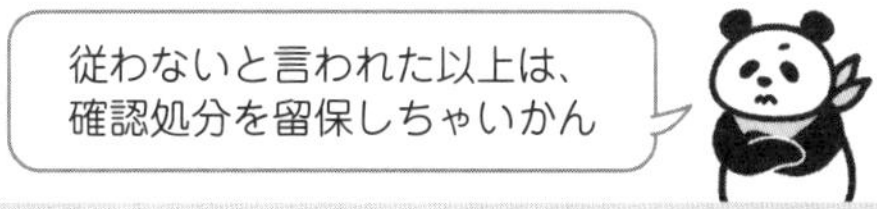

従わないと言われた以上は、
確認処分を留保しちゃいかん

相手方が行政指導に任意に応じているのであれば全然問題ないのですが、もはや協力できないとの意思を真摯かつ明確に表明した場合には、それ以後確認処分を留保してはいけません。したがって、確認処分を留保することがまずいのではなく、従わないと言われたのに確認処分を留保し続けることがまずいのです。なお、この判例を参考に、後に行政手続法33条が作られ、現在では「申請の取下げ又は内容の変更を求める行政指導にあっては、行政指導に携わる者は、申請者が当該行政指導に従う意思がない旨を表明したにもかかわらず当該行政指導を継続すること等により当該申請者の権利の行使を妨げるようなことをしてはならない」とされています。判例が立法に影響を及ぼした1つの例として覚えておきましょう。

【武蔵野マンション事件】（最判平5・2・18） A

事案▶ 武蔵野市には、一定規模以上の建物を建てようとする建築主は教育施設負担金を納付するものとする宅地開発等指導要綱が存在しており、これに従わない者に対しては上下水道の利用を拒否する方針をとっていた。Xはマンションを建築しようとしたが、市がこの要綱に基づきXに対して教育施設負担金の納付を求めてきた。そこで、Xはしぶしぶこれを納付したが、そもそもこのような行政指導は違法であるとして国家賠償請求訴訟を提起した。

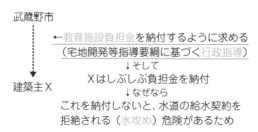

武蔵野市

←教育施設負担金を納付するように求める
（宅地開発等指導要綱に基づく行政指導）
↓そして
Xはしぶしぶ負担金を納付
↓なぜなら
これを納付しないと、水道の給水契約を
拒絶される（水攻め）危険があるため

建築主X

判旨▶ 指導要綱に基づいて教育施設負担金の納付を求めた行為は、マンションを建築しようとする以上**行政指導に従うことを余儀なくさせる**ものであり、Xに教育施設負担金の納付を**事実上強制**しようとしたものと言うことができる。指導要綱に基づく行政指導が、武蔵野市民の生活環境をいわゆる乱開発から守ることを目的とするものであり、多くの武蔵野市民の支持を受けていたことなどを考慮しても、このような行為は、本来任意に寄付金の納付を求めるべき行政指導の**限度を超える**ものであり、**違法**な公権力の行使である。

理解のコツ

指導要綱に基づいて教育施設負担金の納付を求める行為は、事実上の強制にわたっているので違法だということです。また、実は、同じような武蔵野市の水攻めの判例はもう１つあります。その判例では、給水拒否が水道法第15条第１項にいう「正当な理由」にあたるか否かが争われました。判例は、①当該私人が行政指導に従わないという**意思を明確に表明**していたこと、②マンションの購入者も入居にあたり**給水を必要としていた**ことを挙げて、このような時期に至ったときは、たとえ指導要綱を事業主に順守させるため行政指導を継続する必要があったとしても、これを理由として事業主らとの給水契約を留保することは許されない、としています（最決平元・11・8）。

3 取消訴訟（抗告訴訟）の可否

これまで見てきたように、行政指導は事実上の任意の協力要請行為であって「処分」（行政行為）ではありません。そこで、これまではずっと処分に対する訴訟である取消訴訟は提起できないとされてきました。つまり、行政指導には「処分性」がないという理由で取消訴訟を認めてこなかったのです。しかし、近時、行政指導についても処分と同視できるものについては取消訴訟の提起を認める判例が出てきました。これまでの伝統的な枠組みを一転する重要な判例ですから、しっかりと確認していきましょう。

ここで言う「取消訴訟」とは、行政事件訴訟法3条2項の「処分の取消しの訴え」を指し、これは「抗告訴訟」の一部に位置付けられているよ。

判例

【知事の病院開設中止の勧告】（最判平17・7・15） Ⓐ

事案▶ Xは知事Yに対して病院開設の許可を申請した。ところが、Yは、既に存在する病院の病床数がその地域の必要病床数に達していることを理由に、医療法30条の7に基づき病院開設中止の勧告（行政指導）を行った。これに対しXは、この勧告が行政指導であることを理由に拒否した。そして、その後本件勧告が違法であるとして取消訴訟を提起した。

判旨▶ 医療法30条の7の規定に基づく病院開設中止の勧告は、医療法上は当該勧告を受けた者が任意にこれに従うことを期待してなされる**行政指導**として定められている。しかし、当該勧告を受けた者に対し、これに従わない場合には、**相当程度の確実さ**をもって、病院を開設しても**保険医療機関の指定を受けられなくなる**（保険の使えない病院しか開設できない）という結果をもたらすものと言うことができる。そして、いわゆる国民皆保険制度が採用されている我が国においては、健康保険、国民健康保険等を利用しないで病院で受診する者はほとんどなく、保険医療機関の指定を受けずに診療行為を行う病院がほとんど存在しないことは公知の事実であるから、保険医療機関の指定を受けることができない場合には、実際上病院の開設自体を断念せざるを得ないことになる。したがって、この勧告は、行政事件訴訟法３条２項にいう「行政庁の処分その他公権力の行使にあたる行為」に該当する（つまり、処分性があるので取消訴訟を提起できるということ）。

理解のコツ

行政指導でも取消訴訟を提起できる場合がある

医療法30条の７の規定に基づく知事の病院開設中止の勧告は、確かに行政指導です。しかし、保険医療機関の指定が受けられなくなる（保険の使えない病院になってしまう）という効果につながるので、処分性があるとしたのです。したがって、取消訴訟を提起できるということになりますが、ここでは「一般的に」行政指導には処分性がないと理解しておきましょう。つまり、あくまでもこの判例が例外なのです。

4 国家賠償請求訴訟の可否

違法な行政指導によって損害を受けた者は、当該行政指導が「違法な公権力の行使」（国家賠償法１条１項）にあたるとして、国家賠償請求訴訟を提起することができます。これは従来から当然できると言われてきたのでとくに問題はありません。

PLAY! 理解度チェック

1. 行政指導の行政手続法上の定義は？

2. 行政指導の種類を３つ挙げよ。

3. 行政指導をする際に、法律の根拠は必要か。

4. 判例によると、行政指導の相手方が、もはや行政指導には協力できないとの意思を真摯かつ明確に表明してきたにもかかわらず、その後も建築確認処分を留保し続けるとどうなってしまうのか。

5. 判例によると、指導要綱に基づく教育施設負担金の納付を求める行為は、どのように評価されているか。

6. 医療法30条の７に基づく知事の病院開設中止の勧告は、行政事件訴訟法３条２項にいう「行政庁の処分その他公権力の行使にあたる

1.
行政機関がその任務又は所掌事務の範囲内において一定の行政目的を実現するため特定の者に一定の作為又は不作為を求める指導、勧告、助言その他の行為であって処分に該当しないもの。

2.
助成的行政指導、調整的行政指導、規制的行政指導。

3.
必ずしも必要ではない。法律の根拠はあってもなくてもどちらでもよい。

4.
建築確認処分の留保が違法となる。

5.
違法な公権力の行使であると評価されている。

6.
該当する。

行為」に該当するのか。

7. 違法な行政指導によって損害を被った場合に、国家賠償請求訴訟で争うことはできるのか。

7.
できる。

TRY! 本試験問題に挑戦

行政指導に関するア〜オの記述のうち、妥当なもののみをすべて挙げているのはどれか。 【財務専門官H28】

ア. 行政指導は、行政行為と異なり事実行為である表示行為とされるので、行政指導が違法であるとしても、相手方はその取消しを求めて取消訴訟を提起することは原則として認められないと一般に解されている。

ア. ○
そのとおり。
行政指導には一般的に処分性がないので、取消訴訟を提起することができない（ただし、知事の病院開設中止の勧告は例外）。

イ. 行政指導は事実行為であり、相手方にはこれに従うべき法的義務がないため、行政指導に従ったことにより損害が発生した場合には、それが違法な行政指導であったとしても、損害賠償請求は認められないとするのが判例である。

イ. ×
違法な行政指導によって損害を受けた者は、当該行政指導が「違法な公権力の行使」（国家賠償法1条1項）にあたるとして、国家賠償請求訴訟を提起することができる。

ウ. 行政手続法上、行政指導が口頭でなされた場合において、その相手方から当該行政指導の内容等を記載した書面の交付を求められたときは、当該行政指導に携わる者は、行政上特別の支障がない限り、原則としてこれを交付しなければならないとされている。

ウ. ○
そのとおり。
書面の交付を求められたときは、原則として交付しなければならない。

エ. 行政手続法上、行政指導に携わる者は、その相手方に対して、当該行政指導の内容及び責任者を明確に示さなければならないが、当該行政指導の趣旨については示さなくてもよいとされている。

エ. ×
行政指導の趣旨についても示さなければならない。

オ. 行政手続法上、申請の取下げ又は内容の変更を求める行政指導にあっては、行政指導に携わる者は、申請者が当該行政指導に従う意思がない旨を表明したにもかかわらず当該行政指導を継続すること等により当該申請者の権利の行使を妨げるようなことをしてはならないとされている。

オ. ○
そのとおり。
本肢は「品川マンション事件」を参考に明文化された行政手続法33条の説明である。

1. ア、ウ　2. イ、エ　3. イ、オ　4. ア、ウ、オ
5. ウ、エ、オ

正答　4

行きすぎの
行政指導も
結構あるもんだね

12 行政契約

重要度
★★★
頻出度
★★★

非権力的行為形式の２つ目は行政契約である。試験的には少し細かいので、場合によってはパスしても構わない。ただ、国家公務員を受験する人は一度潰しておいた方がよいだろう。

1 定義

「行政契約」とは、行政目的を達成するために、行政主体が私人や行政主体との間で締結する契約のことです。庁舎の建設請負契約や、事務用品をはじめとする物品の購入契約、国有財産の売渡契約など様々なものがあります。近時は、「民間資金等の活用による公共施設等の整備等の促進に関する法律」（PFI法）により、行政機関が、公共施設等に係る建設、製造、改修、維持管理、運営などの事業を、契約により民間の特定の事業者に一括して委ねることも認められています。

2 特徴

行政契約は、相手方との合意によって締結するものですから、非権力的な行為形式です。したがって、行政行為ではないので処分性が認められません。つまり、取消訴訟などの抗告訴訟を提起することはできません（民事訴訟で争う）。また、契約は当事者の意思の合致で成立するものですから、原則として法律の根拠も不要です。ただし、事務委託（教育事務の委託）だけは法律の根拠が必要とされています。例えば、Ａ君が自宅から住所地であるＸ市の小学校に行くためには、２キロ歩かなければならないとしましょう。でも、Ａ君の自宅のすぐそばにはＹ市の小学校があり、そちらは徒歩10秒で着きます（笑）。よくある話ですが、当然、Ａ君としてはＹ市の小学校に行きたいですよね。親御さんもその方が何かと安心でしょう。ただ、これを認めるためにはＸ市とＹ市が学校事務について相互に委託契約（事務委託）を結んでいなければならず、権限の一部を移転し合うことで越境入学を可能にしていく必要があります。このように、事務委託は言わば権限の

以前勉強した権限の委任とパラレルに考えておくとわかりやすいかもね。

所在が変わることを意味するので、法律の根拠が必要となるのです。

行政契約は、あくまでも契約である以上、原則として民法や商法が適用されることになります。しかし、契約自由の原則が若干修正され、平等原則等の行政法の一般原則が適用されたり、必要な手続的規制に服することになったり、あるいは契約締結が義務付けられたりするケースがあります。

例えば、指導要綱に従わないからといって私人との給水契約の締結を自由に拒むことができるわけではないんだ（最判平元・11・8）。11章の「武蔵野マンション事件」理解のコツ内の判例と同じだね。リマインドだよ。

これは水道供給契約を念頭に置くと分かりやすいと思います。水道法には「水道事業者は、事業計画に定める給水区域内の需要者から給水契約の申込みを受けたときは、正当の理由がなければ、これを拒んではならない」という条文があります（水道法15条１項、強制契約）。これは契約締結が義務付けられている例です。さらに、契約相手の選定方式についてもルールがあり、公平性が保たれるような仕組みになっています。例えば、売買・請負契約は、原則として、入札参加者を限定しない一般競争入札でその相手方を決めることになっています（指名競争入札、随意契約、せり売りは例外）。なお、判例によると、随意契約によることができる場合として法令に列挙された事由のいずれにも該当しないにもかかわらず、随意契約を締結してしまったとしても、私法上の効果は当然には無効となりません。私法上無効となるためには、誰の目から見ても違反が明らかである場合や契約の相手方が随意契約は許されないことを知っているか、知ることができた場合のように、特段の事情が認められなければなりません（最判昭62・５・19）。

3 給付行政上の法律関係

規制行政の分野は、公権力の発動たる側面が強くなるので、原則として行政行為で行うべきです。しかし、給付行政の分野は、サービスの提供をその本質としているので、行政契約になじみやすいと言われています。例えば、水道供給契約、公営鉄道や公営バスの運送契約、公立病院や公営住宅の利用契約などがあります。ただし、補助金の交付や生活保護の支給などは、決定という形で行政行為によって行われています。これは金のばらまきにならないよう慎重に取り扱う趣旨だと思っておけば足ります。

ポイント

規制行政の分野→行政行為でやるべき

給付行政の分野→ 原則 契約になじむ

例外 補助金の交付、生活保護の支給は行政行為で行う！

4 公害防止協定

「公害防止協定」とは、地方公共団体が公害を発生させるおそれのある事業者との間で、法で定められていない内容や、法で定められている内容よりも厳しい内容の義務を課す協定です。もともと規制行政の場面で法の不存在や不備を補う形で利用されてきた手法です。公害防止協定は、単なる紳士協定ではなく行政契約と考えるのが一般的なので、当事者を法的に拘束します（違反すると債務不履行責任を負う＝裁判で争う必要がある）。もっとも、それに違反しても行政上の強制手段である立入検査や刑罰を科すことは認められません。これは行政行為ではない以上当然です。また、行政契約はそれを締結した当事者のみを拘束するのが原則ですが、場合によっては当事者以外の第三者に対して効果を持つものもあります。建築協定（建築基準法75条）や緑地協定（都市緑地法50条）等がその例です。

紳士協定とは、当事者間の信頼の下結ばれる約束で、法律的な履行義務を伴わないものを言うよ。

PLAY! 理解度チェック

1. 行政契約には、民法や商法は適用されるのか。

2. 行政契約に法律の根拠は必要か。また、その例外は何か？

1. 原則として、適用される。

2. 法律の根拠は不要。例外は事務委託。

3．補助金の交付や生活保護の支給は、行政契約でなされているのか。

3．
なされていない。行政行為でなされている。

4．公害防止協定は単なる紳士協定なのか。

4．
行政契約である。

5．公害防止協定を守らなかったらどうなるか。

5．
債務不履行責任を負う。

TRY! 本試験問題に挑戦

行政契約に関する次の記述のうち、妥当なのはどれか。【国家一般職Ｒ１】

1．随意契約によることができる場合として法令に列挙された事由のいずれにも該当しないのに随意契約の方法により締結された契約は、違法というべきことが明らかであり、私法上も当然に無効になるとするのが判例である。

1．×
特段の事情が認められない限り、私法上は当然に無効とはならない。

2．給水契約は、水道事業者である行政主体が私人と対等の地位において締結する私法上の契約であることから、行政主体は、契約自由の原則に基づき、自らの宅地開発に関する指導要綱を遵守させるための手段として、水道事業者が有している給水の権限を用い、当該指導要綱に従わない建設会社らとの給水契約の締結を自由に拒むことができるとするのが判例である。

2．×
当該指導要綱に従わない建設会社らとの給水契約の締結を自由に拒むことはできない。正当な理由がなければならない。

3．廃棄物の処理及び清掃に関する法律に基づく都道府県知事の許可を受けた処分業者が、公害防止協定において、協定の相手方に対し、その事業や処理施設を将来廃止する旨を約束

3．○
そのとおり。
難しいのであまり意識する必要はないが、判例は本肢のように述べている（最判平21・7・10)。

することは、処分業者自身の自由な判断で行えることであり、その結果、許可が効力を有する期間内に事業や処理施設が廃止されることがあったとしても、同法に何ら抵触するものではないとするのが判例である。

4. 指名競争入札を実施するに当たり、地方公共団体である村が、法令の趣旨に反する運用基準の下で形式的に村外業者に当たると判断した事業者を、そのことのみを理由として、他の条件いかんにかかわらず、およそ一切の工事につき指名せず指名競争入札に参加させない措置を採ったとしても、社会通念上著しく妥当性を欠くものとまではいえず、裁量権の逸脱又は濫用があったとはいえないとするのが判例である。

4．×
社会通念上著しく妥当性を欠くものといわざるを得ず、そのような措置に裁量権の逸脱又は濫用があったとまではいえないと判断することはできないとするのが判例である。

5. 公共施設等を効率的かつ効果的に整備するとともに、国民に対する低廉かつ良好なサービスの提供を確保するため、行政機関は、公共施設等に係る建設、製造、改修、維持管理、運営などの事業を民間事業者に実施させることができるが、これらの事業を特定の事業者に一括して委ねることは認められておらず、各事業ごとに事業者を選定し、個別に契約を締結する必要がある。

5．×
特定の事業者に一括して委ねることも認められている。

正答　3

13 行政計画

重要度
★★★

頻出度
★★★

行政計画は、試験で問われるポイントがかなり偏っている。つまり対策は容易。「処分性」の判例をしっかりと覚えておこう。

1 意義

「行政計画」とは、行政権が一定の目的のために目標を設定し、その目標を達成するための手段を総合的に提示するものを言います。簡単に言うとプログラム、青写真です。種類としては国民（私人）を拘束するものと拘束しないものとに分かれます。拘束するものを「拘束的計画」、拘束しないものを「非拘束的計画」と呼びます。

そして、拘束的計画は、国民に対して一定の法的拘束力を持つことから、法律の根拠が必要です。よって、拘束的計画は、必ず法定計画、すなわち法律に根拠を持つ計画ということになります。これには都市計画や土地区画整理事業計画などがあります。一方、非拘束的計画は、国民に対して法的拘束力を持たないので、必ずしも法律の根拠は必要ありません。よって、非拘束的計画は、もちろん法定計画の場合もありますが、事実上の計画、すなわち法律に根拠を持たない計画の場合もあるのです。

なお、行政計画策定手続には行政手続法は適用されません。つまり、行政手続法は、政策的観点から、行政計画を規律の対象としていないのです。この点は後ほどじっくりと勉強するので、ここでは一応指摘だけしておきます。

> 行政手続法は、処分、行政指導、届出及び命令等の制定について行政庁等が経るべき手続について定めているよ。16～17章で詳しく勉強するね。

2 取消訴訟（抗告訴訟）の可否

> 取消訴訟は抗告訴訟の一類型だったよね。覚えているかい？

さて、本題はここからです。取消訴訟（抗告訴訟）の可否についてです。この点は行政指導でも一度触れましたが、取消訴訟は「処分」を対象に提起するものです。したがって、「処分性」が認められなければ提起することができません。では、行政計画によって私人の権利利益に侵害が生じた場合、行政計画を取消訴訟で争うことができるのでしょうか？　言い換えれば、行政計画に「処分性」が認められるのでしょうか？　この点は、判例がいくつもあります。ただ、試験で出題される判例は次の４つだけです。覚え方は、「計画は処分性あり。ただし、用途地域の指定を除く」となります。いいですか？　事案なんかどうでもいいので、まずはこれだけを覚えましょう。その次に計画名と結論を覚えれば、試験的にはOKです。

処分性の判例

（○…処分性あり　×…処分性なし）

計画名・頻出度ランク	処分性	理由
土地区画整理事業計画の決定 （最大判平20・９・10）Ⓐ →道路、公園、河川等の公共施設を整備・改善し、土地の区画を整え宅地の利用の増進を図る事業。	○	土地区画整理事業計画の決定により、建築行為等の制限を受け、換地処分※を受けるべき地位に立たされる（私人の法的地位に直接的な影響が生じる）。 ※土地改良や区画整理のために土地に存する権利関係が変わったときに，従前の土地の代わりに他の土地を与える行政処分。
都市再開発法上の第二種市街地再開発事業計画の決定・公告（最判平４・11・26）Ⓐ →建築物及び建築敷地の整備並びに公共施設の整備に関する事業。駅前の再開発等。	○	再開発事業計画の決定は、土地収用法上の事業認定と同様の効果が生じ、自己の所有地等が収用されるべき地位に立たされることになる。具体的には、公告があった日から起算して30日以内に、その対償の払渡しを受けることとするか、またはこれに代えて建築施設の部分の譲受けを希望するかの選択を余儀なくされる（二者択一に迫られるので私人の法的地位に直接的な影響を及ぼす）。
土地区画整理事業組合の設立認可（最判昭60・12・17）Ⓑ	○	単に設立認可申請に係る組合の事業計画を確定させるだけのものではなく、事業施行地区内の宅地所有者等を強制的に組合員とし、これに土地区画整理事業の施行権限を付与する効力を有する（組合の設立だが強制的側面がある）。

都市計画法に基づく用途地域の指定（最判昭 57・4・22）Ⓐ →都市計画で都市を住居地域、商業地域、工業地域などいくつかの種類に区分し、これを「用途地域」として定める。	×	用途地域の指定（今回は工業地域の指定）によって生じる効果は、新たな法令が制定されたのと同様の当該地域内の不特定多数の者に対する一般的抽象的なものに過ぎない（用途地域の指定は一般的抽象的。よって、個別具体性がない）。

3 国家賠償請求訴訟の可否

行政計画によって損害を被った国民は、国家賠償請求訴訟を提起できます。以前、地方公共団体が工場誘致施策を変更すること自体はできるが、これにより損害を被る者に対して何らの代償的措置を講ずることなく施策を変更することは、それがやむを得ない客観的事情によるものでない限り、当事者間に形成された信頼関係を不当に破壊するものとして違法性を帯び、不法行為責任を生じる、とした事例を勉強しましたね（最判昭56・１・27）。この事例が国家賠償の判例として有名です。

PLAY! 理解度チェック

1. 拘束的計画の策定には法律の根拠が必要か。

2. 行政計画策定手続には、行政手続法が適用されるのか。

3. 土地区画整理事業計画の決定には処分性があるのか。

1.
必要。

2.
適用されない。

3.
ある。したがって、取消訴訟（抗告訴訟）を提起できる。

4. 第二種市街地再開発事業計画の決定・公告には処分性があるのか。

4.
ある。したがって、取消訴訟（抗告訴訟）を提起できる。

5. 工業地域の指定などの用途地域の指定には処分性があるのか。

5.
ない。したがって、取消訴訟（抗告訴訟）を提起できない。

6. 地方公共団体が何らの代償的措置を講ずることもなく施策を変更するとどうなってしまうのか。

6.
信頼関係を不当に破壊するものとして違法性を帯び、不法行為責任を生じる。

TRY! 本試験問題に挑戦

行政法学上の行政計画に関する記述として、判例、通説に照らして、妥当なのはどれか。 【特別区H28】

1. 行政計画とは、行政権が一定の目的のために目標を設定し、その目標を達成するための手段を総合的に提示するものであり、私人に対して法的拘束力を持つか否かにかかわらず、法律の根拠を必要としない。

1. ×
拘束的計画は、国民に対して一定の法的拘束力を持つことから、法律の根拠が必要である。

2. 行政計画の策定において、計画策定権者に対して広範囲な裁量が認められるため、手続的統制が重要になることから、公聴会の開催や意見書の提出などの計画策定手続は、個別の法律のみならず行政手続法にも規定されている。

2. ×
計画策定手続は、行政手続法に規定されていない。

3．最高裁判所の判例では、地方公共団体の工場誘致施策について、施策の変更があることは当然であるから、損害を補償するなどの代償的措置を講ずることなく施策を変更しても、当事者間に形成された信頼関係を不当に破壊するものとは言えず、地方公共団体に不法行為責任は一切生じないとした。

3．×
信頼関係を不当に破壊するものとして違法性を帯び、不法行為責任を生じるとしたのが判例。

4．最高裁判所の判例では、西遠広域都市計画事業上島駅周辺土地区画整理事業の事業計画の決定は、施行地区内の宅地所有者等の法的地位に変動をもたらすものであって、抗告訴訟の対象とするに足りる法的効果を有し、行政庁の処分その他公権力の行使にあたる行為と解するのが相当であるとした。

4．○
そのとおり。
土地区画整理事業計画の決定には処分性が認められる。

5．最高裁判所の判例では、都市計画区域内で工業地域を指定する決定は、その決定が告示されて効力を生ずると、当該地域内の土地所有者等に新たな制約を課し、その限度で一定の法状態の変動を生ぜしめるものであるから、一般的抽象的なものとは言えず、抗告訴訟の対象にあたるとした。

5．×
用途地域の指定には処分性が認められない。よって、取消訴訟（抗告訴訟）の対象にはあたらない。

正答　4

14 行政強制

重要度
★★★
頻出度
★★★

行政強制は、毎年どこかの試験種で出題される重要テーマである。次章で学習する「行政罰」とセットで覚えるとより効率的にインプットできる。

1 行政強制

「**行政強制**」とは、行政機関が、行政目的を達成するために私人に対して実力を加えて必要な状態を作り出していく作用を言います。行政強制は、「**行政上の強制執行**」と「**即時強制**」とに分類されます。まずは図をざっと見てみます。

行政強制

- 行政強制
  - 行政上の強制執行（義務を課す）
    - 行政代執行（行政代執行法）
    - 執行罰（砂防法 36 条のみ）
    - 直接強制（成田新法３条６項など）
    - 強制徴収（個別法で国税徴収法を準用）
  - 即時強制（消防法、警察官職務執行法など）（義務を課さない）

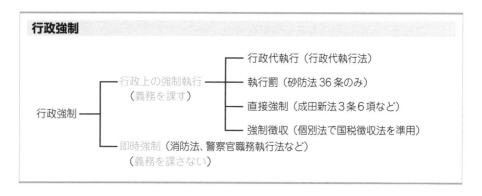

どうですか？　何のことか分からないでしょう（笑）。では、ちょっと説明を加えていきましょう。

まず、「**行政上の強制執行**」についてです。これは行政によって何らかの**義務を課されたにもかかわらず**、義務者がこれを怠っている場合に、行政の側が**自力で行政上の義務を実現**してしまうことを言います。**行政上の義務履行確保の手段**というわけです。以前、行政行為の効力として「自力執行力」というものを勉強しましたが、あの自力執行力の具体的実現方法が行政上の強制執行ということになります。行政上の強制執行には、「**行政代執行**」「**執行罰**」「**直接強制**」「**強制徴収**」があります。また、行政上の強制執行については、義務を課す、すなわち行政行為の根拠法とは**別の根拠法**がなければすることができません。これは法律でなければならないので、条例ではダメです。あくまでも「別の根拠法」というのがポイントです。

一方、「即時強制」とは、行政上の義務を課さずに、直接に実力を加えて行政目的を達成する作用です。具体例等は後で詳しく説明しますが、行政上の義務を課さない点で行政上の強制執行とは大きく異なるという点を押さえておきましょう。

（1）行政代執行

「行政代執行」とは、代替的作為義務について、これを履行しない義務者に代わって行政庁又は第三者がこれを行い、その費用を義務者から徴収する制度です。行政代執行については「行政代執行法」という一般法がありますので、この法律に基づいて行うことになります。

> この法律はたった６条しかない短い法律で、１条では「行政上の義務の履行に関しては、別に法律で定めるものを除いては、この法律の定めるところによる」と規定されているよ。この規定から、行政上の強制執行は法律に基づいてやらなければならず、条例で根拠規定を設けることはできないと解釈されているんだ。

典型的な例では違法建築物の取り壊しなどで使われます。例えば、行政庁から建築基準法違反の建物について「取り壊しなさい！」と除却命令（行政行為）が出されたとします。このとき所有者が取り壊しを渋っていると、行政の人間あるいは行政が頼んだ業者がやってきて無理矢理建物を壊して帰っていきます。そして、後日かかった費用についての請求が来ます。これが行政代執行のイメージです。財産権に対する甚だしい侵害行為ですね……。したがって、行政代執行ができる場面は非常に限定されていて、以下３つの実体的要件を満たさないと行うことはできません。

行政代執行の実体的要件（行政代執行法２条）

①代替的作為義務であること（法律により直接に命ぜられた行為又は法律に基づき行政庁によって命ぜられた行為）。
②他の手段によってその履行を確保することが困難であること（補充性）。
③その不履行を放置することが著しく公益に反すること（公益違反性）。

とくに①については注意しましょう。例えば、営業禁止（停止）命令は、そもそも不作為義務ですし、建物の明渡しや検診義務等は作為義務ですが非代替的義務です。よって、行政代執行をすることができません。

さて、次に行政代執行の手続を見ていきましょう。これもかなり厳格になっています。

行政代執行の手続（行政代執行法３～６条）

①代執行をなすべき旨を、予め文書で戒告する（不満があれば取消訴訟を提起して争うことができる）。

②代執行令書で代執行をなすべき時期、代執行のために派遣する執行責任者の氏名及び代執行に要する費用の概算による見積額を義務者に通知する。

※ただし、非常の場合又は危険切迫の場合において、急速な実施について緊急の必要があり、①②の手続をとる時間がないときは、①②の手続は不要。

③代執行のために派遣される執行責任者は、その者が執行責任者たる本人であることを示すべき証票を携帯し、要求があるときは、何時でもこれを呈示しなければならない。

④代執行に要した費用の徴収については、実際に要した費用の額及び納期日を定め、義務者に対し、文書をもってその納付を命じなければならない。

⑤代執行に要した費用は、国税滞納処分の例により徴収し、行政庁は、国税及び地方税に次ぐ順位の先取特権を有する（つまり、３番目に優先する債権であるということ）。

⑥代執行に要した費用を徴収したときは、その徴収金は、事務費の所属に従い、国庫又は地方公共団体の経済の収入となる。

（２）執行罰

「執行罰」とは、義務を履行しない者に対して過料を科すことを予告し、間接的に義務の履行を促す制度です。直接何か手を下すわけではないのですが、「義務を履行しなければ、お金を払ってもらいます」という形で、心理的圧迫を加えるので間接強制とも呼ばれます。執行罰の特徴は、義務の不履行があれば何度でも繰り返し課すことができるという点にあります。とても実効性がありそうですよね。でも残念ながら、執行罰は砂防法36条

砂防法36条では「私人ニ於テ此ノ法律若ハ此ノ法律ニ基キテ発スル命令ニ依ル義務ヲ怠ルトキハ国土交通大臣若ハ都道府県知事ハ一定ノ期限ヲ示シ若シ期限内ニ履行セサルトキ若ハ之ヲ履行スルモ不充分ナルトキハ五百円以内ニ於テ指定シタル過料ニ処スルコトヲ予告シテ其ノ履行ヲ命スルコトヲ得」となっている。カタカナ条文なので読みにくいよね。

があるのみであり、これも法整備の漏れで残ってしまった条文なので実際は使われていません。

（3）直接強制

「直接強制」とは、義務を履行しない者に対して、直接、義務者の身体又は財産に実力を加えて義務を実現する制度です。この直接強制は、「身体」が対象に含まれているため、行政上の強制執行の中では最も人権侵害の危険が大きい制度と言えます。したがって、現在では、成田新法による工作物の実力封鎖（成田新法3条6項）など数が限られています。ちなみに、成田新法3条6項は財産に対する直接強制の例です。

正式名称は、「成田国際空港の安全確保に関する緊急措置法」だよ。

（4）強制徴収

「強制徴収」とは、義務者が金銭的納付義務を履行しない場合に、行政機関が義務者の財産に強制を加えて、無理矢理徴収する制度です。租税債権のように迅速かつ確実に徴収する必要がある債権について、裁判を経ずに直接実現できるようにしたというわけです。直接強制の金銭債権バージョンだと思っておきましょう。手続的には一般的に財産の差押え→公売という流れになります。「税金を納めないでいたら、車を差し押さえられた！」なんていう話を聞くことがあると思いますが、アレのことです（笑）。なお、国税については国税徴収法がありますが、これは強制徴収の一般法ではありません。ただ、様々な法律でこの国税徴収法が準用されていますので、あたかも一般法のように見えます。例えば、先ほど勉強した行政代執行法6条1項は「国税滞納処分の例により」という形で準用しています。

では、行政上の強制徴収の手段が存在する場合に、民事上の強制執行制度を使うことはできるのでしょうか？　この点、判例は使えないとしています（最大判昭41・2・23）。なぜならば、法が簡易迅速性の観点から行政上の強制徴収の手段を認め、裁判を経なくてもよいとしているのに、あえて民事上の強制執行の手段（裁判を経る）を使うというのでは法の趣旨に反するからです。これを「バイパス理論」と呼びます。要するに、バイパスを通してあげたのだからそっちを通ってよ、一般道は通ってはいけませんよ、ということなのです。

2 即時強制

「即時強制」とは、義務を課すことなく、いきなり身体や財産に強制を加える制度です。このように、即時強制は義務を課さないため、そもそも義務履行確保のための手段ではありません。また、見方によっては、行政上の強制執行における直接強制よりも危ない手段と言えます。そのため、即時強制をするには、もちろん法律の根拠が必要となります（なお、ここでの「法律」には「条例」も含まれるので、即時強制は条例で定めることも可能）。具体例としては、破壊消防（消防法29条２項）や泥酔者や迷い子の保護、避難、制止、立入、武器の使用（警察官職務執行法３～７条）などがあります。もっとも、相手方の人権侵害を最小限にとどめるよう配慮しなければならないので、比例原則が適用されます。

判例では、漁港管理者である町が当該漁港の区域内の水域に不法に設置されたヨット係留杭を強制撤去した事案で、鉄杭撤去を強行したことは、漁港法及び行政代執行法上適法と認めることのできないものであるが、撤去費用の支出は、緊急の事態に対処するためのやむを得ない措置に係る支出として、違法とは言えないとしたものがあるよ（最判平3･3･8、浦安鉄杭事件）。

比例原則は、目的とそのために取られる手段との間に合理的な比例関係がなければならないという原則だよ。

3 行政調査

（1）意義

ここで、行政調査についても簡単に説明しておきます。「行政調査」とは、行政機関が行う情報収集活動です。例えば、税務調査や国税の犯則調査などがこれに該当します。行政調査の種類をまとめると概ね次の３つになります。③だけは法律の根拠がいらないとなっている点を確認しておきましょう。

①強制調査	相手方の意思に反して無理矢理強制できる。	法律の根拠が必要。
②罰則により担保された調査	調査を拒否したら罰則を科される。	法律の根拠が必要。
③任意調査	相手方の承諾がなければできない。	法律の根拠は不要。

（2）関連知識

さて、行政調査については、判例知識が問われます。代表的なものだけをまとめてみたので、確認しておきましょう。

①所持品検査

警察官が職務質問に付随して行う所持品検査は、所持人の承諾を得た限度において行うことができるのが原則である。もっとも、捜索に至らない程度の行為は、強制にわたらない限り、その所持人の承諾がなくても、所持品検査の必要性、緊急性、これによって侵害される個人の法益と保護されるべき公共の利益との権衡等を考慮し、具体的状況の下で相当と認められる限度において許容される場合がある（最判昭53・6・20）。

②自動車の一斉検問

警察官が、走行の外観上の不審事由があるか否かにかかわらず自動車を停止させて質問する一斉検問は、ⓐ交通違反の多発する地域であること、ⓑ短時分の停止であること、ⓒ相手方の任意の協力を求める形で行われること、ⓓ自動車の利用者の自由を不当に制約することにならない方法、態様で行われること、の要件を満たせば適法である（最決昭55・9・22）。

③川崎民商事件

旧所得税法上の質問検査（税務調査）につき、刑事手続のように令状主義（憲法35条）や黙秘権（憲法38条１項）が適用されるのかが問題となった事案で、判例は、刑事責任追及を目的とするものではないとの理由のみで、その手続における一切の強制が当然に憲法35条１項の保障の枠外にあると判断することは相当でないとした。また、憲法38条１項の保障も、刑事手続以外の手続においても、実質上、刑事責任追及のための資料の取得収集に直接結びつく作用を一般的に有する手続には等しく及ぶとした（最大判昭47・11・22）。もっとも、本件においては、令状は不要であるし、黙秘権も保障されていないとした。

④荒川民商事件

所得税法上の税務調査を行う場合に事前通告が必要なのかが争われた事案で、判例は、質問検査の範囲、程度、時期、場所等実定法上特段の定めのない実施の細目については、質問検査の必要があり、かつ、これと相手方の私的利益との衡量において社会通念上相当な限度にとどまる限り、権限ある税務職員の合理的な選択に委ねられている。そして、実施の日時場所の事前通知、調査の理由及び必要性の個別的、具体的な告知のごときは、質問検査を行ううえでの法律上一律の要件とされているものではないとし、事前通告を欠く調査を適法とした（最決昭48・7・10）。

PLAY! 理解度チェック

1. 行政上の強制執行の４つの種類とは何か？

1.
「行政代執行」「執行罰」「直接強制」「強制徴収」。

2. 条例で行政上の強制執行をすることはできるのか。

2.
できない。

3. 行政代執行をするための実体的要件（３つ）とは何か？

3.
①代替的作為義務であること、②他の手段によってその履行を確保することが困難であること、③その不履行を放置することが著しく公益に反すること。

4. 行政代執行を行う際に、文書による戒告や代執行令書による通知をしなくてもよい例外的な場合とは？

4.
非常の場合又は危険切迫の場合において、急速な実施について緊急の必要があり、①②の手続をとる時間がない場合。

5. 義務の不履行者に対して過料を科すことを予告し、間接的に義務の履行を確保する制度は何か。

5.
執行罰。

6. 直接強制の具体例を１つ答えよ。

6.
成田新法による工作物の実力封鎖（成田新法３条６項）。

7. 行政上の強制徴収の手段が存在する場合に、民事上の強制執行制度を使えるのか。

7.
使えない（バイパス理論）。

8. 義務を課すことなく、いきなり身体や財産に強制を加える手段を何と言うか。

8.
即時強制。

9. 所持品検査は、必ず所持人の承諾を得なければできないのか。

9.
所持人の承諾を得なくてもできる場合がある。

TRY! 本試験問題に挑戦

行政上の義務履行確保に関するア～オの記述のうち、妥当なもののみを全て挙げているのはどれか。　【国家一般職Ｒ１】

ア. 直接強制は、行政上の義務者の身体又は財産に直接強制力を行使して義務の履行があった状態を実現するものであり、その性質上、法令の根拠が必要であるが、条例は住民の代表機関である議会によって制定されたものであるから、条例を根拠として直接強制を行うことができると一般的に解されている。

ア. ×
強制執行の根拠は法律でなければならないので、条例を根拠として直接強制を行うことはできない。

イ. 執行罰は、行政上の義務者に一定額の過料を課すことを通告して間接的に義務の履行を促し、なお義務を履行しない場合にこれを強制的に徴収するものであるが、相手方が義務を履行するまで反復して執行罰を課すことは、二重処罰を禁止した憲法の趣旨に照らし、許されない。

イ．×
執行罰は、相手方が義務を履行するまで反復して課すことができる。

ウ. 農業共済組合が、法律上特に独自の強制徴収の手段を与えられながら、この手段によることなく、一般私法上の債権と同様、訴えを提起し、民事執行の手段によって債権の実現を図ることは、当該法律の立法趣旨に反し、公共性の強い農業共済組合の権能行使の適正を欠くものとして、許されないとするのが判例である。

ウ．○
そのとおり。
いわゆる「バイパス理論」である。

エ. 行政代執行をなし得るのは、原則として代替的作為義務であるが、非代替的作為義務であっても、他の手段によって履行を確保することが困難であり、かつ、不履行を放置することが著しく公益に反すると認められるときは、例外的に行政代執行をなし得ることが行政代執行法上定められている。

エ．×
非代替的作為義務について行政代執行ができる旨の定めはない。

オ. 行政代執行のために現場に派遣される執行責任者は、その者が執行責任者本人であることを示すべき証票を携帯し、要求があるときは、いつでもこれを提示しなければならない。

オ．○
そのとおり。
執行責任者は証票携帯義務がある。

1．ア、イ　2．ア、ウ　3．イ、エ　4．ウ、オ　5．エ、オ

正答　4

TRY! 本試験問題に挑戦

行政上の義務履行確保に関するア～エの記述のうち、妥当なもののみをすべて挙げているのはどれか。【国家総合職H28】

ア． 行政上の強制執行は、侵害留保の原則からすれば、法律の根拠が必要となるところ、私人に義務を課す権限は、当該義務の履行を行政的に強制する権限を含まないことから、行政上の義務の履行を強制するには、別途そのための法律が必要である。

ア．○
そのとおり。
行政上の義務の履行を強制するためには、私人に義務を課す権限を規定する根拠法とは別の根拠法が必要である。

イ． 農業共済組合が組合員に対して有する保険料債権等の徴収方法について、当該組合に租税に準ずる簡易迅速な行政上の強制徴収の手段が与えられていたとしても、行政上の強制徴収は行政庁に特権を付与したに過ぎないため、当該組合は、かかる行政上の強制徴収の手段によることなく、一般私法上の債権と同様に民事上の強制執行の手段により債権の実現を図ることができるとするのが判例である。

イ．×
この場合には行政上の強制徴収の手段によらなければならない（バイパス理論）。

ウ. 地方公共団体たる水道事業者が私人に当該地方公共団体の指導要綱を順守させるため行政指導を継続する必要がある場合には、水道法第15条第1項の「正当の理由」があると言えるため、そのことのみを理由として給水契約の締結を拒否することも許されるとするのが判例である。

ウ. ×
判例は、当該私人が行政指導に従わないという意思を明確に表明していたこと、マンションの購入者も入居にあたり給水を必要としていたことを挙げて、このような時期に至ったときは、たとえ指導要綱を事業主に順守させるため行政指導を継続する必要があったとしても、これを理由として事業主らとの給水契約を留保することは許されない、としている（最決平元・11・8）。

エ. 行政代執行法第1条は、「行政上の義務の履行確保に関しては、別に法律で定めるものを除いては、この法律の定めるところによる。」と規定していることから、執行罰及び直接強制について、条例で根拠規定を設けることはできない。

エ. ○
そのとおり。
行政上の強制執行は、法律を根拠にして行わなければならない。したがって、条例で根拠規定を設けることはできない。

1．ア、イ　2．ア、エ　3．イ、ウ　4．イ、エ　5．ウ、エ

正答　2

15 行政罰

重要度
★★★
頻出度
★★★

行政罰は、覚えることが非常に少なく試験でも楽に得点できるため、「おいしいテーマ」と言える。

1 行政罰

「行政罰」とは、過去の義務違反に対する制裁です。行政上の強制執行とよく間違える、あるいは混同してしまう人がいるのですが、行政罰の視点は、「将来」に向けられたものではありません。あくまでも「過去」の義務違反に対して制裁を科すことが第一の目的で、この点が行政上の強制執行とは大きく異なります。次の図を見てイメージしてみましょう。

行政上の強制執行と行政罰の違い

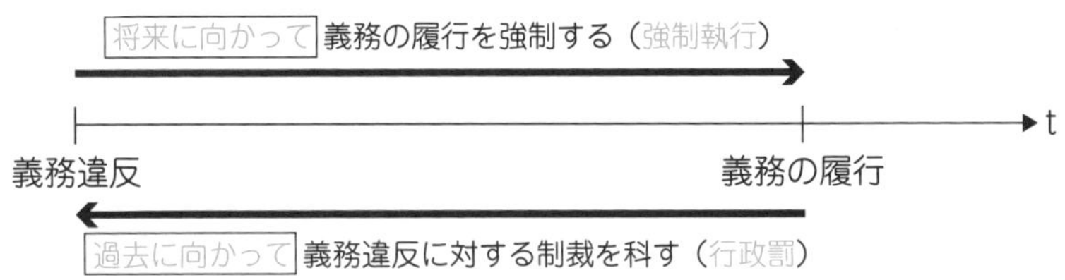

2 行政刑罰と行政上の秩序罰

行政罰には、重大な義務違反の場合に科す「行政刑罰」と、軽微な義務違反の場合に過料を科す「行政上の秩序罰」の２つがあります。たった２つだけなので二項対立で暗記することができます。すなわち、片方を覚えれば、もう片方も自動的に覚えられるということです。

まず、「行政刑罰」は、過去の重大な義務違反に対して、刑法に刑名のある刑罰を科すというものです。刑罰なので刑法総則が適用され、刑事訴訟法に基づいて裁判所によって科されます。罪刑法定主義の観点から法律の根拠も必要となります。また、行政刑罰の中には、行為者のみならず事業主も一緒に処罰する「両罰規定」もあります。１つだけ注意しておくべき点として、行政刑罰は、その名の通り刑罰なのですが、あくまでも行政上の義務違反に対して科される制裁です。したがって、反社会的・反道義的性質の行為に対して、行為者の道義責任を追及する、あるいは社会的悪性を矯正するために科される刑事罰とは異なります。

次に、「行政上の秩序罰」は、過去の軽微な義務違反に対して過料を科すというものです。あくまでも「過料」を科すのであって、「科料」を科すのではありません。「科料」としてしまうと刑罰の一種になってしまいますからね……。このように行政上の秩序罰は刑罰ではないので、刑法総則や刑事訴訟法は適用されません。科罰手続はちょっと複雑になっています。すなわち、法律違反の場合は非訟事件手続法に基づいて裁判所が科します。一方、条例・規則違反の場合は、普通地方公共団体の長が行政処分として科すことになります。このように、行政上の秩序罰は科罰手続が若干面倒なので、何回か繰り返す中で少しずつ覚えていきましょう。

１つの違反に対して、複数の刑や罰を同時に科すことだよ。

最後に、行政刑罰と行政上の秩序罰とを併科することができるのかという論点があります。ただこの点については、行政刑罰と行政上の秩序罰の併科は憲法39条（二重処罰の禁止）に反せず許されると覚えておきましょう。実は、行政法の世界では、このような「併科」という言葉が度々登場します。しかし、試験的には「併科」はできるという方向で考えて構いません。組合せはたくさんありますが、試験的には「併科＝できる」でOKです。

行政罰の種類

	行政刑罰（重大な義務違反） → 刑法に刑名のある刑罰（拘禁・罰金・拘留・科料）。	行政上の秩序罰（軽微な義務違反） → 過料（これは刑罰ではない）。 cf. ㉂料
刑法総則の適用	あり →「故意犯処罰の原則」が適用される。なお、特別規定があれば「過失犯」も処罰できる。	なし
法律の根拠	必要	
科刑・科罰手続	刑事訴訟法に基づいて裁判所が科す。	①法律違反→非訟事件手続法に基づいて裁判所が科す。 ②条例・規則違反→普通地方公共団体の長が行政処分で科す（つまり、これに対して文句がある場合は不服申立てや取消訴訟で争う）。

PLAY! 理解度チェック

1. 行政刑罰には、刑法総則が適用されるのか。

1.
適用される。

2. 行政刑罰の科刑手続とは？

2.
刑事訴訟法に基づいて裁判所が科す。

3. 行政刑罰のうち、行為者のみならず事業主も一緒に処罰するものを何と呼ぶか。

3.
両罰規定と呼ぶ。

4. 行政上の秩序罰には、刑法総則や刑事訴訟法は適用されるのか。

4.
適用されない。

5. 行政上の秩序罰の科罰手続はどのようになっているのか。

5.
法律違反＝非訟事件手続法によって裁判所が科す。条例・規則違反＝普通地方公共団体の長が行政処分として科す。

6. 行政刑罰と行政上の秩序罰の併科は憲法39条（二重処罰の禁止）に反するのか。

6.
反しない。

TRY! 本試験問題に挑戦

行政法学上の行政罰に関する記述として、妥当なのはどれか。【特別区H25】

1. 行政罰は行政刑罰と行政上の秩序罰との２種類に分けられ、行政刑罰として罰金、拘留、科料を科すことはできるが、拘禁を科すことはできない。

1. ×
拘禁を科すこともできる。

2. 行政刑罰は、反社会的・反道義的性質の行為に対して、行為者の道義責任の追及のため又は社会的悪性の矯正のために科されるものである。

2. ×
本肢は「刑事罰」に関する説明である。行政刑罰は、あくまでも行政上の義務違反に対する制裁である。

3. 行政刑罰は、刑事罰とは異なり、違反行為者だけでなく、その使用者や事業主にも科刑されることがある。

3. ○
そのとおり。
いわゆる「両罰規定」のことである。

4. 行政上の秩序罰には刑法総則が適用され、裁判所が刑事訴訟法の手続に従って科刑する。

4. ×
本肢は「行政刑罰」に関する説明である。行政上の秩序罰には刑法総則も刑事訴訟法も適用されない。

5. 行政上の秩序罰は、行政上の義務が履行されない場合に、一定の期限を示して過料を科すことを予告することで義務者に心理的圧迫を加え、その履行を将来に対して間接的に強制するものである。

5．×
本肢は「執行罰」に関する説明である。「執行罰」と「行政上の秩序罰」は、過料を科す点では似ているが、行政上の強制執行なのか、行政罰なのかで体系上異なる。よくある引っかけなので注意。

正答　3

16 行政手続法（1）

重要度
★★★
頻出度
★★★

行政手続法は、行政運営における公正の確保と透明性の向上を図るための法律。条文知識がそのまま出題されるので、一つひとつの条文を丁寧に理解していくことが大切である。

1 行政手続法とは

「行政手続法」は、1993年（平成５年）に制定され、1994年（平成６年）から施行されている行政法規です。その目的は、処分、行政指導及び届出に関する手続並びに命令等を定める手続に関し、共通する事項を定めることによって、行政運営における公正の確保と透明性の向上を図り、もって国民の権利利益の保護に資することにあります（行政手続法１条１項）。

行政過程が不明確で言わばブラックボックス的だと、恣意的な判断が横行したり、馴れ合いが生じたりしてろくなことにならないんだ。

対象は４つです。「処分」つまり行政行為、「行政指導」「届出」「命令等制定行為」、これら４つの手続を法でコントロールしようというものです。ただ、あくまでも行政手続法は、行政手続に関する一般法ですから、他の法律に特別の定めがある場合（つまり特別法がある場合）は、そちらの方が優先的に適用されます（１条２項）。

2 行政手続法の対象

先ほど述べたように、行政手続法の対象は、①処分（申請に対する処分と不利益処分）、②行政指導、③届出、④命令等制定行為の４つ、これは超重要です。つまり、これ以外は行政手続法の適用対象外ということになります。例えば、行政計画や行政調査、行政契約などには適用されません。それだけでなく、処分・行政指導・届出・命令等制定行為であっても、法に定める適用除外事項にあたってしまうと行政手続法は適用されません。

数が多いので、そのすべてを覚える必要はありませんが、いくつか具体例を挙げておきます（３条１項各号）。例えば、国会や裁判所によってなされる処分、刑事事件に関する処分・行政指導、国税又は地方税の犯則事件に関する処分・行政指導、学校で学生に対してなされる処分・行政指導、公務員の職務や身分に関してされる処分・行政指導、外国人の出入国や難民の認定又は帰化に関する処分・行政指導、試験又は検定の結果についての処分、などには行政手続法が適用されません。後々覚えられれば覚えた方がよいのですが、むしろ、試験的に重要なのは、これから述べる地方公共団体がらみの適用除外事項です。これは、地方自治の尊重の観点から行政手続法の適用が排除されているものです。まずは次の表を見てみましょう。

地方公共団体がらみの適用除外（3条3項）

	法律に基づくもの	条例・規則に基づくもの
地方公共団体の機関がする処分、地方公共団体の機関に対する届出	行政手続法の適用あり	行政手続法の適用なし
地方公共団体の機関がする行政指導・命令等制定行為	行政手続法の適用なし	

まず、一切適用なしとされている行政指導と命令等制定行為を覚えていきましょう。その次に、処分、届出は適用されるものと適用されないものがあると覚えます。すなわち、地方ルール（条例・規則）に基づく処分や届出は、そのルールに従えばよいのであって、わざわざこの法律を適用する必要がないので「適用なし」と考えてください。

なお、適用なしとされた手続については、各地方公共団体は、行政手続法の趣旨に則り、行政手続条例などを作って行政運営における公正の確保と透明性の向上を図るため必要な措置を講ずるよう努めなければなりません（46条）。

3 処分

ここからは行政手続法の対象4つを一つひとつ見ていくことにしましょう。まず、「処分」には2つあり、「申請に対する処分」と「不利益処分」があります。以下それぞれ分けて検討していきます。

（1）申請に対する処分

行政手続法でいう「申請」とは、法令に基づき、行政庁の許可、認可、免許その他の自己に対し何らかの利益を付与する処分（許認可等）を求める行為であって、行政庁が諾否の応答をすべきこととされているもの（2条3号）を言います。つまり、この申請に対して行政庁が諾否の応答（処分）をする、すなわち認めるのか認めないのかを決めることになっています。営業許可を例にとると次のような図になります。

申請に対する処分（例：営業許可）

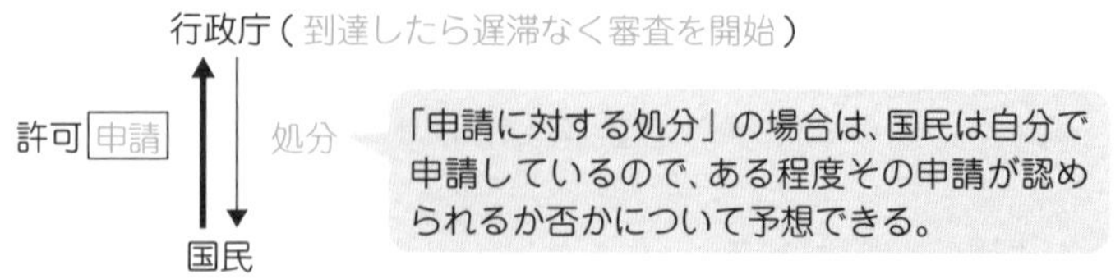

①審査基準

申請に対する処分の場合には、行政庁の審査が恣意的になされないよう、審査の客観性を担保するために、行政庁は、審査基準を定めるものとされています（法的義務）（5条1項）。そして、この審査基準を定めるにあたっては、許認可等の性質に照らしてできる限り具体的なものとしなければなりません（5条2項）。また、行政庁は、行政上特別の支障があるときを除き、法令により申請の提出先とされている機関の事務所における備付けその他の適当な方法により審査基準を公にしておかなければなりません（法的義務）（5条3項）。

審査基準（5条）	
設定	義務
公にする	義務（行政上特別の支障があるときを除き）

義務

②標準処理期間

申請はしたものの、いつ処分が出るのか分からないというのでは、申請者としては不安になります。申請から処分までの期間があらかじめ分かれば申請者も安心するでしょう。そこで、行政庁は、申請がその事務所に到達してから当該申請に対する処分をするまでに通常要すべき標準的な期間（標準処理期間）を定めるよう努め（努力義務）、これを定めたときは、これらの当該申請の提出先とされている機関の事務所における備付けその他の適当な方法により公にしておかなければなりません（法的義務）（６条）。設定が努力義務になっている点は試験でよく狙われるポイントとなります。なぜ、設定が努力義務なのか？と言うと、この標準処理期間はあくまでも目安に過ぎないからです。例えば、標準処理期間を定めたとしても、その期間を経過してなされた処分が直ちに違法となることはありません。

標準処理期間（６条）	
設定	努力義務
公にする	設定した→義務 設定しない→そもそも問題にならない

③審査開始義務

行政庁は、申請がその事務所に到達（×受理）したときは遅滞なく当該申請の審査を開始しなければなりません（７条）。あくまでも「到達」が基準なので、注意しましょう。そして、行政庁は、形式上の要件に適合しない申請については、速やかに、申請した者に対し、ⓐ相当の期間を定めて補正を求めるか、又はⓑ許認可等を拒否しなければなりません（７条）。申請書の記載がおかしい、あるいは添付書類が付いていないなど、形式上の要件を満たしていない申請については、補正を求めてもよいし、そのまま許認可等を拒否してもよいのです。選択ができるという点がポイントです。ただ、実際の実務ではほとんど補正を求めているようです。

この法律では「受理」という概念は使わないんだ。「受理」という言葉を使ってしまうと、受理しなければ審査を開始しなくても構わないという解釈につながってしまうからね。申請の握り潰しが可能になるような解釈はとるべきではないんだ。

申請に対する審査・応答（７条）	
事務所に到達（×受理）したら？	行政庁は、遅滞なく審査を開始する（義務）。

④理由の提示

行政庁は、申請により求められた許認可等を拒否する処分をする場合（申請拒否処分）は、申請者に対し、同時に、当該処分の理由を示さなければなりません（法的義務）（8条1項本文）。ただし、法令により定められた許認可等の要件又は公にされた審査基準が数量的指標その他の客観的指標により明確に定められている場合であって、当該申請がこれらに適合しないことが申請書の記載又は添付書類その他の申請の内容から明らかであるときは、例外的に申請者の求めがあったときに理由を示せば足りるとされています（8条1項ただし書）。

例えば、「積載トン数○○のトラックを100台以上保有する事業者には許可を与える」旨の審査基準が定められ、かつそれが公になっているとしましょう。にもかかわらず、そのようなトラックを5台しか所有していない事業者が許可申請をしてきました。不許可にするのは当然として、果たしてこのような場合にまで行政庁は不許可の理由を積極的に示す必要があるのでしょうか？　審査基準を見れば「要件に適合していないから不許可になったのだな」と分かるわけですから、このような場合にまで理由を積極的に示す必要はありませんよね。そこで、申請者からの求めがあったときにだけ理由を示せば足りるとしているのです。

また、申請拒否処分を書面でするときは、その理由も書面により示さなければなりません（8条2項、書面原則）。これは裏を返せば、当該処分を口頭でするときは、その理由も口頭で示せば足りるということを意味しています。

なお、理由付記の程度について判例は、その記載自体から了知し得るものでなければならず、単に根拠規定を示すだけでは、それによって当該規定の適用の基礎となった事実関係をも当然知り得るような場合を別として、理由付記として不十分である、としています（最判昭60・1・22）。

つまり、「○法第△条□項に反するから」という記載だけでは理由付記として不十分だということだよ。

申請に対する拒否処分における理由の提示（8条）	
原則	拒否処分と同時に理由を示す（義務）。
例外	許認可等の要件又は審査基準が、数量的指標その他客観的指標により明確に定められている場合で、当該申請がこれに適合しないことが明らかであるとき。 →申請者の求めがあったときに理由を示せば足りる。

⑤その他

行政庁は、申請者の求めに応じ、当該申請に係る審査の進行状況及び当該申請に対する処分の時期の見通しを示すよう努めなければなりません（努力義務）（9条1項）。また、行政庁は、申請をしようとする者又は申請者の求めに応じ、申請書の記載及び添付書類に関する事項その他の申請に必要な情報の提供に努めなければなりません（努力義務）（9条2項）。これら申請者に対するインフォメーションはすべて努力義務となっています。行政手続法に限らず、他の法律でもそうなので、一度覚えておけば使い回しのきく知識となるでしょう。

そして、行政庁は、申請に対する処分であって、申請者以外の者の利害を考慮すべきことが当該法令において許認可等の要件とされているものを行う場合には、必要に応じ、公聴会の開催その他の適当な方法により当該申請者以外の者の意見を聴く機会を設けるよう努めなければなりません（努力義務）（10条）。ちなみに、私はこの条文を「ねじれの10条」と呼んでいます。なぜなら、普通に考えれば、申請者以外の者の利害を考慮すべきことが許認可等の要件になっているわけですから、当該申請者以外の者の意見を聴く機会を設けなければならないはずです。でも、この10条ではなぜか努力義務になっている……、これが私の言うねじれの意味です。

情報の提供（9条）	
進行状況・時期の見通し・情報の提供	申請者等の求めに応じ→努めなければならない（努力義務）。
公聴会の開催（10条）	
公聴会	必要に応じ、意見を聴く機会を設けるよう努めなければならない（努力義務）。

最後に、行政庁は、申請の処理をするにあたり、他の行政庁において同一の申請者からされた関連する申請が審査中であることをもって自らすべき許認可等をするかどうかについての審査又は判断を殊更に遅延させるようなことをしてはなりません（11条1項）。また、1つの申請又は同一の申請者からされた相互に関連する複数の申請に対する処分について複数の行政庁が関与する場合において、当該複数の行政庁は、必要に応じ、相互に連絡をとり、当該申請者からの説明の聴取を共同し

て行う等により審査の促進に努めるものとされています（11条２項）。

（２）不利益処分

続いて「不利益処分」を見ていきましょう。行政手続法の「不利益処分」とは、行政庁が、法令に基づき、特定の者を名あて人として、直接に、これに義務を課し、又はその権利を制限する処分を言います（２条４号）。ですから、許認可等の取消しや営業停止などが典型的な不利益処分と言えます。ただし、行政上の強制執行や即時強制、調査の立入り・検査等の事実上の行為は、除外されています（２条４号イ）。また、申請により求められた許認可等を拒否する処分も除外されています（２条４号ロ）。これは単なる申請拒否処分であって、いわゆる「申請に対する処分」に該当するからです。よく引っかけで出てきますので注意しましょう。では、次の図を見てください。

不利益処分（例：許認可等の取消し）

不利益処分の場合は、申請に対する処分とは異なり申請を前提としていません。しかも、内容が不利益です。このようなことから、いきなり行うと国民にとって不意打ちになってしまいます。そこで、不利益処分をする前に、不利益処分の名あて人に対して言い訳を言う機会（意見陳述のための手続）を与えることになっています。これが「聴聞」または「弁明の機会の付与」です。あくまでも、「聴聞」と「弁明の機会の付与」は不利益処分について行われる事前手続ですから、申請に対する処分の場合には行われません。この点はあらかじめ注意しておきましょう。

申請拒否処分が下された場合には、聴聞や弁明の機会の付与は行われないということだよ。

①処分基準

「処分基準」とは、不利益処分をするかどうか、又はどのような不利益処分とするかについてその法令の定めに従って判断するために必要とされる基準です（2条8号ハ）。行政庁は、この処分基準を定め、かつ、公にしておくよう努めなければなりません（12条1項）。これは処分基準を定めることも、公にしておくことも共に努力義務であるという意味です。そして、行政庁は、処分基準を定めるにあたっては、不利益処分の性質に照らしてできる限り具体的なものとしなければなりません（12条2項）。ここで皆さんは審査基準との違いを意識しなければなりません。審査基準は設定が義務で公にするのも義務でした。しかし、処分基準は両方とも努力義務にとどまっています。これはなぜでしょうか？　とりあえず、難しいことは抜きにして、脱法防止の趣旨からこのようになっていると理解しておきましょう。

「努めなければならない」という言葉が、「処分基準を定める」にもかかっているんだよ。

イメージ

じゃあ、
大麻はOKだね、
ガハハ！

免許取消し基準※
以下の物を扱ったら免許を取り消す
① 覚せい剤
② コカイン
③ ヘロイン

※処分基準

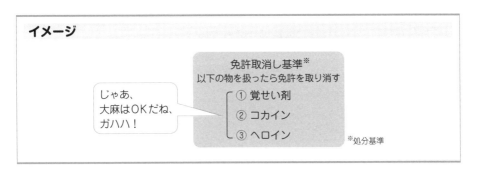

ちょっとふざけた事例ですが、もし、行政庁が処分基準を定め、かつ公にしておかなければならないと仮定すると、皆がこれを見ることができる状態になります。そうすると、大麻ならOKだろうという形で法の抜け穴をくぐろうとする輩が出てくるかもしれません。そのようなことを防ぐために、処分基準は、政策的な観点から定めない、あるいは公にしない方がよいこともあるのです。

処分基準（12条）		
設定	努力義務	ともに努力
公にする	努力義務	

②理由の提示

行政庁は、不利益処分をする場合には、その名あて人に対し、同時に、当該不利益処分の理由を示さなければなりません（法的義務）（14条1項本文）。これは申請拒否処分の場合と同じですね。ただ、当該理由を示さないで処分をすべき差し迫った必要がある場合は、同時に理由を示す必要はありません（14条1項ただし書）。いわゆる緊急性の例外というケースです。この場合においては、当該名あて人の所在が判明しなくなったときその他処分後において理由を示すことが困難な事情があるときを除き、処分後相当の期間内に、理由を示さなければなりません（14条2項）。

申請拒否処分の理由提示の例外と混同しないようにね。

また、不利益処分を書面でするときは、理由も書面により示さなければなりません（14条3項、書面原則）。なお、理由としては、不利益処分の根拠条項、処分要件に該当する原因となる事実を明示する必要があるのですが、処分基準が定められている場合には、処分基準の適用関係をも示す必要があります（最判平23・6・7）。

理由の提示（14条）	
原則	不利益処分と同時に理由を示す（義務）。
例外	差し迫った必要がある場合。 →処分後相当の期間内に理由を示せば足りる（ただし、名あて人の所在が判明しなくなったときその他処分後において理由を示すことが困難な事情があるときは示さなくてもよい）。

③意見陳述のための手続

さて、先に述べたとおり、不利益処分をする際には、事前に意見陳述のための手続を与えることになっています。いきなり不利益処分をすると気の毒だから、とりあえず言い訳を言わせてあげよう、そういうことです。そこで、行政庁は、許認可等の取消しなどの重い不利益処分をしようとするときは聴聞（13条1項1号）の手続を、営業停止などの軽い不利益処分をしようとするときは弁明の機会の付与（13条1項2号）の手続をそれぞれとらなければなりません。ただし、公益上、緊急に不利益処分をする必要があるため、意見陳述のための手続をとることができないときなどには、これらの手続をとる必要がありません（13条２項各号）。この聴聞と弁明の機会の付与の振り分けに関しては、たまに出題されるので、次の図で整理しておきましょう。

ほかには、法令上必要とされる資格がなかったこと又は失われるに至ったことが判明した際に必ずすることとされている不利益処分をしようとする場合や、納付すべき金銭の額を確定し、一定の額の金銭の納付を命じ、又は金銭の給付決定の取消しその他の金銭の給付を制限する不利益処分をしようとする場合などがあるよ。

聴聞と弁明の機会の付与の振り分け（13条１項各号）

① 聴聞は不利益の度合いが重大な場合に行われる。
→許認可等の取消し、資格や地位のはく奪、役員等の解任・除名を命ずる、その他行政庁が相当と認めるとき。
② 弁明の機会の付与は不利益の度合いが軽微な場合に行われる。
→聴聞事由に該当しないとき（○○停止は弁明の典型！）。

許認可等の取消しには、いわゆる「撤回」も含まれるよ。

❶聴聞

「聴聞」とは、行政庁が不利益処分を行おうとする相手方に、処分についての意見を陳述させる手続のことを言います。聴聞は期日が開かれるので、慎重な手続と言えます。また、行政庁が指名する職員その他政令で定める者が聴聞を主宰する（19条１項）ことになっているので、司会進行役もちゃんといます。

主宰者は、必要があると認めるときは、当事者以外の者であって、当該不利益処分につき利害関係を有するものと認められる関係人に対し、当該聴聞に関する手続に参加することを求め、又は当該聴聞に関する手続に参加することを許可することができます（17条１項）。このような形で聴聞に参加する者を「参加人」と呼びます。

当事者や当該不利益処分がされた場合に自己の利益を害されることとなる参加人は、行政庁に対し、当該事案についてした調査の結果に係る調書その他の当該不利益処分の原因となる事実を証する資料の閲覧を求めることができます（文書閲覧請求権）。これは当事者や参加人の権利なので、行政庁は、第三者の利益を害するおそれがあるときその他正当な理由があるときでなければ、その閲覧を拒むことができません（18条１項）。また、当事者や参加人は、主宰者の許可を得て行政庁の職員に対し質問を発することができます（20条２項）。

なお、聴聞の期日における審理は、行政庁が公開することを相当と認めるときを除き、公開されません（20条６項）。つまり、非公開が原則とされているのです。聴聞は裁判ではないので当然ですが……。

❷弁明の機会の付与

「弁明の機会の付与」とは、聴聞よりも簡易迅速な意見陳述の手続です（13条１項２号）。弁明の機会の付与は、聴聞手続とは異なり、書面主義が原則とされています。すなわち、弁明は、行政庁が口頭ですることを認めたときを除き、弁明書を提出してするものとされています（29条１項）。そして、聴聞の場合と異なり、参加人の関与や文書閲覧請求権も簡易迅速性を理由に、認められていません。

PLAY! 理解度チェック

1. 行政手続法は行政手続に関する（　　　）法である。	**1.** 一般
2. 行政手続法の対象４つとは何か。	**2.** 処分、行政指導、届出、命令等制定行為。
3. 地方公共団体の機関がする（　①　）と（　②　）には行政手続法が一切適用されない。	**3.** ①行政指導 ②命令等制定行為
4. 審査基準の設定・公表は義務か、努力義務か。	**4.** 共に義務。
5. 標準処理期間の設定・公表は義務か、努力義務か。	**5.** 設定は努力義務、設定した場合における公表は義務。

6．形式上の要件に適合しない申請について、行政庁はいかなる対応をとらなければならないのか。

6．
相当の期間を定めて補正を求めるか、又は許認可等を拒否しなければならない。

7．申請拒否処分における理由付記の程度は？

7．
その記載自体から了知し得るものでなければならない。よって、単に根拠規定を示すだけでは、それによって当該規定の適用の基礎となった事実関係をも当然に知り得るような場合を別として、理由付記としては不十分である。

8．申請により求められた許認可等を拒否する処分は、「不利益処分」に該当するのか。

8．
該当しない。「申請に対する処分」に該当する。

9．処分基準の設定と公表は義務か、努力義務か。

9．
共に努力義務。

10．不利益処分をする際には、意見陳述のための手続として、聴聞の手続か弁明の機会の付与の手続がとられるが、これは常にとられるのか。

10．
常にとられるわけではない（例えば、公益上、緊急に不利益処分をする必要があるときなどにはとられない）。

TRY! 本試験問題に挑戦

行政手続に関する次の記述のうち、妥当なのはどれか。　【国税専門官H27】

1. 申請により求められた許認可等を行政庁が拒否する処分をする際に求められる理由付記の程度については、単に処分の根拠規定を示すだけでは、当該規定の適用の基礎となった事実関係をも当然知り得るような場合は別として、不十分であるとするのが判例である。

2. 不利益処分とは、行政庁が法令に基づき、特定の者を名あて人として、直接にこれに義務を課し、又はその権利を制限する処分を言い、申請を拒否する処分は不利益処分に含まれる。

3. 不利益処分をするにあたっては、行政庁は、必ず処分基準を定め、かつ、これを公にしなければならない。

4. 申請に対して拒否処分をする場合において、行政手続法は、申請者に対し、聴聞や弁明の機会を与えなければならないとしている。

5. 行政指導とは、行政機関がその任務又は所掌事務の範囲内において一定の行政目的を実現するため特定の者に一定の作為又は不作為を求める指導、勧告、助言その他の行為であって、処分に該当するものを言う。

1．○
そのとおり。
理由付記の程度に関する判例は頻出。

2．×
申請を拒否する処分は「申請に対する処分」に該当するので、不利益処分には含まれない。

3．×
処分基準を定めることは努力義務、また、これを公にしておくのも努力義務。共に努力義務である。

4．×
聴聞や弁明の機会は、不利益処分の際に与えられるものであり、「申請に対する処分」の際には与えられない。

5．×
「処分に該当しないもの」を言う。

正答　1

TRY! 本試験問題に挑戦

不利益処分の手続に関するア～オの記述のうち、妥当なもののみを全て挙げているのはどれか。　【財務専門官・労働基準監督官R1】

ア. 不利益処分とは、行政庁が法令に基づき特定の者を名あて人として直接にこれに義務を課し又はその権利を制限する処分をいう。申請により求められた許認可等を拒否する処分も、申請者に不利益をもたらすものであるから、行政手続法上の不利益処分に当たる。

ア. ×
申請により求められた許認可等を拒否する処分は、不利益処分には当たらない。

イ. 行政手続法は、不利益処分の手続として聴聞と弁明の機会の付与を定めており、行政庁は、不利益処分をしようとする場合には、いずれかの手続を執らなければならず、公益上緊急に不利益処分をする必要があるときを除いて、例外は認められていない。

イ. ×
ほかにも例外は認められている。法令上必要とされる資格がなかったこと又は失われるに至ったことが判明した際に必ずすることとされている不利益処分をしようとする場合や、納付すべき金銭の額を確定し、一定の額の金銭の納付を命じ、又は金銭の給付決定の取消しその他の金銭の給付を制限する不利益処分をしようとする場合などである。

ウ. 行政庁は、不利益処分の判断に必要な処分基準を定め、かつ、これを公にしておくよう努めなければならない。また、行政庁は、処分基準を定めるに当たっては、不利益処分の性質に照らして、できる限り具体的なものとしなければならない。

ウ. ○
そのとおり。
処分基準の設定と公表はともに努力義務である。

エ. 聴聞は、行政庁が指名する職員その他政令で定める者が主宰するが、手続の公正や処分内容の適正を担保するため、行政手続法は、聴聞に係る不利益処分を行う行政庁の職員は聴聞の主宰者となることができないと規定している。

エ. ×
行政手続法にこのような規定は置かれていない。

オ. 行政庁は、不利益処分をする場合には、原則としてその名あて人に対して同時に処分の理由を示さなければならないが、処分基準が公にされており、その基準も明確であって、どのような処分基準の適用によって当該処分が選択されたのか明らかであるときは、その名あて人の求めがあったときに処分の理由を示せば足りる。

オ. ×
処分基準が公にされており、その基準が明確であって、どのような処分基準の運用によって当該処分が選択されたのか明らかであるときであっても、同時に処分の理由を示さなければならない。ただ、理由を示さないで処分をすべき差し迫った必要がある場合には、同時に理由を示す必要はない。

1. ア　2. ウ　3. ア、オ　4. イ、ウ　5. エ、オ

正答　2

17 行政手続法 (2)

重要度 ★★★
頻出度 ★★★

ここでは、行政手続法の処分以外の対象3つ(行政指導、届出、命令等制定行為)を見ていく。条文知識を中心に出題される点は変わりがない。とくに「行政指導」はよく見ておくこと。

1 行政指導

(1) 定義

福祉保健課の職員は、福祉保健の分野に関する行政指導はできても、都市整備に関する行政指導はできないというようなイメージだよ。

「行政指導」とは、行政機関がその任務又は所掌事務の範囲内において一定の行政目的を実現するため特定の者に一定の作為又は不作為を求める指導、勧告、助言その他の行為であって処分に該当しないものを言います(2条6号)。これは前に学習しましたね。新しい行政需要に機敏に対応するために認められるものなので、行政指導については必ずしも法律の根拠はいらない、そう覚えているのではないでしょうか？　でも、ちょっと考えてみてください、これは極めて危険です。なぜなら、不要なあるいは強制に近い行政指導がバンバン出される可能性があるからです。そこで、せめて行政指導のルールくらいは法で定めておこうということで、行政手続法の対象とされているのです。

行政手続法には行政指導の一般原則が2つ書かれています。まず、行政指導に携わる者は、当該行政機関の任務又は所掌事務の範囲を逸脱してはならないこと及び行政指導の内容があくまでも相手方の任意の協力によってのみ実現されるものであることに留意しなければならないとされています(32条1項)。また、行政指導に携わる者は、その相手方が行政指導に従わなかったことを理由として、不利益な取扱いをしてはならないとされています(32条2項)。これら2つが一般原則です。

(2) 申請に関連する行政指導

申請の取下げ又は内容の変更を求める行政指導については、行政指導に携わる者は、申請者が当該行政指導に従う意思がない旨を表明したにもかかわらず当該行政指導を継続すること等により当該申請者の権利の行使を妨げるようなことをしてはなりません（33条）。これは、以前勉強した「品川マンション事件」について判例が述べたことを明文化したと考えてください。

（3）許認可等の権限に関連する行政指導

許認可権限を持っている行政機関が、当該権限を行使することができない場合又は行使する意思がない場合においてする行政指導については、行政指導に携わる者は、当該権限を行使し得る旨を殊更に示すことにより相手方に当該行政指導に従うことを余儀なくさせるようなことをしてはなりません（34条）。許可を出すことができない場合であったり、そもそも許可を出す意思が全くないにもかかわらず、「この行政指導に従ってくれれば許可を出すのになぁ！」と言ってはいけません（笑）。このようなおとりの手段として行政指導を使うことは許されません。

（4）行政指導の方式

行政指導に携わる者は、その相手方に対して、当該行政指導の趣旨及び内容並びに責任者を明確に示さなければなりません（35条１項）。ちなみに、行政指導は処分ではないので、「理由」を示す必要はありません。また、行政指導に携わる者は、当該行政指導をする際に、行政機関が許認可等をする権限又は許認可等に基づく処分をする権限を行使し得る旨を示すときは、その相手方に対して、次に掲げる事項を示さなければなりません（35条２項）。

①当該権限を行使し得る根拠となる法令の条項
② ①の条項に規定する要件
③当該権限の行使が②の要件に適合する理由

そして、行政指導は口頭ですることもできるのですが、その場合においては、その相手方から当該行政指導の趣旨等を記載した書面の交付を求められたときは、行政上特別の支障がない限り、これを交付しなければなりません（35条３項）。相手が書面をよこせと言ってきたら出すということです。ただし、ⓐ相手方に対しその場において完了する行為を求める行政指導や、ⓑ既に文書又は電磁的記録によりその相手方に通知されている事項と同一の内容を求める行政指導については、書面を交付する必要がありません（35条４項）。ⓐはその場で終わるわけですから書面交付はいらないでしょう。また、ⓑは以前書面通知をした内容と同じ行政指導をするわけなので書面交付を義務付けたら二度手間になってしまいます。このように書面交付が不要になる場合もあるという点はちゃんと覚えておきましょう。

（5）行政指導指針

同一の行政目的を実現するため一定の条件に該当する複数の者に対し行政指導をしようとするときは、行政機関は、あらかじめ、事案に応じ、行政指導指針を定め（法的義務）、かつ、行政上特別の支障がない限り、これを公表しなければなりません（法的義務）（36条）。これは、行政指導がその対象ごとにバラバラにならないように、公平を図るためのルールです。設定が義務、公表も義務という規定の仕方は、申請に対する処分における「審査基準」と同じです。ですから、審査基準を覚えれば行政指導指針も一緒に覚えたことになります。

（6）行政指導の中止等の求め

法令に違反する行為の是正を求める行政指導（その根拠となる規定が法律に置かれているものに限る）の相手方は、当該行政指導が当該法律に規定する要件に適合しないと思ったときは、当該行政指導をした行政機関に対し、その旨を申し出て、当該行政指導の中止その他必要な措置をとることを求めることができます（36条の２第１項）。これを「行政指導の中止等の求め」と言います。要するに、「おかしな行政指導はやめてくれ～」と要求する制度です。そして、行政機関は、このような申出があったときは、必要な調査を行い、当該行政指導が当該法律に規定する要件に適合しないと認めるときは、当該行政指導の中止その他必要な措置をとらなければなりません（36条の２第３項）。

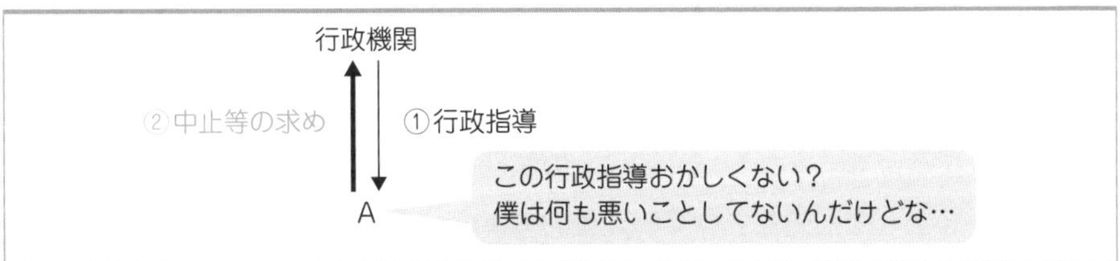

（7）処分等の求め

何人も、法令に違反する事実がある場合において、その是正のためにされるべき処分又は行政指導（その根拠となる規定が法律に置かれているものに限る）がされていないと思ったときは、当該処分をする権限を有する行政庁又は当該行政指導をする権限を有する行政機関に対し、その旨を申し出て、当該処分又は行政指導をすることを求めることができます（36条の３第１項）。例えば、法律違反を犯す悪徳エステ業者を発見したときに、行政庁に「処分をしてくださいよ～」と申し出たり、あるいは行政機関に「行政指導をしてくださいよ～」と申し出る制度です。言わば「チクリの制度」です。これは誰でもできるので、明日から皆さんが行ってもよいのです。そして、当該行政庁又は行政機関は、申出があったときは、必要な調査を行い、その結果に基づき必要があると認めるときは、当該処分又は行政指導をしなければなりません（36条の３第３項）。

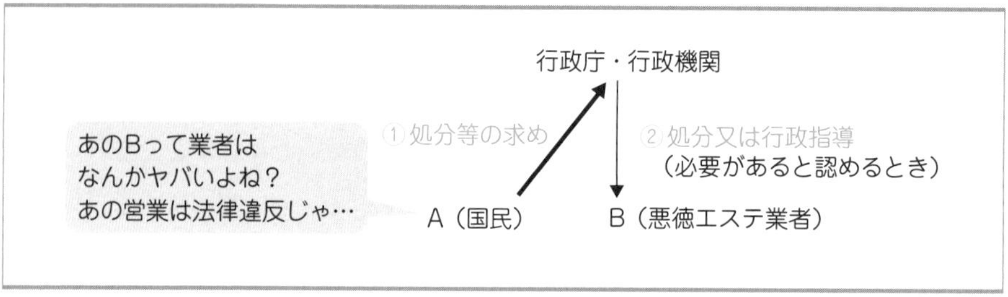

2 届出

「届出」とは、行政庁に対し一定の事項の通知をする行為であって、法令により直接に当該通知が義務付けられているものを言います（２条７号）。ここでは届出と申請の違いを意識しましょう。

届出に対しては、申請の場合とは異なり、行政庁の諾否の応答の義務がありません。それゆえ各個別法における届出の概念と行政手続法における届出の概念がずれることがあるので注意を要します。また、届出については効果がかなり重要です。すなわち、形式上の要件に適合している場合は、届出が提出先とされている機関の事務所に到達したときに、手続上の義務が履行されたものとされます（37

基準は「到達」だからね。「受理」ではないので注意しよう。

条)。つまり、この時点でやるべきことはすべて完了したという扱いを受けることになります。

3 命令等制定行為

(1) 意義

命令等を制定しようとする機関(命令等制定機関=内閣や大臣など)は、命令等を定めようとする場合には、**広く一般の意見**を求めなければなりません(39条1項)。これが「**意見公募手続**」(**パブリックコメント**)です。すなわち、こうすることで、行政立法に民主的な血を通わせることができるのです。

では、「命令等」とは何でしょうか? 「**命令等**」とは、①内閣又は行政機関が定める法律に基づく命令又は規則だけでなく、②**審査基準**や③**処分基準**、④**行政指導指針**をも含む広い概念です(2条8号)。したがって、審査基準や処分基準、行政指導指針のような行政規則を定める場合にも意見公募手続を実施しなければなりません。そう考えると結構面倒ですよね。

命令等

①法律に基づく命令又は規則(政令・府省令などの法規命令、処分の要件を定める告示)
②**審査基準**
③**処分基準**
④**行政指導指針**

また、命令等制定機関は、命令等を定めた**後においても**、当該命令等の規定の実施状況、社会経済情勢の変化等を勘案し、必要に応じ、当該命令等の内容について検討を加え、その適正を確保するよう**努めなければなりません**(38条2項)。命令等を制定したらあとは知~らない……ということでは困ります。そこで、適宜適正さを確保するように努めなければならないとなっているのです。

（2）意見公募手続

命令等制定機関は、命令等を定めようとする場合には、当該命令等の**案**及びこれに関連する**資料**をあらかじめ公示し、意見の提出先及び意見の提出のための期間を定めて広く一般の意見を求めなければなりません（39条1項）。「広く一般の意見」という規定になっているので、**外国人や法人でも可能**です。ただし、公益上、緊急に命令等を定める必要があるため、意見公募手続を実施することが困難であるときなどには、意見公募手続を経なくても構いません（39条4項各号）。また、委員会等の議を経て命令等を定めようとする場合において、当該委員会等が意見公募手続に準じた手続を実施したときは、自ら意見公募手続を実施することを要しません（40条2項）。

意見提出期間は、公示の日から起算して**30日以上**とされています（39条3項）。ただし、30日以上の意見提出期間を定めることができない**やむを得ない理由**があるときは、例外的に30日を下回る意見提出期間を定めることができます。この場合は、当該命令等の案の公示の際にその理由を明らかにしなければなりません（40条1項）。

短いのは困るけど、長い分には構わないと考えているんだ。「以上」となっているのは珍しいケースだよ。

命令等制定機関は、意見公募手続を実施して命令等を定める場合には、提出意見を十分に考慮しなければなりません（42条）。ただ、これは裏を返せば考慮すればよいので、提出意見に法的に拘束されることはありません。

最後に、命令等制定機関は、意見公募手続を実施して命令等を定めた場合には、当該命令等の**公布と同時期**に、①命令等の**題名**、②命令等の**案の公示の日**、③**提出意見**（提出意見がなかった場合にあっては、その旨）、④提出意見を考慮した**結果**及びその**理由**を公示しなければなりません（43条1項）。このように、最後の最後まで何かと面倒なのが意見公募手続です。

PLAY! 理解度チェック

1. 行政指導とは、行政機関がその（ ① ）において一定の行政目的を実現するため特定の者に一定の作為又は不作為を求める指導、勧告、助言その他の行為であって（ ② ）に該当しないものを言う。	1. ①任務又は所掌事務の範囲内 ②処分
2. 申請者が当該行政指導に従う意思がない旨を表明したにもかかわらず、当該行政指導を継続すること等により当該申請者の権利の行使を妨げてもよいのか。	2. 妨げてはいけない。
3. 口頭で行政指導をすることはできるのか。	3. できる。
4. 行政指導指針の設定と公表は義務？　努力義務？	4. 共に義務。
5. 法令に違反する行為の是正を求める行政指導の相手方は、当該行政指導が当該法律に規定する要件に適合しないと思ったときは、何ができるのか。	5. 行政指導の中止その他必要な措置をとることを求めることができる。
6. 届出と申請は同じか。	6. 違う。
7. 意見公募手続をしなければならない対象は何か。	7. ①内閣又は行政機関が定める法律に基づく命令又は規則、②審査基準、③処分基準、④行政指導指針。

8. 意見公募手続における意見提出期間は原則どのくらいか。

8.
原則として、公示の日から起算して30日以上。

TRY! 本試験問題に挑戦

行政手続法に規定する行政指導に関するA～Dの記述のうち、妥当なものを選んだ組合せはどれか。 【特別区R1】

A. 同一の行政目的を実現するため一定の条件に該当する複数の者に対し行政指導をしようとするときは、行政機関は、あらかじめ、事案に応じ、行政指導指針を定め、かつ、行政上特別の支障がない限り、これを公表しなければならない。

A. ○
そのとおり。
行政指導指針の設定・公表は義務である。

B. 申請の取下げ又は内容の変更を求める行政指導にあっては、行政指導に携わる者は、申請者が当該行政指導に従う意思がない旨を表明したにもかかわらず当該行政指導を継続すること等により当該申請者の権利の行使を妨げるようなことをしてはならない。

B. ○
そのとおり。
従う意思がない者に対して行政指導を継続することにより、事実上の強制力を行使してはならない。

C. 行政指導に携わる者は、当該行政指導をする際に、行政機関が許認可等に基づく処分をする権限を行使し得る旨を示すときは、その相手方に対して、当該権限を行使し得る根拠となる法令の条項、当該法令の条項に規定する要件を示せば足りる。

C. ×
当該権限の行使が要件に適合する理由も示さなければならない。

D. 行政指導に携わる者は、行政指導を口頭で行った場合において、その相手方から当該行政指導の趣旨及び内容並びに責任者を記載した書面の交付を求められたときは、必ずこれを交付しなければならない。

D. ×
相手方に対しその場で完了する行為を求める行政指導や、既に文書又は電磁的記録により相手方に通知されている事項と同一の内容を求める行政指導については、書面を交付する必要がない。

1．A、B　　2．A、C　　3．A、D　　4．B、C　　5．B、D

正答　1

TRY! 本試験問題に挑戦

行政手続法に関するア～オの記述のうち、妥当なもののみをすべて挙げているのはどれか。　【国家一般職H23】

ア. 不利益処分に関する基準については、できる限り具体的な基準を定め、これを公表することが行政庁の義務とされているが、申請に対する処分に関する基準については、その策定・公表は行政庁の努力義務にとどめられている。

ア. ×
記述が逆になっている。すなわち、処分基準の策定・公表は共に努力義務にとどまる一方、審査基準の策定・公表は共に義務である。

イ. 不利益処分をする行政庁は、処分をする前に処分予定者の意見を聴かなければならず、許認可等の取消しなど重大な不利益処分をする場合は「弁明の機会の付与」を、それ以外の不利益処分をする場合は「聴聞」を経ることとされている。

イ. ×
記述が逆になっている。すなわち、許認可等の取消しなど重大な不利益処分をする場合は「聴聞」を、それ以外の不利益処分をする場合は「弁明の機会の付与」を経ることとされている。

ウ. 行政指導に携わる者は、その相手方に対して、当該行政指導の趣旨や内容、責任者を明確に示さなければならないこととされている。

ウ．○
そのとおり。
理由付記の程度は頻出の知識である。

エ. 行政庁は、事務所に到達した申請が、申請書に必要な書類が添付されていないなど、申請の形式上の要件に適合しないものであるときは、申請を受理せずに、申請書を申請者に返戻することとされている。

エ．×
行政庁としては、申請をした者に対し相当の期間を定めて当該申請の補正を求め、又は当該申請により求められた許認可等を拒否しなければならない。

オ. 行政手続法は、申請拒否処分に付記すべき理由の程度については規定していないが、例えば、旅券法が求める一般旅券発給拒否通知書に付記すべき理由としては、いかなる事実関係に基づきいかなる法規を適用したのかを、申請者が記載自体から了知し得るものである必要があるとするのが判例である。

オ．○
そのとおり。
記載自体から了知し得るものでなければならない。

1．ア、イ　　2．ア、エ　　3．イ、ウ　　4．ウ、オ　　5．エ、オ

正答　4

行政手続法については
これでバッチリ

18 情報公開法

重要度 ★★★
頻出度 ★★★

最近、何かと話題の情報公開。日本では、地方から始まり国へと波及していった。教養試験でも出題されるので、潰しておけば一石二鳥である。

1 歴史

「情報公開制度」とは、行政機関が保有している情報を、国民に開示する制度です。行政機関の保有している情報は、つまるところ国民の情報であるため、これを主権者国民が見られるのは当然だ、という発想から制度化されてきました。日本の場合、その歴史は地方から始まりました。すなわち、1982年（昭和57年）３月に山形県金山町で初めて情報公開条例が制定され、その後どんどん全国に波及し、現在ではほぼすべての地方公共団体で情報公開条例が制定されるに至っています。そして、国においても、1999年（平成11年）に「行政機関の保有する情報の公開に関する法律」（情報公開法）が制定され、2001年（平成13年）から施行されています。

2 目的

情報公開法１条は、「この法律は、国民主権の理念にのっとり、行政文書の開示を請求する権利につき定めること等により、行政機関の保有する情報の一層の公開を図り、もって政府の有するその諸活動を国民に説明する責務が全うされるようにするとともに、国民の的確な理解と批判の下にある公正で民主的な行政の推進に資することを目的とする」としています。つまり、この法律は、国民主権や説明責任（アカウンタビリティ）については触れているのですが、肝心の「知る権利」については一切触れてません。明記していないのです。意外ですよね？　明らかに背景にはあるはずなのに……。というわけで、この点はよく引っかけで使われますので、注意してください。

3 対象文書（行政文書）

開示請求の対象となる文書は行政文書です。「行政文書」とは、行政機関の職員が職務上作成し、又は取得した文書、図画及び電磁的記録であって、当該行政機関の職員が組織的に用いるものとして、当該行政機関が保有しているものを言います（情報公開法２条２項）。ただし、官報、白書、新聞、雑誌、書籍その他不特定多数の者に販売することを目的として発行されるものは、行政文書の定義からは除かれています（同項ただし書）。なぜなら、これらはもともと一般ルートで公開されているからです。どこの会社でもそうだとは思うのですが、文書管理上、決裁や供覧という事務処理過程があります。下っ端の者が起案をして、上にどんどん回覧していって、最後に部長がハンコをポンと押すあれです。しかし、「行政文書」と言い得るためにはこの決裁・供覧という手続は必要ありません。また、行政機関が保有しているものでなければならないので、現在保有していないものは開示を請求することができません。

4 行政機関

開示請求の対象機関は「行政機関」です（２条１項）。ですから、内閣府や各省庁をはじめ、会計検査院など広く含みます。ただ、国会や裁判所、地方公共団体などは対象機関に含まれません。ちなみに、地方公共団体は、この法律の趣旨にのっとり、その保有する情報の公開に関し必要な施策を策定し、及びこれを実施するよう努めなければならないものとされています（25条）。

5 開示請求者

情報公開法３条は、開示請求者を「何人も」と規定しています。これにより、外国に居住する外国人も、法人や法人格のない団体も、開示を請求できることになります。また、営利目的であっても開示を請求することができます。行政が保有する情報は、もともとは国民の情報なのですから、使用目的は問わないのです。

開示請求は、開示請求者が、開示請求書を行政機関の長に提出して行います（４

条１項)。この開示請求書には、開示請求をする者の氏名又は名称及び住所又は居所並びに法人その他の団体にあっては代表者の氏名を記載するのみならず、行政文書の名称その他の開示請求に係る行政文書を特定するに足りる事項も記載しなければなりません（４条１項１号、２号)。なお、開示請求をする者又は行政文書の開示を受ける者は、政令で定めるところにより、それぞれ、実費の範囲内において政令で定める額の開示請求に係る手数料又は開示の実施に係る手数料を納めなければなりません（16条)。無料ではないので注意しましょう。

これを記載しないと、何を開示すればよいのかが分からないからだよ。でも、請求の理由や目的は書く必要がないよ。

そして、行政機関の長は、開示請求書に形式上の不備があると認めるときは、開示請求者に対し、相当の期間を定めて、その補正を求めることができます（４条２項、任意的補正)。

一方、開示請求書に形式上の不備がないときは、行政機関の長は、不開示情報にあたらない限り、開示請求者に対し、当該行政文書を開示しなければなりません（５条)。つまり、開示するのが原則だということです。なお、不開示の決定をする際には、原則として、理由を同時に示すことが要求されます。これは、①開示請求→②不開示の決定という流れが、行政手続法上の申請拒否処分に該当してしまうからです。

6 不開示情報

行政機関の長は、不開示情報が記載されている行政文書を開示してはなりません（５条各号)。次のように、不開示情報は６つあります。試験的には、（１）（２）だけを何となく覚えておけば足ります。

不開示情報

（１）個人識別情報（１号）

これは、①個人に関する情報であって、特定の個人を識別することができるもの（他の情報と照合することにより、特定の個人を識別することができることとなるものを含む）や、②特定の個人を識別することはできないが、公にすることにより、なお個人の権利利益を害するおそれがあるものを言います。ただし、これらに該当しても、人の生命、健康、生活又は財産を保護するため、公にすることが必要であると認められる情報や公務員等の職及び当該職務遂行の内容に係る部分の情報などについては、開示しなければなりません（5条1号ロ・ハ、絶対的開示事由）。

（2）法人情報（2号）

これは、法人等に関する情報又は事業を営む個人の当該事業に関する情報で、公にすることにより、当該法人等又は当該個人の権利、競争上の地位その他正当な利益を害するおそれがあるものを言います（5条2号イ等）。開示した結果、企業秘密が漏れてしまうのでは元も子もないからです。ただし、これらに該当しても、人の生命、健康、生活又は財産を保護するため、公にすることが必要であると認められる情報については、開示しなければなりません（5条2号ただし書、絶対的開示事由）。

（3）国の安全が害されるおそれのある情報（3号）
（4）公共の安全と秩序の維持に支障を及ぼすおそれがある情報（4号）
（5）審議・検討・協議に関する情報（5号）
（6）事務又は事業に関する情報（6号）

7 開示請求に対する応答

（1）部分開示

行政機関の長は、開示請求に係る行政文書の一部に不開示情報が記録されている場合において、不開示情報が記録されている部分を容易に区分して除くことができるときは、開示請求者に対し、不開示情報が記録されている部分を除いた部分につき開示しなければなりません。これを「部分開示」と言います。要は、出せる部分だけでいいから出しなさいということです。ただし、不開示情報が記録されている部分を除いた部分に有意の情報（知りたい情報）が記録されていないと認められるときは、開示しても意味がないので、開示する必要はありません（6条1項）。

（2）長の裁量的開示

行政機関の長は、開示請求に係る行政文書に不開示情報が記録されている場合であっても、公益上特に必要があると認めるときは、開示請求者に対し、行政文書を開示することができます（7条）。これを「長の裁量的開示」と言います。結びの言葉が「できる」という裁量になっている点がポイントです。

（3）グローマー拒否（存否応答拒否）

開示請求に対し、当該開示請求に係る行政文書が存在しているか否かを答えるだけで、不開示情報を開示することとなるときは、行政機関の長は、行政文書の存否を明らかにしないで、開示請求を拒否することができます（8条）。これを「グローマー拒否」（存否応答拒否）と言います。例えば、国立がんセンターに入院していたXのカルテについて開示請求があった場合、「Xのカルテは存在しておりますが、個人識別情報に該当しますので開示できません」という形で拒否すると、Xが国立がんセンターに入院していた事実が明らかになってしまいます。そこで、このようなきわどい情報については、単に「そのようなことはお答えできません」として拒否できるようにしたのです。

グローマー拒否は開示請求を拒否するものである以上、行政手続法上の「申請拒否処分」に該当する。したがって、その理由を提示する必要がある。この場合の理由は、「当該文書の存否を答えること自体が不開示情報を開示することになるので」という程度のものにとどまる。

（4）第三者の意見聴取

開示請求に係る行政文書に第三者に関する情報が記録されているときは、行政機関の長は、開示決定等をするにあたって、当該情報に係る第三者に対し、意見書を提出する機会を与えることができます（13条1項）。これを「任意的意見聴取」と言います。

また、行政機関の長は、①人の生命、健康、生活又は財産を保護するため、公にすることが必要であると認められる情報（5条1号ロ・5条2号ただし書、絶対的開示事由）や、②開示請求に係る行政文書に不開示情報が記録されている場合であっても、公益上特に必要があると認めるとき（7条、長の裁量的開示）のいずれかに該当するときは、開示決定に先立ち、当該第三者に対し、意見書を提出する機会を与えなければなりません（13条2項）。これを「必要的意見聴取」と言います。

8 不服申立て（審査請求）

なお、開示請求に係る行政文書が著しく大量であるため、開示請求があった日から60日以内にそのすべてについて開示決定等をすることにより事務の遂行に著しい支障が生ずるおそれがある場合には、行政機関の長は、開示請求に係る行政文書のうちの相当の部分につき当該期間内に開示決定等をし、残りの行政文書については相当の期間内に開示決定等をすれば足りるとされているよ（11条）。

行政機関の長による開示決定等は、原則として、開示請求があった日から30日以内になされます（10条１項）。もっとも、行政機関の長は、事務処理上の困難その他正当な理由があるときは、期間を30日以内に限り延長することができます。この場合において、行政機関の長は、開示請求者に対し、遅滞なく、延長後の期間及び延長の理由を書面により通知しなければなりません（10条２項）。この開示決定等は行政処分にあたるので（行政手続法上の「申請に対する処分」に該当）、これに不服のある者は、行政不服審査法による不服申立て（審査請求）、ないし取消訴訟によってその取消しを求めることができます。ちなみに、この２つの手段はどちらを選択しても構いません。審査請求を経ないでいきなり取消訴訟を提起することもできます。このようなスタンスを「自由選択主義」と言います。

不服申立て（審査請求）と取消訴訟との関係

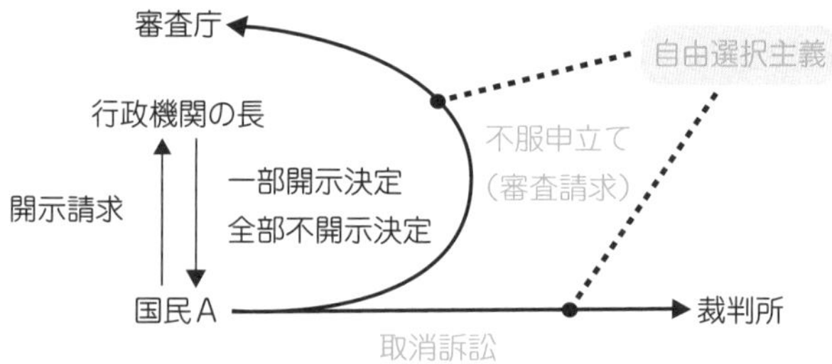

結論　不服申立て（審査請求）、取消訴訟を自由に選択できる（自由選択主義）

開示決定等、具体的には全部不開示決定や一部開示決定について審査請求があったときは、当該審査請求に対する裁決をすべき行政機関の長（審査庁）は、原則として、総務省に置かれる情報公開・個人情報保護審査会（審査会）に諮問しなければばなりません（19条１項）。つまり、いきなり裁決をすることはできず、審査会に対する諮問をし、その答申を得たうえで、裁決をしなければならないのです。ただ、次の場合は、審査会に対する諮問は不要です。

審査会に対する諮問が不要となるケース

①審査請求が不適法であり、却下する場合
→ 要件を満たさない開示請求者が悪い。
②裁決で、審査請求を全部認容し行政文書の全部を開示することとする場合
→ 開示請求者にとって有利になるので、文句はないはずだから。

諮問制度

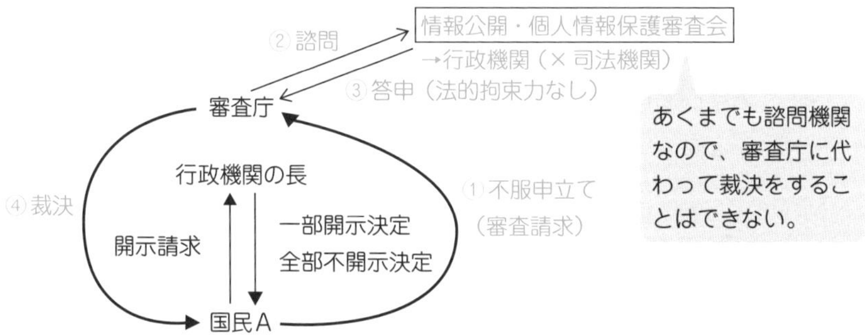

結論　裁決をすべき行政機関の長（審査庁）は、原則として情報公開・個人情報保護審査会に諮問しなければならない。

なお、審査会は、審査に使うために諮問庁（審査庁のこと）に対し開示決定等に係る行政文書の提示を求めることができるのですが、当該諮問庁はこの求めを拒んではいけません。また、何人も、審査会に対し、その提示された行政文書の開示を求めることができません。これを、「インカメラ審理」（非公開審理という意味）と呼びます。また、審査会は、諮問庁に対し、行政文書に記録されている情報の内容を審査会の指定

インカメラ審理はあくまでも不服申立ての場面で認められるものなんだ。したがって、情報公開訴訟において証拠調べとしてのインカメラ審理を行うことは、民事訴訟の基本原則（口頭弁論主義や公開主義）に反するから、明文の規定がない限り、許されないよ（最決平21・1・15）。

する方法により分類又は整理した資料（ボーン・インデックス）を作成し、提出するよう求めることができます。これを「**ボーン・インデックス提出命令**」と呼びます。これにより、審査の効率性がアップするというわけです。

PLAY! 理解度チェック

1. 情報公開制度は国から始まったのか？　それとも地方から始まったのか。

2. 情報公開法の目的には、「知る権利」は明記されているか。

3. 「行政文書」と言い得るためには、決裁・供覧の手続を完了している必要があるのか。

4. 「行政機関」に国会や裁判所、地方公共団体は含まれるか。

5. 開示請求は外国に居住する外国人でもすることができるのか。

6. 行政機関の長は、開示請求に係る行政文書に不開示情報が記録されている場合であっても、公益上、特に必要があると認めるときは、開示請求者に対して、行政文書を開示することができる。この制度を何と呼ぶか？

1. 地方から始まった。

2. 明記されていない。

3. 決裁・供覧の手続を完了している必要はない。

4. 含まれない。

5. することができる。

6. 「長の裁量的開示」と呼ぶ。

7. 開示請求者に対し、当該開示請求に係る行政文書が存在しているか否かを答えるだけで、不開示情報を開示することとなるときは、行政機関の長は、どのような措置をとることができるのか。

7.
行政文書の存否を明らかにしないで、開示請求を拒否することができる（グローマー拒否）。

8. 審査請求に対する裁決をすべき行政機関の長は、原則として何をしなければならないのか。

8.
情報公開・個人情報保護審査会に諮問しなければならない。

TRY! 本試験問題に挑戦

行政機関の保有する情報の公開に関する法律（以下「情報公開法」という。）に関する次の記述のうち、妥当なのはどれか。　【国家一般職Ｒ２】

1. 行政機関の長は、開示請求に係る行政文書に不開示情報（行政機関非識別加工情報など情報公開法で定められている情報を除く。）が記録されている場合であっても、公益上特に必要があると認めるときは、開示請求者に対し、当該行政文書を開示することができる。

1．○
そのとおり。
「長の裁量的開示」である。

2. 開示請求に対し、当該開示請求に係る行政文書が存在しているか否かを答えるだけで、不開示情報を開示することとなるときは、行政機関の長は、当該行政文書の存否を明らかにしないで、当該開示請求を拒否することができ、その理由を提示する必要もない。

2．×
ひっかけである。いわゆる「グローマー拒否」をする場合でも、行政手続法上の「申請拒否処分」に当たる以上、その理由を示す必要がある。

3. 開示請求に係る行政文書の開示又は不開示の決定は、開示請求があった日から30日以内にしなければならないが、行政機関の長は、正当な理由があるときは、この期間を30日以内に限り延長することができる。この場合、事情のいかんにかかわらず、当該延長期間内に開示請求に係る全ての行政文書の開示又は不開示の決定を行わなければならない。

3．×
開示請求に係る行政文書が著しく大量であるため、開示請求があった日から60日以内にそのすべてについて開示決定等をすることにより事務の遂行に著しい支障が生ずるおそれがある場合には、行政機関の長は、開示請求に係る行政文書のうちの相当の部分につき当該期間内に開示決定等をし、残りの行政文書については相当の期間内に開示決定等をすれば足りる。

4. 情報公開法は、行政文書の開示を請求する者に対しては、開示請求に係る手数料を徴収することとしているが、行政文書の開示を受ける者に対しては、情報公開制度の利用を促進する政策的配慮から、開示の実施に係る手数料を徴収してはならないこととしている。

4．×
行政文書の開示を受ける者も、政令で定めるところにより、開示の実施に係る手数料を納めなければならない。

5. 情報公開法は、その対象機関に地方公共団体を含めていないが、全ての地方公共団体に対し、同法の趣旨にのっとり、その保有する情報の公開に関する条例の制定を義務付けている。

5．×
努力義務が課されているだけで、義務付けられているわけではない。

正答　1

TRY! 本試験問題に挑戦

「行政機関の保有する情報の公開に関する法律」（情報公開法）に関する次の１～５の記述のうち、妥当なのはどれか。【地方上級H28】

1． 行政機関の長に対し、当該行政機関の保有する行政文書の開示を請求することができるのは、日本国民及び日本に居住している者に限られるので、外国に居住している外国人は開示を請求することができない。

１．×
外国に居住している外国人も開示を請求することができる。

2． 開示請求は、開示請求書を行政機関の長に提出してしなければならないが、当該開示請求書には、開示請求をする者の氏名、住所、行政文書を特定するに足りる事項だけでなく、請求の理由や目的についても記載しなければならない。

２．×
請求の理由や目的については記載する必要がない。

3． 職務遂行情報に含まれる公務員の氏名は、個人に関する情報であり、不開示情報にあたるため、原則として開示されない。

３．×
平成17年８月３日の申合せにより、各行政機関は、その所属する職員の職務遂行に係る情報に含まれる当該職員の氏名については、特段の支障の生ずるおそれがある場合を除き、公にするものとされている。したがって、職務遂行情報に含まれる公務員の氏名は、原則として開示される。

4． 行政機関の長は、開示請求に係る行政文書に不開示情報が記録されている場合であっても、公益上とくに必要があると認めるときは、開示請求者に対し、行政文書を開示することができる。

4．○
そのとおり。
長の裁量的開示。

5． 不開示決定における取消訴訟（情報公開訴訟）においては、証拠調べとしてインカメラ審理を行うことができる。

5．×
情報公開訴訟において証拠調べとしてのインカメラ審理を行うことは、民事訴訟の基本原則に反するから、明文の規定がない限り、許されない（最決平21・1・15）。

正答　4

19 行政不服審査法（1）

重要度 ★★★

頻出度 ★★★

国民が違法・不当な処分を受けた場合には、不服申立て（審査請求）をすることによって、それを取り消してもらうことができる。この不服申立てを規定した法律が「行政不服審査法」だ。

1 目的

「不服申立て」とは、処分や不作為に不服がある場合に、裁判所ではなく行政庁に対して不服を申し立てることを言います。国民が処分や不作為に不服がある場合、裁判所に訴訟を提起しても構わないのですが、中には訴訟になってしまうと時間や労力がかかるし、費用も高価になるから嫌だ、と考える人もいるでしょう。そこで、行政不服審査法ではより簡易迅速な争訟手段として不服申立てを用意しているのです。売りは今言った簡易迅速性です。書面審理なのでスピーディー、かつ手数料もかからないので安価になります。ただ、行政庁が審理するので公平中立性にはやや難ありです。要するに、適宜、国民の側が訴訟を提起するのか、不服申立てをするのかを選べばいいのです。このようなスタンスを「自由選択主義」と言います。

行政不服審査法は、不服申立てに関する一般法です（行政不服審査法1条2項）。そして、その目的は、違法又は不当な処分・不作為に関し、簡易迅速かつ公正な手続の下で不服申立てを認めることにより、国民の権利利益の救済を図るとともに、行政の適正な運営を確保することにあります（1条1項）。

行政不服審査法（国・地方共通で適用）は、2016年4月1日から新法が施行され、約50年ぶりに大改正されたんだ。

	不服申立て	行政訴訟（取消訴訟等）
長所	簡易迅速、費用が安価	公正中立
短所	公正中立性が希薄	時間がかかる、費用が高価
審査機関	行政庁	裁判所
審査対象	適法違法のみならず当不当も可	適法違法のみ
審理手続	書面審理	口頭審理

2 3種類の不服申立て

行政不服審査法は、①**審査請求**、②**再調査の請求**、③**再審査請求**の３種類の不服申立てを定めています。なお、②**再調査の請求**と③**再審査請求**は個別法の根拠がなければすることができません。ですから、一般的な不服申立てとは言えません。まずは試験的な観点から審査請求をしっかりと押さえましょう。

審査請求の手続の流れ

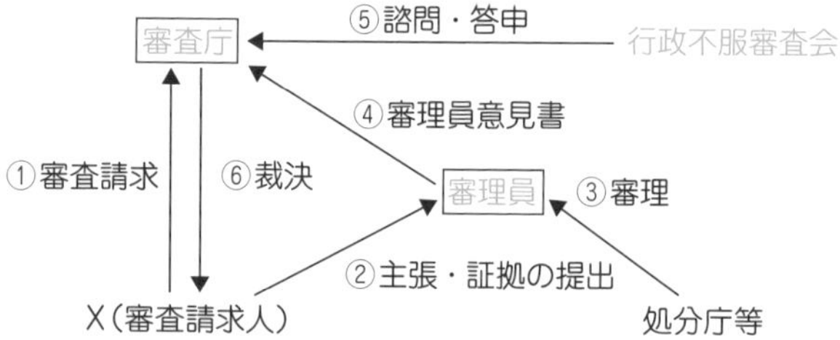

簡単な流れとしては、まず、X（審査請求人）が審査庁に対して①審査請求書を提出します（審査請求）。そうすると、審査庁から審理員（審査をしてくれる人）が選ばれます。その人に対して、X、処分庁等は各々②主張や証拠を提出します。審理員は双方から提出された主張や証拠を見ながら審理を進め、④審理員意見書（裁決の案）を作って審査庁に提出します。その後、審査庁は⑤行政不服審査会という第三者機関に諮問をし、その答申を受けて⑥裁決（最終判断）を出します。

この流れは、これからの内容を理解するためには必須なんだ。だから、もし今後読み進めていく中で内容的に分からなくなったら、ここに立ち戻って考えてみるといいよ。

3 審査請求の対象

処分についての審査請求の対象は「行政庁の処分」(2条)、不作為についての審査請求の対象は「行政庁の不作為」(3条)です。言わば当然の話ですが、この「行政庁の処分」には、条例に基づく処分も、継続的性質を有する事実行為も含まれます。また、「行政庁の不作為」とは、「法令に基づく申請に対して何らの処分をもしないこと」(3条かっこ書)なのですが、ここでの「法令」には、条例も含まれます。ですから、「条例」というワードには注意しましょう。行政不服審査法は、処分・不作為につき「一般概括主義」を採用しています。この「一般概括主義」とは、原則として、処分・不作為について広く審査請求ができますよ、としておいて、一定の適用除外事項を列挙する方式です。次に適用除外事項を並べておきますが、すべて丸暗記する必要はありません。何回か勉強する中で覚えられそうであれば覚えておきましょう。

ただ何もしないことを不作為と言うのではないよ。申請を無視することを不作為と言うんだね。

逆に不服申立ての対象となる処分・不作為を明確に列挙する方式を「列記主義」と言うよ。

適用除外事項(性質上審査請求できない処分・不作為)

・7条1項の適用除外

①国会の両院若しくは一院又は議会の議決によってされる処分

②裁判所若しくは裁判官の裁判により、又は裁判の執行としてされる処分

③国会の両院若しくは一院若しくは議会の議決を経て、又はこれらの同意若しくは承認を得たうえでされるべきものとされている処分

④検査官会議で決すべきものとされている処分

⑤当事者間の法律関係を確認し、又は形成する処分で、法令の規定により当該処分に関する訴えにおいてその法律関係の当事者の一方を被告とすべきものと定められているもの

⑥刑事事件に関する法令に基づいて検察官、検察事務官又は司法警察職員がする処分

⑦国税または地方税の犯則事件に関する法令に基づいて国税庁長官や税務署長

等がする処分
⑧学校、講習所、訓練所又は研修所において、教育、講習、訓練又は研修の目的を達成するために、学生、生徒、児童若しくは幼児若しくはこれらの保護者、講習生、訓練生又は研修生に対してされる処分
⑨刑務所、少年刑務所、拘置所、留置施設、海上保安留置施設、少年院、少年鑑別所又は婦人補導院において、収容の目的を達成するためにされる処分
⑩外国人の出入国又は帰化に関する処分
⑪専ら人の学識技能に関する試験又は検定の結果についての処分
⑫この法律に基づく処分（一度審査庁が手続内で行った処分（例えば執行停止）については、再び同一の手続内で争えない）

・７条２項の適用除外
国の機関又は地方公共団体その他の公共団体若しくはその機関に対する処分で、これらの機関又は団体がその固有の資格において当該処分の相手方となるもの及びその不作為については、この法律の規定は、適用しない。

もっとも、これらのように審査請求をすることができない処分又は不作為につき、別に法令で当該処分又は不作為の性質に応じた不服申立ての制度を設けることはできます（８条）。

4 審査請求先

「処分庁等」とは、処分庁・不作為庁を合わせた呼び名だよ。以下同様だね。

審査請求は、法律（又は条例）に特別の定めのある場合を除き、原則として、処分庁等の最上級行政庁に対してすることになっています。要は、一番上にチクりなさいということです。それが一番効果的だからですね。もっとも、処分庁等に上級行政庁がない場合や処分庁等が主任の大臣若しくは宮内庁長官若しくは庁の長である場合には、当該処分庁等が審査庁となります（４条４号、１号）。

5 審査請求期間

（1）処分についての審査請求

処分についての審査請求期間は、処分があったことを知った日の翌日から起算して３か月です。ただし、正当な理由があるときは、この限りではありません（18条１項、主観的請求期間）。つまり、延びます。こういうのを「不変期間ではない」と表現することがあります。また、処分があった日の翌日から起算して１年を経過してしまうとできなくなるという縛りもあります。ただし、これも同じように正当な理由があるときは、この限りではありません（18条２項、客観的請求期間）。つまり、これも不変期間ではないのです。このように、二重の縛りをかけるのが審査請求期間の特徴です。こうしておかないと、例えば、100年後に処分があったことを知った場合、その日の翌日から起算して３か月は審査請求ができることになってしまいます。これは明らかにおかしいでしょう。したがって、処分があった日の翌日から起算して客観的に「１年経過でダメ～」とやる必要性があるのです。

「告示」で画一的に告知した場合には、当該処分の効力を受ける者が当該処分の存在を現実に知った日ではなく、「告示があった日」を言うよ（最判平14・10・24）。

イメージ

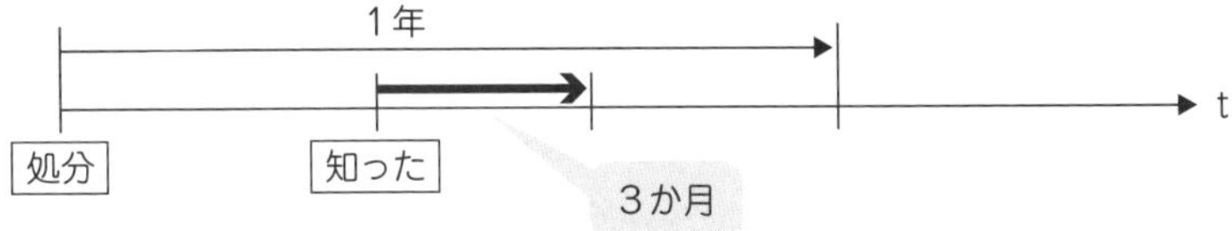

（2）不作為についての審査請求

不作為についての審査請求には、審査請求期間の制限はなく、不作為状態が継続する限りいつまでも審査請求をすることができます。不作為の場合は、そもそも何もしていない状態がまずいわけですから、その状態が続く限りずっと審査請求をすることができるとしたのです。なお、不作為の審査請求が、「申請から相当の期間が経過しないでなされた」場合には不適法なものとして却下されてしまいます。この点には注意しましょう（49条１項）。

6 審査請求人適格（審査請求の主体）

処分についての審査請求は、「行政庁の処分に不服がある者」に審査請求人適格が認められます（２条）。ここに「不服がある者」とは、当該処分について不服申立てをする法律上の利益がある者であり、取消訴訟における原告適格が認められる者と同じだと考えられています。後述するのでここでは詳しく言いませんが、簡単に言うと、処分の直接の相手方以外の「第三者」であっても審査請求をすることができる場合があるということです。

一方、不作為についての審査請求は、法令に基づき行政庁に対して処分についての申請をした者に審査請求人適格が認められます（３条）。申請さえしていればいいので、申請が適法であるか否かは関係ありません。申請が不適法であれば却下すればいいわけですからね（笑）。それもしないのが不作為だというわけです。

法人でない社団又は財団は、権利義務の帰属主体にはなれませんが、代表者又は管理人の定めがあるものは、その名で審査請求をすることができます（10条）。「その名で」というのは社団、財団の名前でという意味です。

7 標準審理期間

審査請求は、簡易迅速性を売りにしているわけですから、ダラダラと審理をするのはまずいです。そこで、行政不服審査法は、「標準審理期間」の設定・公表について規定を設けています。すなわち、審査庁となるべき行政庁（通常は最上級行政庁）は、審査請求がその事務所に到達してから、当該審査請求に対する裁決をするまでに通常要すべき標準的な期間（標準審理期間）を定めるように努めるとともに、これを定めたときは、公にしておかなければなりません（16条）。この標準審理期間はあくまでも目安に過ぎないので、標準審理期間を経過しても審理が終結せず、裁決がなされなかったとしても、そのことから直ちにその後になされた裁決が違法となるわけではありません。

この点は、行政手続法で勉強した「標準処理期間」とそっくりだね。

標準審理期間	
設定	努力義務　目安だから努力
公にする	設定した場合→義務 設定しない場合→公表は問題とならない

PLAY! 理解度チェック

1. 行政不服審査法は、不服申立てに関する（　　　　　）である。

1. 一般法

2. 不服申立ては適法違法のみ争えるのか。

2. 適法違法のみならず当不当も争える。

3. 行政不服審査法上認められている不服申立ての種類は？

3. ①審査請求、②再調査の請求、③再審査請求。

4. 上記３種類のうち、個別法がなければすることができないのはどれか。

4. ②再調査の請求、③再審査請求。

5. 行政不服審査法は、処分・不作為について（　　　　　）主義を採用している。

5. 一般概括

6. 外国人の出入国又は帰化に関する処分について、行政不服審査法に基づき審査請求をすることができるのか。

6. できない（適用除外）。

7. 審査請求は、原則としてどこに対してするのか。

7. 処分庁等の最上級行政庁に対してする。

8. 処分庁等が審査庁となる場合とは？

8.
処分庁等に上級行政庁がない場合や処分庁等が主任の大臣若しくは宮内庁長官若しくは庁の長である場合。

9. 処分についての審査請求の主観的請求期間は？

9.
処分があったことを知った日の翌日から起算して3か月。

10. 不作為についての審査請求期間はどのようになっているか。

10.
審査請求期間の制限はない。不作為が継続する限りいつまでも審査請求をすることができる。

11. 不作為について審査請求人適格を有する者は誰か？

11.
法令に基づき行政庁に対して処分についての申請をした者。

12. 標準審理期間の設定・公表はどのようになっているのか。

12.
設定は努力義務、公表は設定した場合に義務となっている。

TRY! 本試験問題に挑戦

行政不服審査法に基づく不服申立ての対象に関する次の記述のうち、妥当なのはどれか。 【予想問題】

1. 行政不服審査法には、不服申立ての対象となる処分が列挙されており、それ以外の処分に対して不服申立てを行うことはできない。

1. ×
行政不服審査法は、本肢のような列記主義ではなく、一般概括主義を採用している。よって、原則として審査請求は広く認められ、例外的に適用除外事項のみ審査請求が認められない。

2. 再調査の請求は、個別の法律に定めがなくてもすることができる。

2．×
再調査の請求は個別法に定めがなければできない。

3. 処分についての審査請求において、審査請求をした者は、処分が法律に違反することだけでなく、処分が不当であることも主張できる。

3．○
そのとおり。
審査請求では、当不当まで争える。

4. 不作為についての審査請求は、当該不作為について利害関係を有する者であれば、申請者以外であってもすることができる。

4．×
不作為についての審査請求は、法令に基づき行政庁に対して処分についての申請をした者だけに審査請求人適格が認められる。

5. 不作為についての審査請求は、申請した日の翌日から起算して３か月を経過するとすることができなくなる。

5．×
不作為についての審査請求は、審査請求期間の制限がない。

正答　3

TRY! 本試験問題に挑戦

行政不服審査法に関するア～オの記述のうち、妥当なもののみを全て挙げているのはどれか。　【国家一般職H30】

ア. 行政不服審査法は、一般概括主義を採用し、処分、不作為、行政立法、行政指導等の態様を問わず、広く行政作用全般について審査請求を認めている。

ア．×
行政立法、行政指導については審査請求をすることができない。

イ. 地方公共団体に対する処分のうち、地方公共団体がその固有の資格において相手方となる処分には行政不服審査法の規定は適用されない。しかし、地方公共団体が一般私人と同様の立場で相手方となる処分には同法の規定は適用されると一般に解されている。

イ. ○
そのとおり。
適用除外になるのは、地方公共団体がその固有の資格において相手方となる処分についてである。

ウ. 行政不服審査法は、国民の権利利益の救済に加えて、行政の適正な運営の確保も目的としていることから、審査請求をすることができる「行政庁の処分に不服がある者」について、必ずしも審査請求をする法律上の利益を有している必要はない旨を規定している。

ウ. ×
必ずしも審査請求をする法律上の利益を有している必要はない旨の規定はない。

エ. 行政不服審査法の適用除外とされている処分等は、議会の議決によってされる処分等、その性質に照らしておよそ行政上の不服申立てを認めるべきでないと考えられたものであり、別の法令においても不服申立ての制度は設けられていない。

エ. ×
別の法令において不服申立ての制度が設けられていることはある。

オ. 地方公共団体の機関が行う処分のうち、法律に基づく処分については行政不服審査法の規定が適用されるが、根拠規定が条例に置かれている処分については同法の規定が適用されない。

オ. ×
行政手続法には本肢のような規定が用意されているが、行政不服審査法にはない。よって、根拠規定が条例に置かれている処分についても同法の規定が適用される。

1. イ　2. ア、オ　3. イ、エ　4. ア、イ、ウ　5. イ、ウ、オ

正答　1

20 行政不服審査法(2)

重要度 ★★★
頻出度 ★★★

ここでは、審査請求の手続全般を見ていく。手続を覚えるのはなかなか面倒だが、試験では問われることが多い。したがって、手抜きは禁物。

1 審査請求の手続の開始

審査請求は、他の法律(条例に基づく処分については条例)に口頭ですることができる旨の定めがある場合を除き、一定の必要的記載事項を記載した審査請求書を提出してしなければなりません(19条1項、書面提出)。必要的記載事項について覚える必要はありませんが、例えば、処分についての審査請求書には審査請求人の氏名や住所、審査請求の趣旨及び理由などを記載しなければなりません(19条2項)。もし、審査請求書に不備があった場合には、審査庁は、相当の期間を定め、その期間内に不備を補正すべきことを命じなければなりません(23条、義務的補正)。つまり、いきなり却下してはいけないのです。一応、補正を命じ、それでもなお審査請求人が不備を補正しないときに、初めて審査庁は、審理員による審理手続を経ないで却下することができるのです(24条1項)。

2 審理員

審査庁は、審査庁に所属する職員のうちから(審理員名簿を作成した場合は審理員名簿の中から)、審査請求の審理手続を行う者(審理員)を指名し、その旨を審査請求人及び処分庁等(審査庁以外の処分庁等に限る)に通知しなければなりません(9条1項)。審理員とは、審査請求の主宰者です。ちょうど訴訟でいう裁判官みたいなものだと考えておきましょう。審査請求人あるいは処分庁等の主張や証拠の整理を行い、審理員意見書を作成し、事件記録とともに審査庁に提出する役目を担います。ただし、当該審査請求を却下(門前払い)する場合は、審理員を指名する必要はありません。というのも、この場合はそもそも審理をしないからです。また、審理員には一定の欠格事由があります。例えば、処分に関与した者(処分関与者)

などは審理員になれません。このような人は中立的な判断ができないからです（９条２項）。

なお、審査庁は、審理員となるべき者の名簿（審理員名簿）を作成するよう努めるとともに、これを作成したときは、公にしておかなければなりません（17条）。

絶対に審理員名簿を作らなければならないわけではないんだ。この点には注意しよう。

審理員名簿	
設定	努力義務
公にする	作成した場合→法的義務 作成しない場合→公表は問題とならない

3 代理人・参加人

審査請求は、代理人によって行うことができます（12条１項）。代理人は、審査請求に関する一切の行為をすることができるのですが、審査請求の取下げについては、特別の委任を受けた場合に限ってすることができるとされています（12条２項）。取下げは、途中であきらめて逃げるようなイメージですから、これを勝手にされてしまうと本人が困るのです。

参加人（審査請求に参加する者）に関する制度も存在します。すなわち、利害関係人（審査請求人以外の者であって審査請求に係る処分又は不作為に係る処分の根拠となる法令に照らし当該処分につき利害関係を有すると認められる者）は、審理員の許可を得て、当該審査請求に参加することができます（13条１項）。また、審理員は、必要があると認める場合には、利害関係人に対し、当該審査請求に参加することを求めることができます（13条２項）。

4 審理の流れ

では実際の審査請求の審理の流れを大まかに確認していきます。まず審理関係人及び審理員は、簡易迅速かつ公正な審理の実現のため、審理において、相互に協力するとともに、審理手続の計画的な進行を図らなければな

審査請求人、参加人及び処分庁等のことを言うよ。

りません（28条）。つまり、「相互協力義務」及び「計画的な進行を図る義務」があるのです。これを前提に各手続を見ていくことにします。

（1）弁明書・反論書（さらには意見書）の提出

①弁明書の提出

審理員は、相当の期間を定めて、処分庁等に対し、弁明書の提出を求めます（29条2項）。この「弁明書」とは、処分をしたこと、又は処分をしていないことについての処分庁等の言い訳を記載した書面です。これは義務的提出となっているので、出さなければなりません。そして、審理員は、処分庁等から弁明書の提出があったときは、これを審査請求人及び参加人に送付しなければなりません（29条5項）。

②反論書（さらには意見書）の提出

これに対して、審査請求人は、反論書を提出することができます（30条1項）。「反論書」とは、送付された弁明書に記載された事項に対する反論を記載した書面です。ただ、これは弁明書とは異なり、任意的提出とされています。したがって、別に出さなくても構いません。また、参加人も意見書を提出することができます（30条2項）。「意見書」は、審査請求に係る事件に関する意見を記載した書面で、反論書と同じように任意的提出にとどまっています。

（2）審理員による意見聴取手続（争点整理）

審理員は、審査請求に係る事件について、審理すべき事項が多数であり又は錯綜しているなど事件が複雑であることその他の事情により、迅速かつ公正な審理を行うため、審理手続を計画的に遂行する必要があると認める場合には、期日及び場所を指定して、審理関係人を招集し、あらかじめ、これらの審理手続の申立てに関する意見の聴取を行うことができます（37条1項、意見聴取手続）。事案が複雑で争点が定まっていないような場合には、まずは審理関係人に意見を聴こうというわけです。これにより、審理員による争点整理が可能となり、審査請求の審理が計画的に、かつスムーズに進んでいくことになるのです。

（３）証拠書類等の提出・物件の提出

審査請求人又は参加人は、自らの主張を理由付ける証拠書類や証拠物を提出することができます（32条１項）。一方、処分庁等は、処分の理由となる事実を証する書類その他の物件を提出することができます（32条２項）。基本的には、このように当事者が証拠を提出するのですが、審理員が証拠不足と判断したときには、自分で証拠を集めて構いません。これを「職権証拠調べ」と言います。つまり、審理員には「職権証拠調べ」が認められています。例えば、明文上、物件の提出要求（33条）、参考人の陳述及び鑑定の要求（34条）、検証（35条）、審理関係人への質問（36条）について、申立てがあった場合のみならず、「職権」でもすることができる旨の規定が用意されています。

職権証拠調べとは別の概念で、「職権探知主義」というものもある。これは、行政庁が、当事者が主張していない事実又は争っていない事実についてまで、職権で探知できる（取り上げてよい）という主義だよ。行政事件訴訟の場合と異なり、行政不服申立てにおいては職権探知主義も採用されているんだ。

（４）口頭意見陳述

審査請求は、原則として書面審理で行われます。しかし、審査請求人又は参加人の申立てがあった場合には、審理員は、当該申立てをした者（申立人）に口頭で審査請求にかかる事件に関する意見を述べる機会を与えなければなりません（31条１項）。これを「口頭意見陳述」と言います。この口頭意見陳述は、審理員が期日及び場所を指定し、すべての審理関係人を招集してなされます（31条２項）。口頭意見陳述に際し、申立人は、審理員の許可を得て、審査請求にかかる事件に関し、処分庁等に対して、質問を発することができます（31条５項、質問権）。

（５）提出書類等の閲覧・謄写

審査請求人又は参加人は、審理手続が終結するまでの間、審理員に対し、提出書類その他の物件の閲覧又は写し等の交付（謄写）を求めることができます（38条１項、閲覧謄写請求権）。この場合において、審理員は、第三者の利益を害するおそれがあると認めるとき、その他正当な理由があるときでなければ、その閲覧又は交付を拒むことができません。なお、閲覧謄写請求の対象には、処分庁等から提出されたもののみならず、処分庁等以外の所持人から物件の提出要求に応じて提出された物件等も含まれます。

（6）審理手続の終結

審理員は、必要な審理を終えたと認めるときは、審理手続を終結します（41条1項）。そして、審理員は、審理手続を終結したときは、遅滞なく、審査庁がすべき裁決に関する意見書（審理員意見書）を作成しなければなりません（42条1項）。また、審理員は、審理員意見書を作成したときは、速やかに、これを事件記録とともに、審査庁に提出しなければなりません（42条2項）。

5 第三者機関の関与

審査庁は、審理員意見書の提出を受けたときは、原則として、審査庁が国の行政機関である場合には、第三者機関である行政不服審査会（地方公共団体の長が審査庁である場合には、条例で設置される機関）に諮問しなければなりません（43条1項）。有識者から構成される第三者機関の諮問の過程を経ることで、より公正な手続を確保することができるからです。ただ、この諮問の結果得られる答申は、審査庁を法的に拘束しません。あくまでも行政不服審査会は諮問機関だからです。

行政不服審査会は、総務省に置かれ(67条1項)、委員9人をもって組織されている(68条1項)。委員は、両議院の同意を得て、総務大臣が任命するんだ(69条1項)。任期は3年で、再任されることが可能とされているよ(69条4項、5項)。

もっとも、例外的に、以下の場合等には諮問が必要ありません（43条1項各号）。

諮問が不要となるケース

①審査請求人が諮問を希望しない場合（ただし、参加人から諮問しないことについて反対する旨の申出がされている場合を除く、同項4号）。

②行政不服審査会等によって諮問を要しないものと認められた場合（同項5号）。

③審査請求が不適法であり、却下する場合（同項6号）。

④処分の全部を取り消し、又は事実上の行為の全部を撤廃すべきことを命じ若しくは撤廃することとする場合（同項7号）。←不利益処分を全部取り消す場合など。

⑤申請の全部を認容すべき旨を命じ、又は認容することとする場合（同項8号）。←申請に対する処分を全部認容する場合など。

6 裁決

審査庁は、行政不服審査会から諮問に対する答申を受けたときは、遅滞なく、裁決をしなければなりません（44条）。行政不服審査会からの答申や審理員意見書には、法的拘束力がないので、審査庁がどのように扱うかは自由です（もっとも、裁決主文が、行政不服審査会の答申・審理員意見書と異なる内容である場合には理由付記が要求される）。裁決は、審査庁が記名押印した裁決書により行い（50条１項）、それが審査請求人に送達された時に、その効力を生じます（51条１項）。ただ、すべてが裁決で終わるとは限らず、当事者が取り下げて終わることもあります。すなわち、審査請求人は、裁決があるまでは、いつでも審査請求を取り下げることができます（27条１項）。なお、審査請求の取下げは、書面でしなければなりません（27条２項）。裁決にしても取下げにしても、終わりは絶対に書面を残します。これは、後で言った言わないの面倒なトラブルに発展することを防ぐ趣旨です。

次に、裁決の種類を説明します。裁決には４つの種類があるので、それぞれイメージできるようにしておきましょう。

審査請求に対する審査庁の最終判断のことだよ。訴訟で言う判決みたいなものだと思っておこう。これは、争訟裁断行為なので、「不可変更力」が生じるよ。

裁決の種類

①認容裁決→審査請求に理由がある場合の判断。審査請求人の勝ち。

②棄却裁決→審査請求に理由がない場合に、審査請求を斥ける旨の判断。審査請求人の負け。

③却下裁決→審査請求が不適法である場合に、本案の審理を拒否する旨の判断。門前払い。

④事情裁決→処分が違法又は不当であるが、諸事情により審査請求を棄却する判断。

①の認容裁決には様々な種類がありますが、試験的には細かいことは覚えなくて構いません。ただ、１つだけ「不利益変更の禁止」を確認しておきましょう。これは、認容裁決で処分の全部又は一部の取消しをするのではなく、処分を「変更」するときのルールです。審査庁が処分庁の上級行政庁、あるいは処分庁の場合にこの「変更」を選ぶことができるのですが、その際、審査庁は、審査請求人の不利益に当該処分を変更することができません（48条）。認容裁決ということは審査請求人が勝ったわけですから、審査請求人に不利益になるような変更をしてよいわけがありません。

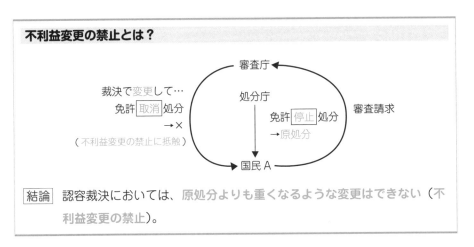

不利益変更の禁止とは？

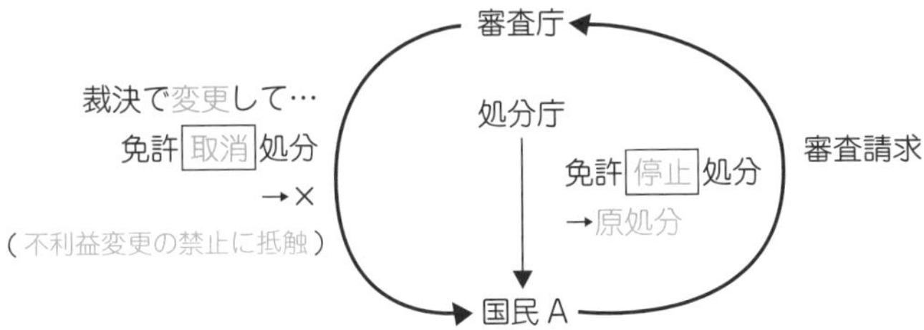

結論　認容裁決においては、原処分よりも重くなるような変更はできない（不利益変更の禁止）。

④の事情裁決も注意が必要です。これは、処分は違法又は不当なのですが、これを取り消してしまうと公の利益に著しい障害を生ずる場合において、様々な事情を考慮したうえで、審査庁が、裁決で、審査請求を棄却するというものです。処分が違法又は不当なのに棄却するという言わば「ねじれ裁決」です。大人の事情が介在していることが分かります。「大人の事情裁決」と覚えておきましょう。もっとも、この場合には、審査庁は、裁決の主文で、当該処分が違法又は不当であることを宣言しなければなりません（45条３項）。したがって、主文で処分の違法性・不当性が明らかにされることになります。

認容裁決は、関係行政庁を拘束します（52条１項）。これを「拘束力」と言います。この拘束力は認容裁決だけに認められる効力なので、棄却裁決には認められません。これにより、処分庁だけでなく関係行政庁までもが認容裁決の趣旨を尊重して対応すべきこととなります。申請に対する処分が裁決で取り消された場合には、処分庁は、裁決の趣旨に従い、改めて申請に対する処分をしなければなりません（52条２項）。この場合、申請者の側が改めて申請をする必要はないので注意しましょう。

PLAY! 理解度チェック

1. 審査請求は、必ず審査請求書を提出してしなければならないのか。

2. 審査請求書に不備があった場合、審査庁はどのような対応をとらなければならないのか。

3. 審理員名簿の作成・公表は義務？　努力義務？

4. 弁明書と反論書の提出については、それぞれ義務なのか任意なのか。

5. 審理員による意見聴取手続（争点整理）は、必ず行わなければならないのか。

6. 審理員に職権証拠調べは認められているのか。

1.
他の法律（条例に基づく処分については条例）に口頭ですることができる旨の定めがある場合は、口頭でできる。

2.
補正すべきことを命じなければならない（義務的補正）。

3.
作成は努力義務、作成した場合の公表は義務。

4.
弁明書の提出は義務、反論書の提出は任意。

5.
必ず行わなければならないわけではない。審理員が必要と認める場合に行うことができるだけである。

6.
認められている。

7. 審査請求は、原則として書面審理であるが、審査請求人又は参加人の申立てがあった場合には、審理員は、当該申立てをした者に口頭で審査請求にかかる事件に関する意見を述べる機会を与えなければならない。これを何と呼ぶか。

7.
「口頭意見陳述」と呼ぶ。

8. 審査庁は、審理員意見書の提出を受けたときは、原則として、何をしなければならないのか。

8.
行政不服審査会に諮問しなければならない。

9. 審査請求は、いつまで、どのような方式で取り下げることができるのか。

9.
裁決があるまでは、書面で取り下げることができる。

10. 審査庁が処分庁の上級行政庁、あるいは処分庁の場合で、認容裁決にて「変更」を選ぶときに適用されるルールは？

10.
「不利益変更の禁止」。

TRY! 本試験問題に挑戦

行政不服審査法に関する次の記述のうち、妥当なのはどれか。

【地方上級H28改題】

1. 処分庁等が主任の大臣である場合には、法律等に特別の定めがある場合を除くほか、当該大臣に対して再調査の請求を行う。

1. ×
再調査の請求ではなく「審査請求」である。再調査の請求は、法律に再調査の請求をすることができる旨の定めがない限り、することができない。

2． 審査請求人又は参加人の申立てがあった場合には、審理員は、当該申立てをした者に口頭で審査請求にかかる事件に関する意見を述べる機会を与えるよう努めなければならない。

> 2．×
> 意見を述べる機会を「与えなければならない」。

3． 再審査請求は、行政庁の処分につき法律に再審査請求をすることができる旨の定めがない場合でも、これをすることができる。

> 3．×
> 再審査請求は、法律に再審査請求をすることができる旨の定めがある場合に限り、することができる。

4． 審査庁となるべき行政庁は、審査請求がその事務所に到達してから当該審査請求に対する裁決をするまでに通常要すべき標準的な期間を定めるように努め、これを定めたときは、公にしておかなければならない。

> 4．○
> そのとおり。
> 標準審理期間は、設定は努力義務、公表は義務である。

5． 審査庁となるべき行政庁は、審理員となるべき者の名簿を作成しなければならず、かつこれを公にしておかなければならない。

> 5．×
> 作成は努力義務、作成した場合の公表は義務。

正答　4

詰め込みすぎて果ててるの
それって余裕のポーズ？

21 行政不服審査法(3)

重要度 ★★★

頻出度 ★★★

「執行停止」と「教示」は応用テーマである。しかし、実務的には極めて重要だ。頻出度は低いが一度は触れておこう。

1 執行停止

行政不服審査法では、審査請求は、処分の効力、処分の執行又は手続の続行を妨げないとされています(25条1項)。つまり、審査請求をしても、処分の執行は止まらないのです。これを「執行不停止の原則」と言います。ただ、これでは、裁決がなされるまでの間にどんどん執行が進み、権利利益が侵害されてしまうおそれが出てきます。そこで、法は、例外的に審査請求に関する仮の救済制度として、「執行停止」の制度を用意しています。執行停止の種類は以下の4つです。

執行停止の種類

①処分の効力の停止
②処分の執行の停止
③手続の続行の停止
④その他の措置

(1)任意的執行停止

執行停止には、「任意的執行停止」と「義務的執行停止」の2つがあります。ここではまず「任意的執行停止」を見ていくことにします。これは、審査庁が「執行停止をする必要があるな」と判断したときにできるというものです。簡単に言うと、審査庁の裁量でなされる執行停止だと思ってください。条文的には2つの場面に分けて要件が書かれています。

**審査庁が処分庁の上級行政庁又は処分庁である場合
（25条２項、部下若しくは自分自身）**

①（審査庁が）必要があると認める場合に、
②審査請求人の申立てにより又は職権で、
③処分の効力、処分の執行又は手続の続行の全部又は一部の停止その他の措置をとることができる。

審査庁が処分庁の上級行政庁である場合や処分庁である場合は、言わば部下若しくは自分自身が行った処分を審査するケースと見ることができます。だからもともと処分のことはよ〜く知っています。そこで、審査庁の権限を大きくする方向で要件が定められています。すなわち、審査請求人の申立てがあった場合のみならず、「職権」で執行停止をすることができます。また、執行停止の種類としても「その他の措置」をとることまでできます。

審査庁が処分庁の上級行政庁又は処分庁以外の場合（25条３項、赤の他人）

①（審査庁が）必要があると認める場合に、
②審査請求人の申立てにより（職権は×）、
③処分庁の意見を聴取した上で、
④処分の効力、処分の執行又は手続の続行の全部又は一部の停止をすることができる（その他の措置は×）。

一方、審査庁が処分庁の上級行政庁でもないし、処分庁自身でもない場合は、言わば赤の他人の行った処分を審査庁が審査するケースと見ることができます。つまり、審査庁は処分のことをよく知らないかもしれない……。そこで、審査庁の権限を小さくする方向で要件が定められています。すなわち、審査請求人の申立てがあった場合のみ執行停止をすることができ、「職権」はダメです。また、執行停止の種類としても「その他の措置」をとることはできません。さらに、処分庁の意見を聴取しなければならないという面倒な要件も課されています。

なお、これら２つの場合には、共通して「処分の効力の停止」は、処分の効力の停止以外の措置によって目的を達することができるときは、することができません（25条6項）。これは、処分の効力の停止が、実質的に処分を取り消したのと同じ効果となるからと説明されます。試験的には「処分の効力の停止には補充性がある」と覚えましょう。

つまり、処分の効力の停止は、一番強力な効果を伴うので、なるべく使ってほしくないんだね。だから、他の穏当な措置で目的を達することができるのであれば、そちらを優先的に使うことになっているんだ。

任意的執行停止（25条2項、3項）		
審査庁	処分庁の上級行政庁又は処分庁である審査庁	処分庁の上級行政庁又は処分庁以外の審査庁
要件	①必要があると認める場合。 ②審査請求人の申立て又は職権。	①必要があると認める場合。 ②審査請求人の申立て（職権は×）。 ③処分庁の意見を聴取
内容	処分の効力※、処分の執行又は手続の続行の全部又は一部の停止その他の措置をとることができる。	処分の効力※、処分の執行又は手続の続行の全部又は一部の停止をすることができる（その他の措置は×）。

※処分の効力の停止は、処分の効力の停止以外の措置によって目的を達することができるときは、することができない（補充性）。

（2）義務的執行停止

では、次に「任意的執行停止」に続いて、「義務的執行停止」を見ていきましょう。この「義務的執行停止」とは、文字通り、執行停止をしなければならないことを言います。つまり、執行停止が義務になるケースです。「緊急性が高くなると執行停止が義務になる」ということのようですが、次に具体的な要件をまとめておきます。

義務的執行停止（25条4項）	
要件	①審査請求人の申立てがあった場合。 ②処分、処分の執行又は手続の続行により生ずる重大な損害を避けるために緊急の必要があると認めるとき（積極要件）。 ③公共の福祉に重大な影響を及ぼすおそれがあるときでないこと（消極要件）。 ④本案について理由がないとみえるときでないこと（消極要件）。

ポイントは、「申立て」があった場合に限られること、それから、③④が消極要件になっていることです。「消極要件」とは、条文が消極的な書き方をしている要件のことです。例えば、今回の義務的執行停止で言うと、条文は「ただし、公共の福祉に重大な影響を及ぼすおそれがあるとき、又は本案について理由がないとみえるときは、この限りではない」という書き方になっています。(25条4項)。よって、これを要件に引き直すと③④のような表現になるのですね。

(3) 執行停止の取消し

執行停止をした後において、執行停止が公共の福祉に重大な影響を及ぼすことが明らかとなったとき、その他事情が変更したときは、審査庁は、職権でその執行停止を取り消すことができます(26条)。これは義務ではないので一応、注意しておきましょう。

(4) 執行停止の意見書

審理員は、必要があると認めるときは、審査庁に対し、執行停止をすべき旨の意見書を提出することができます(40条)。この意見書が提出された場合には、審査庁は、速やかに、執行停止をするかどうかを決定しなければなりません(25条7項)。ただ、この意見書は、審査庁を法的に拘束する力を有するものではありません。

2 教示

「教示」とは、行政庁が、処分の相手方に、不服申立てを利用できる旨を知らせる制度です。処分を受ける一般国民は、そもそも不服申立ての制度を知らなかったり、知っていてもどの手段を利用できるのかを知らなかったりするのが通常です。そこで、不服申立てに関する必要な情報を国民に知らせ、国民の権利利益の救済につなげるために教示の制度が設けられたのです。では、教示をすべき場合とはいかなる場合なのでしょうか？　すべての場合に教示が必要となるわけではないので、次に具体的に説明します。

(1) 教示をすべき場合

> 教示すべき事項は、①当該処分につき不服申立てをすることができる旨、②不服申立てをすべき行政庁、③不服申立てをすることができる期間、だよ。

行政庁は、審査請求若しくは再調査の請求又は他の法令に基づく不服申立てをすることができる処分を書面でする場合には、処分の相手方に対し、書面で教示をしなければなりません。逆に、当該処分を口頭でする場合には、教示は不要となります(82条1項)。ここでのポイントは、「他の法令に基づく不服申立てをすることができる処分をする場合」にも教示が必要となる点です。

また、行政庁は、利害関係人から、教示を求められたときにも、一定事項を教示しなければなりません(82条2項)。これを「利害関係人からの教示請求」と呼びます。この場合において、教示を求めた者が書面による教示を求めたときは、当該教示は、書面でしなければなりません(82条3項)。つまり、この場合の教示は原則として書面でする必要はないということです。

(2) 教示をしなかった場合

では、行政庁が教示をすべきであるにもかかわらず、これをしなかった場合にはどうなってしまうのでしょうか? これは完全に行政側のミスになるので、一般国民に不利益を課すことのないようにしなければなりません。そこで、当該処分について不服がある者は、不服申立書という漠然とした書面を当該処分庁に提出することができます(83条1項)。この場合、処分庁以外が審査庁であるときは、処分庁は、速やかに、不服申立書を審査庁に送付しなければなりません(83条3項)。そして、この規定により不服申立書が送付されたときは、初めから正当な審査請求がなされたものとみなされます(83条4項)。一方、処分庁が審査庁であるときにも、不服申立書が提出されたときは、初めから正当な審査請求がなされたものとみなされます(83条5項)。つまり一定の内部処理を施した後は、初めから正当な審査請求がなされたものと擬制してしまうのです。このように、一般国民を救済する規定が用意されているわけですね。

(3) 教示を誤った場合

では、教示をしたにもかかわらず、教示を誤ってしまったらどうなるのでしょうか？　これも完全に行政側のミスですから、一般国民に不利益を課すことのないよう沢山の規定が用意されています。ただ、量が多いので、今回はシンプルにまとめておくにとどめます。

教示を誤った場合

①審査請求をすることができる処分につき、処分庁が誤って審査請求をすべき行政庁でない行政庁を審査請求をすべき行政庁として教示した場合（22条1項、審査庁を誤って教示をした場合）。

②再調査の請求をすることができない処分につき、処分庁が誤って再調査の請求をすることができる旨教示した場合（22条3項、誤って再調査の請求をすることができる旨を教示した場合）。

③再調査の請求をすることができる処分につき、処分庁が誤って審査請求をすることができる旨を教示しなかった場合（22条4項、誤って審査請求ができる旨を教示しなかった場合）。

以上、①～③の場合で、一定の内部処理をしたときは、初めから審査庁となるべき行政庁に審査請求がされたものとみなされる（22条5項）。

3 再調査の請求

（1）再調査の請求

行政庁の処分につき処分庁以外の行政庁に対して審査請求をすることができる場合において、法律に再調査の請求をすることができる旨の定めがあるときは、処分に不服がある者は、処分庁に対して再調査の請求をすることができます（5条1項本文）。そして、そこで下される判断を「決定」と呼びます。

再調査の請求は、大量の処分が予定される行政手続において、まずは処分庁に対して再考を求める手段として用意されています。ただ、個別法の根拠が必要なので、一般的にできるようなものではありません。個別法に根拠があればできるというだけの話です。再調査の請求を定めている法律としては、国税通則法、関税法、公害健康被害補償法等があります。

ちなみに、個別法に根拠があれば再調査の請求をすることができるわけですが、これを利用するか否かは、あくまでも国民側の選択に委ねられています。つまり、再調査の請求ができる場面であっても、これを利用することなく審査請求をすることもできます。このような考え方を「自由選択主義」と呼びます。なお、不作為についての再調査の請求は制度として規定されていません。この点には注意が必要です。

再調査の請求の審理手続は、非常に簡易なものとなっています。すなわち、審査請求と異なり、審理員による審理や行政不服審査会等への諮問はありませんし、処分庁が自ら再調査をするため、弁明書や反論書のやり取りもありません。

再調査の請求のイメージ

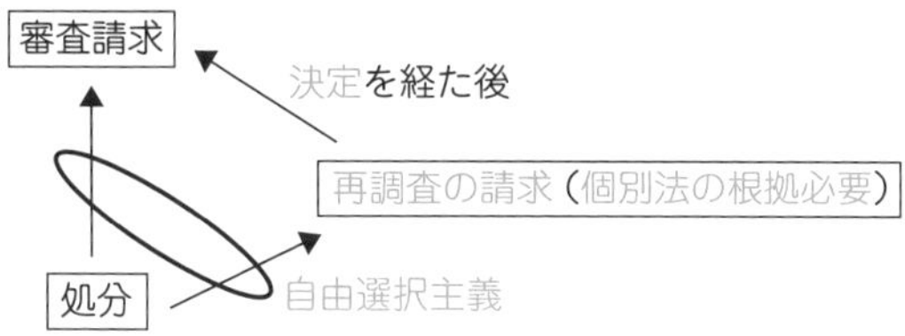

（2）再調査の請求期間

再調査の請求は、処分があったことを知った日の翌日から起算して３か月以内にしなければなりません。ただし、正当な理由があるときは、この限りではありません（54条１項、主観的請求期間）。また、処分があった日の翌日から起算して１年を経過したときもすることができません。ただし、これも正当な理由があるときは、この限りではありません（54条２項、客観的請求期間）。

主観的請求期間も客観的請求期間もともに不変期間ではない点に注意しよう。

（3）審査請求との関係

処分の審査請求をした場合には、再調査の請求ができなくなります（５条１項ただし書）。一方、再調査の請求をしたときは、原則として、当該再調査の請求についての決定を経た後でなければ、審査請求をすることができません（５条２項本文）。ただし、次の場合には、例外的に、再調査の請求についての決定を経ずに審査請求をすることができます（５条２項各号）。

①当該処分につき再調査の請求をした日の翌日から起算して**3か月**を経過しても、処分庁が当該再調査の請求につき**決定をしない**場合。
②その他再調査の請求についての決定を経ないことにつき**正当な理由**がある場合。

4 再審査請求

（1）再審査請求

行政庁の処分につき**法律**に再審査請求をすることができる旨の定めがある場合には、**審査請求の裁決に不服がある者**は、再審査請求をすることができます（6条1項）。この再審査請求は、裁判で言うと二審目に該当します。再審査請求の対象は、**原裁決（審査請求に対する裁決）**又は**原処分**（6条2項）です。**不作為に対してはできません**。ただ、これも再調査の請求と同様、**個別法の根拠が必要**なので、一般的にできるようなものではありません。また、個別法の根拠があり、再審査請求をすることができる場合であっても、これをせずに取消訴訟を提起しても構いません。つまり、これも「**自由選択主義**」になっているのです。

審理手続は、**審査請求とほぼ同じ**です。審理員などの審査請求の審理手続が準用されているからです（66条）。もっとも、行政不服審査会等への諮問手続は準用されていません。

再審査請求のイメージ

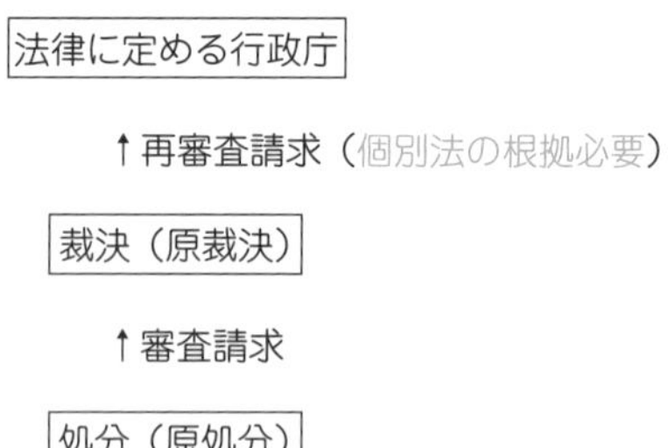

（2）再審査請求の期間

再審査請求は、裁決があったことを知った日の翌日から起算して１か月以内にしなければなりません。ただし、正当な理由があるときは、この限りではありません（62条１項、主観的請求期間）。また、裁決があった日の翌日から起算して１年を経過したときもすることができません。ただし、これも正当な理由があるときはこの限りではありません（62条２項、客観的請求期間）。

5 情報の提供・処理状況の公表

不服申立てにつき裁決等をする権限を有する行政庁は、不服申立てをしようとする者又は不服申立てをした者の求めに応じ、不服申立書の記載に関する事項その他の不服申立てに必要な情報の提供に努めなければなりません（84条）。また、不服申立ての処理状況についても公表するよう努めなければなりません（85条）。これらは他の法令に基づく不服申立てについても対象となります。

PLAY! 理解度チェック

問	答
1．審査請求をすると処分の執行は止まるのか。	1．止まらない。執行不停止の原則。
2．執行停止の種類にはどのようなものがあるか。	2．①処分の効力の停止、②処分の執行の停止、③手続の続行の停止、④その他の措置。
3．審査庁が処分庁の上級行政庁又は処分庁である場合における任意的執行停止の特徴を２つ挙げよ。	3．①「職権」で執行停止ができ、②「その他の措置」をとることもできる。
4．執行停止の取消しは義務か。	4．義務ではない。

5. （　　　　　）は、必要があると認めるときは、審査庁に対し、執行停止をすべき旨の意見書を提出することができる。	**5.** 審理員
6. 教示は、他の法令に基づく不服申立てをすることができる処分をする場合にも必要なのか。	**6.** 必要である。
7. 利害関係人から教示を求められたときは、教示しなくてよいのか。	**7.** 教示しなければならない。利害関係人からの教示請求。
8. 行政庁が教示をすべきであるにもかかわらずこれをしなかった場合、処分に不服がある者は何をすることができるのか。	**8.** 不服申立書を当該処分庁に提出することができる。
9. 再調査の請求と再審査請求は、ともに（　　　　　）がなければすることができない。	**9.** 個別法の根拠
10. 再調査の請求には、審理員による審理や行政不服審査会等への諮問はあるのか。	**10.** ない。

TRY! 本試験問題に挑戦

行政不服審査法に関するア～オの記述のうち、妥当なもののみを全て挙げているのはどれか。 【国家一般職R2】

ア. 行政庁の処分に不服がある者は、行政不服審査法の定めるところにより、審査請求をすることができるが、同法は、同法による審査請求をすることができない処分については、別に法令で当該処分の性質に応じた不服申立ての制度を設けなければならないとしている。

ア. ×
設けなければならないとはされておらず、別に法令で不服申立ての制度を設けることができるとされているにとどまる。

イ. 法令に基づき行政庁に対して処分についての申請をした者は、当該申請から相当の期間が経過したにもかかわらず、行政庁の不作為がある場合には、行政不服審査法の定めるところにより、当該不作為についての審査請求をすることができるが、当該不作為についての再調査の請求をすることはできない。

イ. ○
そのとおり。
不作為については再調査の請求をすることはできない。

ウ. 行政庁の処分についての審査請求の裁決に不服がある者は、個別の法律に再審査請求をすることができる旨の定めがない場合であっても、行政不服審査法の定めるところにより、再審査請求をすることができる。

ウ. ×
個別の法律に再審査請求をすることができる旨の定めがある場合でないと、再審査請求はできない。

エ. 審査請求は、代理人によってすることができ、代理人は、審査請求人のために、当該審査請求に関する行為をすることができる。ただし、審査請求の取下げは、いかなる場合であっても、代理人がすることはできない。

エ. ×
審査請求の取下げは、特別の委任があれば、代理人がすることもできる。

オ. 行政不服審査法は、処分（事実上の行為を除く。）についての審査請求に理由がある場合（事情裁決をする場合を除く。）には、処分庁の上級行政庁又は処分庁である審査庁は、裁決で、当該処分の全部若しくは一部を取り消し、又はこれを変更することとしている。

オ. ○
そのとおり。
処分庁の上級行政庁又は処分庁である審査庁は、当該処分の全部若しくは一部を取り消すだけでなく、当該処分を変更することもできる。

1．ア、イ　　2．ア、エ　　3．イ、オ　　4．ウ、エ　　5．ウ、オ

正答　3

再審査請求って、
私の可愛さに
まだ文句あるの？

22 行政事件訴訟法（1）

重要度
★★★
頻出度
★★★

今回から数回に分けて「行政事件訴訟法」を見ていく。行政不服審査法と並ぶ、事後的な救済措置に関する法律なので極めて重要である。試験でも超頻出なので、しっかりと勉強しよう。

1 訴訟類型

「行政事件訴訟」は、「抗告訴訟」「当事者訴訟」「民衆訴訟」「機関訴訟」の４つに分類されます。これは行政事件訴訟法の中で実際に使われている用語による分類なので、しっかりと暗記しましょう。また、別の観点から、主観訴訟と客観訴訟に分類して説明することがあります。これは講学上の用語による分類なのですが、この際一緒に押さえておきましょう。

では、まず主観訴訟から説明します。「主観訴訟」は、国民の個人的な権利利益の保護を目的とする訴訟です。自分の権利が害された、だから訴えてやったんだ、となるケースです。このように通常皆さんがイメージする訴訟は大体この主観訴訟となります。主観訴訟には「抗告訴訟」と「当事者訴訟」の２つがあります。

一方、「客観訴訟」は、国民の個人的な権利利益の保護を目的とする訴訟ではなく、客観的な法秩序の維持を目的とする訴訟です。こちらは、別に自分の権利が害されたわけではないけれど、客観的に誤りを正す、あるいは法秩序を維持するために提起される訴訟です。客観訴訟には「民衆訴訟」と「機関訴訟」の２つがあります。では、次にこれらの訴訟類型を一つひとつ見ていくことにしましょう。

客観訴訟についてどのような訴訟類型を設けるかは立法政策の問題となるよ。なお、主観訴訟は「法律上の争訟」（裁判所法3条1項）にあたるけど、客観訴訟はこれにあたらないんだ。だから、客観訴訟は「本来的には」裁判所の権限ではないんだよ。

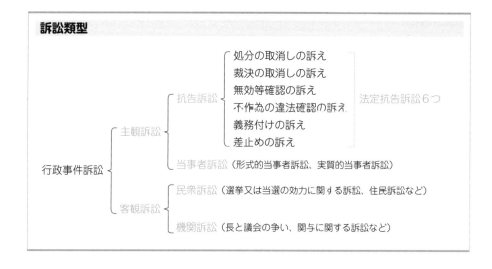

訴訟類型

- 行政事件訴訟
  - 主観訴訟
    - 抗告訴訟（法定抗告訴訟6つ）
      - 処分の取消しの訴え
      - 裁決の取消しの訴え
      - 無効等確認の訴え
      - 不作為の違法確認の訴え
      - 義務付けの訴え
      - 差止めの訴え
    - 当事者訴訟（形式的当事者訴訟、実質的当事者訴訟）
  - 客観訴訟
    - 民衆訴訟（選挙又は当選の効力に関する訴訟、住民訴訟など）
    - 機関訴訟（長と議会の争い、関与に関する訴訟など）

2 抗告訴訟

「抗告訴訟」とは、行政庁の公権力の行使に関する不服の訴訟を言います（行政事件訴訟法３条１項）。具体的には、「処分の取消しの訴え」（３条２項）、「裁決の取消しの訴え」（３条３項）、「無効等確認の訴え」（３条４項）、「不作為の違法確認の訴え」（３条５項）、「義務付けの訴え」（３条６項）、「差止めの訴え」（３条７項）の６類型が定められています。

法定されているこれら6つの「法定抗告訴訟」のほかにも、**法定外抗告訴訟（無名抗告訴訟）**も認められる余地があるよ。

（１）処分の取消しの訴え（処分の取消訴訟）

「処分の取消しの訴え」は、行政庁の処分その他公権力の行使にあたる行為の取消しを求める訴訟です（３条２項）。一般的に取消訴訟と言う場合、この処分の取消しの訴えを指すことが多いです（断りがない限りそれで構わない）。この処分の取消しの訴え、いわゆる取消訴訟は、行政処分（行政行為）について生じる公定力の排除を求めることが目的の訴訟です。よって、当然ですがその対象は「処分」でなければなりません。言い換えれば対象の「処分性」が認められなければ提起できないということになります。この点は23章でじっくりと勉強します。なお、処分に対して私人が文句を言いたい場合、原則として、処分の取消しの訴えを提起してもいいですし、審査請求をしても構いません（8条、自由選択主義）。

自由選択主義（8条）

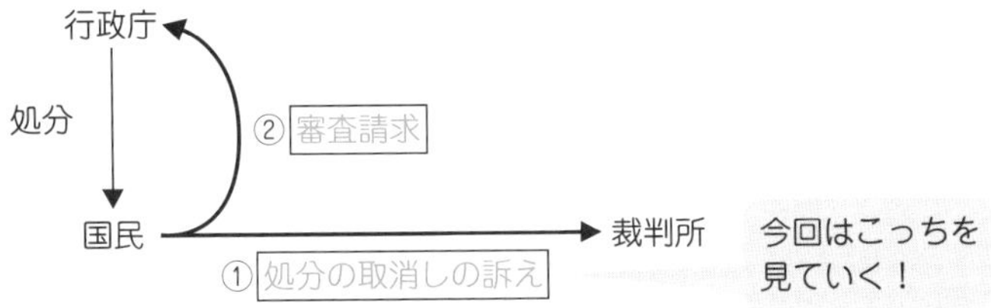

結論　原則①②を自由に選べばよい（自由選択主義）。

例外的として、法律に、処分についての審査請求に対する裁決を経た後でなければ処分の取消しの訴えを提起することができない旨の定めがある場合には、審査請求を前置しなければならない（不服申立前置主義）。

もっとも、不服申立前置主義の場合であっても、以下の場合には、裁決を経ないで取消しの訴えを提起できる。

①審査請求があった日から3か月を経過しても裁決がないとき。

②処分、処分の執行又は手続の続行により生ずる著しい損害を避けるため緊急の必要があるとき。

③その他裁決を経ないことにつき正当な理由があるとき。

（2）裁決の取消しの訴え（裁決の取消訴訟）

「裁決の取消しの訴え」は、審査請求に対する行政庁の裁決の取消しを求める訴訟です（3条3項）。実は、取消訴訟と言った場合には、処分の取消しの訴えに加えもう1つあるのです。それがこの裁決の取消しの訴えです。ただ、この訴訟において争えるのは、裁決固有の瑕疵に限られます。要するに原処分（元の処分）の違法性は争えません。これを「原処分主義」と言います。

原処分主義

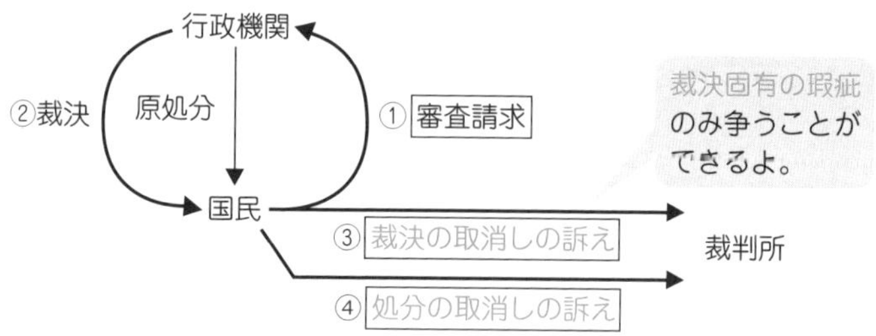

結論　この場合、国民は、③「裁決の取消しの訴え」でも、④「処分の取消しの訴え」でも、自由に選択して提起することができる（**自由選択主義**）。もっとも、原処分の違法性を争いたいのであれば、「処分の取消しの訴え」を提起しなければならない。すなわち、「裁決の取消しの訴え」は、原処分の違法性を争う訴訟ではなく、裁決の手続上の瑕疵を争う訴訟なので、原処分の違法性を主張してもまったく意味がない（というより主張できない）。あくまでも「**裁決固有の瑕疵しか主張できない**」（**原処分主義**）。法律が取消訴訟をわざわざ２つに分けた以上、対象のすみ分けをきっちりさせようということなのである。

（３）無効等確認の訴え（無効等確認訴訟）

①無効等確認の訴えの類型

「**無効等確認の訴え**」は、処分の存否又はその効力の有無の確認を求める訴訟です（３条４項）。本来、無効な処分は、公定力を有しないため、国民は無視していればよいだけの話です。しかし、実際には、行政庁側が無効な処分を有効なものとして扱ったり、その後の手続を進行させたりすることも多いため、裁判所による救済手段を認める必要があるのです。この必要性を充たすものが、無効等確認の訴えということになります。

処分の無効原因は国民が立証責任を負うよ。

この無効等確認の訴えは、２つの類型があります。ただ、試験で出題されるのは、「**補充的無効確認訴訟**」の方です。

予防的無効確認訴訟	当該処分に続く処分により損害を受けるおそれのある者が提起するもの。
補充的無効確認訴訟	当該処分の無効等の確認を求めるにつき ⅰ．法律上の利益を有する者（原告適格）で、 ⅱ．当該処分の存否又はその効力の有無を前提とする現在の法律関係に関する訴えによって目的を達することができない場合に限り（補充性）、提起できるもの。

この表を見ても分かると思いますが、補充的無効確認訴訟は、そう簡単には提起することができません。「現在の法律関係に関する訴えによって目的を達することができない場合」に限って提起できます。つまり、簡単に言うと、他に手段がない場合に限って認められるということです。例えば、後述する争点訴訟や当事者訴訟を提起できるときには、補充的無効確認訴訟を提起することができません。

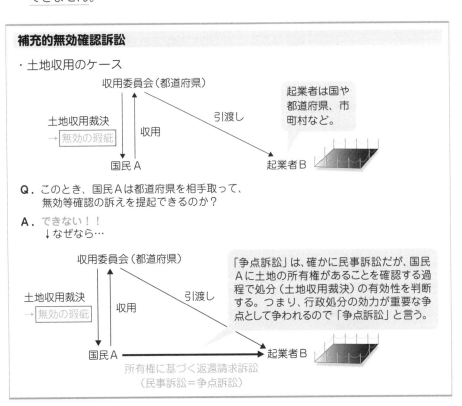

補充的無効確認訴訟

・土地収用のケース

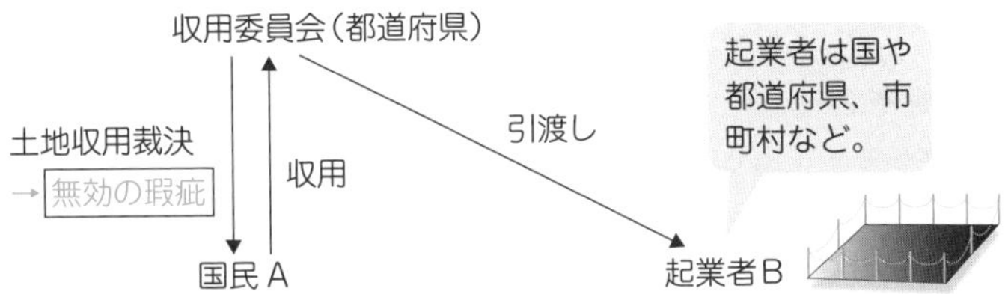

Q． このとき、国民Ａは都道府県を相手取って、無効等確認の訴えを提起できるのか？

A． できない！！
↓なぜなら…

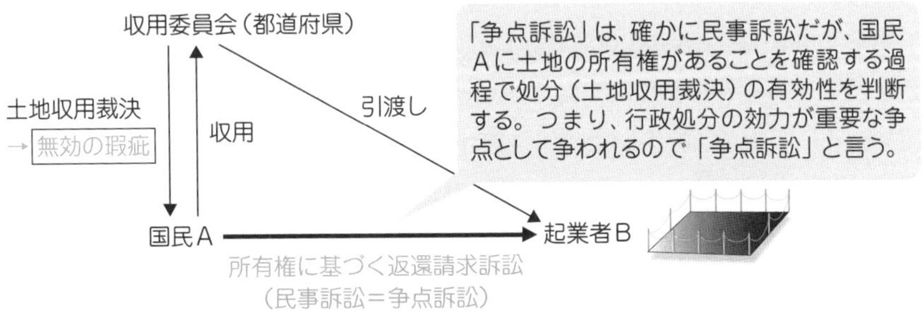

収用委員会の処分、すなわち土地収用裁決が無効であるならば、土地収用もその後の引渡しも無効なので、国民Aに本件土地の所有権は残っているはずです。とすると、国民Aは、単に民事訴訟（争点訴訟）で、起業者に対して、所有権に基づく返還請求訴訟（あるいは所有権確認訴訟）を提起すればよいということになります。そして、その訴訟の中で処分（土地収用裁決）の有効性を争えばよいのです。つまり、何も無効等確認の訴えによらなくても、他の手段で解決できるわけですから、全く問題ないのです。このような状況を「現在の法律関係に関する訴えによって目的を達することができる場合」と言います。よって、このケースでは、所有権に基づく返還請求訴訟が提起できる（＝現在の法律関係に関する訴えで解決できる）ので、無効等確認の訴えは提起できません。

②準用

無効等確認の訴えでは、執行不停止の原則が準用されています（25条1項、38条）。したがって、無効等確認の訴えを提起しても処分の執行は止まりません。これに対し、出訴期間は準用されていません（期間制限なし）。また、事情判決も準用されていません（事情判決は、違法だけど有効性を維持しようという判決で、そもそも無効の場合には有効性がないので準用の余地がない）。この点はあとで確認する程度でOKです（今は気にしなくて大丈夫）。

（4）不作為の違法確認の訴え（不作為の違法確認訴訟）

「不作為の違法確認の訴え」は、行政庁が法令に基づく申請に対し、相当の期間内に何らかの処分をすべきであるにもかかわらず、これをしないことについての違法の確認を求める訴訟です（3条5項）。提訴権者は、行政庁の処分についての申請をした者です（37条）。それ以外の者は提起することができません。ちなみに、この申請は適法である必要はありません。違法な申請であっても、行政庁が無視してはいけないからです（行政庁には却下義務がある）。つまり、申請の握りつぶしを防止するというのがこの訴訟の醍醐味なのです。また、不作為が継続する限り提起することができますので、出訴期間もありません。

ただ、この不作為の違法確認の訴えは「無意味な訴訟である」と評されることもしばしばあります。というのも、裁判所は、行政庁の不作為が違法であったことを確認するだけであって、行政庁に対し、何らかの行為をするよう義務付けるわけではないからです。もちろん、申請者が許可または認可を受けたことになるわけでもありません。このように不作為の違法確認の訴えは実効性を欠くという側面もあります。

（5）義務付けの訴え（義務付け訴訟）

「**義務付けの訴え**」には２種類あります。「**非申請型義務付け訴訟**」と「**申請型義務付け訴訟**」の２つです。以下、これら２つを分けて説明します。

①非申請型義務付け訴訟

「**非申請型義務付け訴訟**」は、行政庁が一定の処分をすべきであるにもかかわらずこれがされないときに、行政庁がその処分をすべき旨を命ずることを求める訴訟です。国民が工場に対して業務改善命令を出すことを求める場合などはこれに該当します。この場合の訴訟要件は**かなり厳しい**ものとなっています。というのもこの訴訟は、国民が行政の側に「あれをやってくれ〜、これをやってくれ〜」と要求していく訴訟ですから、**濫用される危険**があるのです。そこで、本当に必要なものだけを訴訟として取り扱おうということになっています。

訴訟要件は、本案判決を受けるために必要となる要件だよ。今の段階では訴訟を提起するために備えるべき要件だと考えておこう。

非申請型義務付け訴訟（37条の２第１項、３項）

行政庁 ← 国民A

義務付ける。
→ 濫用される危険。
→ 提起しにくく。

要件が厳格！
①重大な損害を生ずるおそれがあること。
②他に適当な方法がないこと（補充性）。
③法律上の利益を有する者であること。

法律上の利益の有無の判断については、第９条第２項の規定（取消訴訟の原告適格の規定）を準用するよ。

そして、①～③の訴訟要件を満たしたのであれば、その義務付けの訴えに係る処分につき、行政庁がその処分をすべきであることがその処分の根拠となる法令の規定から明らかであると認められ又は行政庁がその処分をしないことがその裁量権の範囲を超え若しくはその濫用となると認められるときに、裁判所は、行政庁がその処分をすべき旨を命ずる判決（義務付け判決）をすることになります（37条の２第５項）。

②申請型義務付け訴訟

「申請型義務付け訴訟」は、行政庁に対し一定の処分を求める旨の法令に基づく申請がされた場合において、当該行政庁がその処分をすべきであるにもかかわらずこれがされないときに、行政庁が一定の処分をすべき旨を命ずることを求める訴訟です。例えば、申請に対する許可を求める場合などが該当します。この場合の訴訟要件はかなり緩やかになります。なぜか？　これはちょっと分かりづらいと思いますので、まずは次の図を見てみましょう。

申請型義務付け訴訟（37条の３第２項、３項）

・不作為型

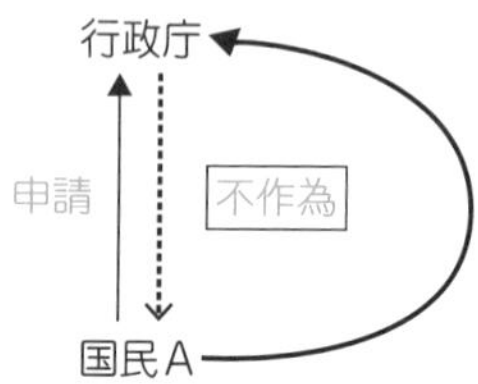

義務付ける。
→ 濫用の危険なし。
→ 提起しやすく。

要件が緩やか！
①申請をした者であること。
②不作為の違法確認の訴えを併合提起すること。

・拒否処分型

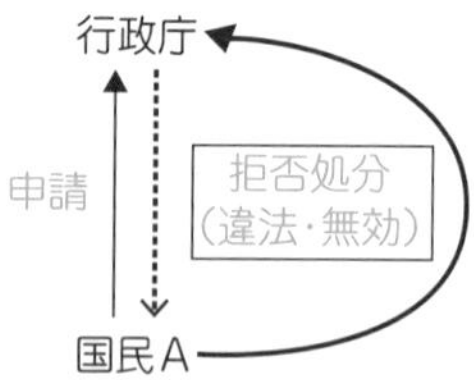

義務付ける。
→ 濫用の危険なし。
→ 提起しやすく。

要件が緩やか！
①申請をした者であること。
②処分の取消訴訟又は無効等確認の訴えを併合提起すること。

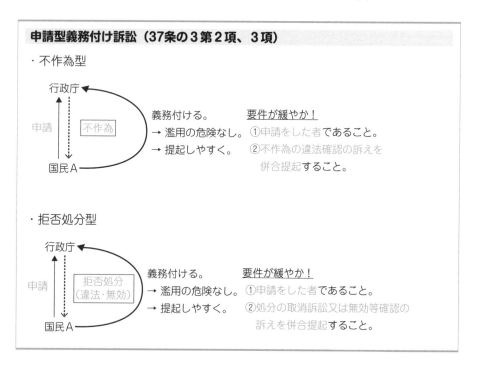

申請型義務付け訴訟は、国民が申請をしたにもかかわらず、処分をしない「不

作為型」と、国民の申請に対して処分をしたものの、その処分が間違っている「拒否処分型」とに分かれます。この2つに共通しているのは、国民Aがちゃんと申請をしているということです。つまり、申請をしたAには何らの落ち度もありません。それにもかかわらず、行政庁が不作為をする、あるいは間違った処分をするというケースなのです。そうなると、先ほどの「非申請型義務付け訴訟」とは異なり、国民による濫用の危険はあまりなさそうです。むしろ悪いのは行政の側ですからね。訴えを提起できて当然とも言えるでしょう。したがって、要件が非常に緩やかになっていて、具体的には、申請をした者であれば提起をすることができます（これはかなり緩い……）。ただ、よくよく考えると、「不作為型」で義務付けられるということは、不作為が違法だからです。よって、義務付けの訴えに不作為の違法確認の訴えを併合提起しておかなければなりません。また、「拒否処分型」でも同じことが言えます。すなわち、義務付けられるということは、処分が違法もしくは無効だからです。よって、義務付けの訴えに処分の取消訴訟又は無効等確認の訴えを併合提起しておかなければならないのです。

そして、併合提起した各訴えに係る請求に理由があると認められ、かつ、その義務付けの訴えに係る処分につき、行政庁がその処分をすべきであることがその処分の根拠となる法令の規定から明らかであると認められ又は行政庁がその処分をしないことがその裁量権の範囲を超え若しくはその濫用となると認められるときは、裁判所は、その義務付けの訴えに係る処分をすべき旨を命ずる判決（義務付け判決）をすることになります（37条の３第５項）。

（６）差止めの訴え（差止め訴訟）

「差止めの訴え」は、行政庁が一定の処分をすべきでないにもかかわらず、これがされようとしている場合において、行政庁がその処分をしてはならない旨を命ずることを求める訴訟です（３条７項）。例えば、ある公務員に対して懲戒処分がなされそうなときに、その公務員が懲戒処分の差止めを求めるケースなどがこれに該当します。処分がなされる前に事前に差し止めるという類型なので、事前の救済手段となり、効果もかなり強烈です。

差止めの訴えの訴訟要件は、「非申請型義務付け訴訟」と大体同じです。つまり、かなり厳しいものとなっているということです。処分がなされていない段階で、「○○するな」と事前に差し止めるわけですから、やはり濫用される危険があるのです。

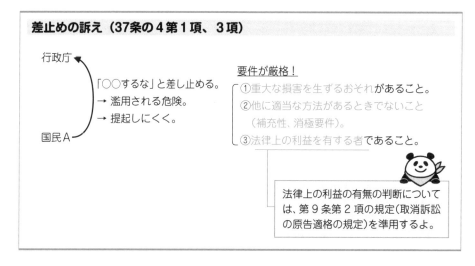

差止めの訴え（37条の4第1項、3項）

行政庁

「○○するな」と差し止める。
→ 濫用される危険。
→ 提起しにくく。

国民A

要件が厳格！
①重大な損害を生ずるおそれがあること。
②他に適当な方法があるときでないこと（補充性、消極要件）。
③法律上の利益を有する者であること。

法律上の利益の有無の判断については、第9条第2項の規定(取消訴訟の原告適格の規定)を準用するよ。

そして、上記①～③を満たしたのであれば、その差止めの訴えに係る処分につき、行政庁がその処分をすべきでないことがその処分の根拠となる法令の規定から明らかであると認められ又は行政庁がその処分をすることがその裁量権の範囲を超え若しくはその濫用となると認められるときは、裁判所は、行政庁がその処分をしてはならない旨を命ずる判決（差止め判決）をすることになります（37条の4第5項）。

（7）仮の義務付け、仮の差止め（仮の救済）

さて、ここまでで大体「義務付けの訴え」や「差止めの訴え」は理解できたと思います。ただ、義務付けの訴えや差止めの訴えにはやや欠陥があります。例えば、公立幼稚園の入園の申請をしたところこれが違法な理由に基づいて拒否されたとしましょう。この場合には、申請型義務付け訴訟（拒否処分型）を提起できるわけですが、訴訟は何年もかかるので、数年後に勝訴判決を獲得したときには、すでに卒園の年齢になっていた……こんなこともあるかと思います。これでは訴訟の意味がないので、裁判所は、緊急の必要がある場合には、義務付けの訴えや差止めの訴えが提起されていることを前提に、申立てにより、「仮の義務付け」や「仮の差止め」を行うことができます。これは、裁判所がとりあえず義務付ける、あるいは差し止めるというものです。これが認められれば、この例で言うと、幼稚園に一応入園することができるようになるので、国民は救済されますね。

①仮の義務付け

義務付けの訴えの提起があった場合において、その義務付けの訴えに係る処分がされないことにより生ずる償うことのできない損害を避けるため緊急の必要があり、かつ、本案について理由があるとみえるときは、裁判所は、申立てにより、決定をもって、仮に行政庁がその処分をすべき旨を命ずることができます（37条の５第１項）。ただし、公共の福祉に重大な影響を及ぼすおそれがあるときは、することができません（37条の５第３項、消極要件）。

②仮の差止め

差止めの訴えの提起があった場合において、その差止めの訴えに係る処分がされることにより生ずる償うことのできない損害を避けるため緊急の必要があり、かつ、本案について理由があるとみえるときは、裁判所は、申立てにより、決定をもって、仮に行政庁がその処分をしてはならない旨を命ずることができます（37条の５第２項）。ただし、公共の福祉に重大な影響を及ぼすおそれがあるときは、することができません（37条の５第３項、消極要件）。

仮の義務付け、仮の差止めの要件

①義務付けの訴えや差止めの訴えが提起されていること。
②申立てに基づくこと。
③償うことのできない損害を避けるため緊急の必要があること（積極要件）。
④本案について理由があるとみえるときであること（積極要件）。
⑤公共の福祉に重大な影響を及ぼすおそれがあるときでないこと（消極要件）。

3 当事者訴訟

「当事者訴訟」は、抗告訴訟以外で当事者間で公法上の法律関係を争う訴訟です。具体的には「形式的当事者訴訟」と「実質的当事者訴訟」の２つに分類されます。

（1）形式的当事者訴訟

「形式的当事者訴訟」は、当事者間の法律関係を確認し又は形成する処分等に関する訴訟で法令の規定により法律関係の当事者の一方を被告とするものを言います（4条）。意味不明ですね（笑）。でも、これは試験的にはおいしい訴訟類型です。なぜなら、土地収用法133条２項、３項に基づく損失補償に関する訴訟だけをその具体例として覚えておけばよいからです。次の図を見てみましょう。

土地収用法133条２項、３項の訴え

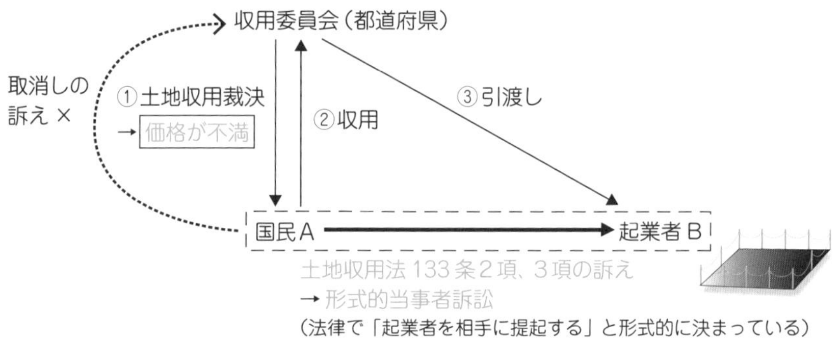

例えば、Aが収用委員会の決めた損失補償額に不服がある（安すぎるという不服）としましょう。この場合、Aは収用委員会のある都道府県を相手取って取消しの訴えを提起すればよいように思えます。しかし、土地収用法133条２項、３項では、Aは当事者の一方、つまり、起業者Bの側を相手としてその増額を請求することとされています。これが「形式的当事者訴訟」です。つまり、実質的には収用委員会の裁決（処分）に関する争いなのですが、「法律」（土地収用法）で「お金の問題は当事者間で決めてね」という形になっているのです。試験的には、形式的（＝法律で）に、当事者間で解決しなさいとされている訴訟を「形式的当事者訴訟」と言うと覚えておけばOKです。

（2）実質的当事者訴訟

「実質的当事者訴訟」は、①公法上の法律関係に関する確認の訴え、②その他の公法上の法律関係に関する訴訟です（４条）。簡単に言うと、法律関係は法律関係でも

「公法上の」法律関係を争う訴訟です。「私法上の」法律関係を争いたいときには「民事訴訟」を使い、「公法上の」法律関係を争いたいときには「実質的当事者訴訟」を使う、ただそれだけのことです。次に具体的な例を挙げておきます。

実質的当事者訴訟の類型

①公法上の法律関係に関する確認の訴え（確認訴訟）
　公務員の身分確認、国籍確認、選挙権を有することの確認。
②公法上の法律関係に関する訴訟（給付訴訟等）
　公務員の給与支払請求の訴え、損失補償請求の訴え。

なお、①公法上の法律関係に関する確認の訴えは比較的新しい制度です。判例は、選挙権を行使する権利を有することの確認をあらかじめ求める訴えにつき、公法上の法律関係に関する確認の訴えとして、確認の利益を肯定することができるとしています（最大判平17・9・14、在外日本人選挙権はく奪違憲判決）。

4 客観訴訟

「客観訴訟」は、国民の個人的な権利利益の保護を目的とする訴訟ではなく、客観的な法秩序の維持を目的とする訴訟です。具体的には「民衆訴訟」と「機関訴訟」の２つがあります。ここは具体例をしっかりと覚えておくことが大切です。

（1）民衆訴訟

「民衆訴訟」は、国又は公共団体の機関の法規に適合しない行為の是正を求める訴訟で、選挙人たる資格その他自己の法律上の利益にかかわらない資格で提起するものを言います（５条）。法律に定める場合において、法律に定める者だけが提起できます。

民衆訴訟の具体例

①選挙又は当選の効力に関する訴訟（公職選挙法203条、204条、207条）
②住民訴訟（地方自治法242条の２）

（2）機関訴訟

「**機関訴訟**」は、国又は公共団体の**機関相互**における権限の存否又はその行使に関する紛争についての訴訟です（6条）。これもやはり、**法律に定める場合**において、**法律に定める者**だけが提起できます。

機関訴訟の具体例

①地方公共団体の**長と議会**の争い（地方自治法176条7項）

②国等の**関与**に関する訴訟（地方自治法251条の5、252条）

PLAY! 理解度チェック

1. 行政事件訴訟法上の「抗告訴訟」は「処分の取消しの訴え」、「裁決の取消しの訴え」、「無効等確認の訴え」、「不作為の違法確認の訴え」の他に何があるか。

2. 法定抗告訴訟以外にも法定外抗告訴訟（無名抗告訴訟）が認められる余地はあるのか。

3. 処分に不服がある場合、審査請求と処分の取消しの訴えを提起できるが、この2つの関係は原則として、どのようになっているか。

4. 裁決の取消しの訴えにおいて、原則として、原処分の違法性を争うことはできるか。

5. 無効等確認の訴え（補充的無効確認訴訟）は、どのような場合に提起できるのか。

解答

1. 「義務付けの訴え」と「差止めの訴え」がある。

2. ある。

3. 自由選択主義。

4. できない（原処分主義）。

5. 現在の法律関係に関する訴えによって目的を達することができない場合。

6. 不作為の違法確認の訴えは、誰が提起できるのか、また、出訴期間はあるのか。	**6.** 申請をした者が提起できる。また、出訴期間はない。
7. 非申請型義務付け訴訟の訴訟要件３つは？	**7.** ①重大な損害を生ずるおそれがあること、②他に適当な方法がないこと、③法律上の利益を有する者であること。
8. 申請型義務付け訴訟のうち「不作為型」は、どのような訴えを併合提起しなければならないのか。	**8.** 不作為の違法確認の訴え。
9. 義務付けの訴えや差止めの訴えを提起していない場合でも、裁判所は、仮の義務付けや仮の差止めをすることができるのか。	**9.** できない。
10. 当事者間の法律関係を確認し又は形成する処分等に関する訴訟で法令の規定により法律関係の当事者の一方を被告とするものを何と呼ぶか。また、その具体例は？	**10.** 「形式的当事者訴訟」と呼ぶ。具体例は、土地収用法133条２項、３項の訴え。
11. 民衆訴訟の具体例は？	**11.** 選挙又は当選の効力に関する訴訟、住民訴訟。
12. 機関訴訟の具体例は？	**12.** 地方公共団体の長と議会の争い、国等の関与に関する訴訟。

TRY! 本試験問題に挑戦

行政事件訴訟法に規定する行政事件訴訟に関する記述として、妥当なのはどれか。 【特別区H25】

1. 抗告訴訟は、行政庁の公権力の行使に関する不服の訴訟であり、行政事件訴訟法は、抗告訴訟を処分の取消しの訴え、裁決の取消しの訴え、無効等確認の訴え及び不作為の違法確認の訴えの4つの類型に限定している。

1．×
義務付けの訴えや差止めの訴えもあり、計6つである。

2. 当事者訴訟の2つの類型のうち、当事者間の法律関係を確認し又は形成する処分又は裁決に関する訴訟で法令の規定によりその法律関係の当事者の一方を被告とするものは、実質的当事者訴訟と呼ばれる。

2．×
形式的当事者訴訟の誤り。

3. 民衆訴訟は、国又は公共団体の機関の法規に適合しない行為の是正を求める訴訟で、選挙人たる資格その他自己の法律上の利益にかかわらない資格で提起するものであり、法律に定める場合において、法律に定める者に限り、提起することができる。

3．○
そのとおり。
選挙又は当選の効力に関する訴訟や住民訴訟などがその具体例。

4. 不作為の違法確認の訴えは、行政庁が申請に対する処分又は裁決をしないことについての違法の確認を求める訴訟であり、処分又は裁決の申請をした者に限らず、この処分又は裁決につき法律上の利益を有する者であれば、提起することができる。

4．×
申請をした者に限られる。

5．差止めの訴えは、行政庁に対し一定の処分又は裁決をしてはならない旨を命ずることを求める訴訟であり、一定の処分又は裁決がされることにより重大な損害を生ずるおそれがある場合には、その損害を避けるため他に適当な方法があるときでも提起することができる。

5．×
他に適当な方法があるときには提起できない。

正答　3

TRY! 本試験問題に挑戦

行政訴訟の類型に関するア～オの記述のうち、妥当なもののみをすべて挙げているのはどれか。　【国家一般職H27】

ア．抗告訴訟は、行政事件訴訟法に規定される法定抗告訴訟のみに限定されず、いわゆる無名抗告訴訟（法定外抗告訴訟）も許容されると解されていたが、平成16年に同法が改正されて、それまで無名抗告訴訟として想定されていた義務付け訴訟及び差止め訴訟が法定抗告訴訟とされたことに伴い、同法において、無名抗告訴訟が許容される余地はなくなったと一般的に解されている。

ア．×
今もなお、無名抗告訴訟（法定外抗告訴訟）が許容される余地はある。

イ．無効等確認の訴えとは、処分若しくは裁決の存否又はその効力の有無の確認を求める訴訟である。行政処分が無効である場合において、行政事件訴訟法は、行政処分の無効を前提とする現在の法律関係に関する訴えによることを原則とし、無効等確認訴訟を提起できる場合を限定している。

イ．○
そのとおり。
補充的無効確認訴訟である。

ウ. 行政事件訴訟法は、行政事件訴訟を抗告訴訟、当事者訴訟、民衆訴訟及び機関訴訟の４類型に分けており、これらのうち、民衆訴訟及び機関訴訟は、法律に定める場合において、法律の定める者に限り、提起することができるとしている。

ウ．○
そのとおり。
民衆訴訟や機関訴訟は客観訴訟なので訴を提起できる場面が限定されている。

エ. 当事者間で公法上の法律関係を争う訴えである当事者訴訟には、２つの類型がある。これらのうち、公法上の法律関係に関する訴訟は、対等当事者間の訴訟である点で民事訴訟と共通するが、公法私法二元論を前提として、民事訴訟と区別して行政事件訴訟の一類型として位置付けたものであり、形式的当事者訴訟と呼ばれる。

エ．×
実質的当事者訴訟の誤り。形式的当事者訴訟とは、当事者間の法律関係を確認し又は形成する処分等に関する訴訟で法令の規定により法律関係の当事者の一方を被告とするものである。

オ. 抗告訴訟のうち、処分の取消しの訴え及び裁決の取消しの訴えを併せて取消訴訟という。処分の取消しの訴えとその処分についての審査請求を棄却した裁決の取消しの訴えとを提起することができる場合には、原則として原処分を支持した裁決の取消しを求めて訴訟を提起することにより、当該裁決の取消しと併せて原処分の取消しを求めることとなる。

オ．×
裁決の取消しの訴えでは、裁決固有の瑕疵しか争えない。したがって、裁決の取消しの訴えの中で原処分の取消しを求めることはできない。もし、原処分の取消しを求めたいのであれば、処分の取消しの訴えを提起しなければならない。

1．ア、イ　　2．ア、オ　　3．イ、ウ　　4．ウ、エ　　5．エ、オ

正答　3

23 行政事件訴訟法（2）

重要度
★★★
頻出度
★★★

今回は、取消しの訴え（取消訴訟）の訴訟要件を見ていく。判例がたくさん出てくるが、結局のところ、結論だけ覚えておけば試験では100%得点できる。粘り強く取り組むべし。

1 訴訟要件

【取消しの訴え（取消訴訟）の訴訟要件】
①処分性
②原告適格
③狭義の訴えの利益
④被告適格
⑤管轄
⑥出訴期間

「訴訟要件」とは、裁判所に本案判決（請求認容又は請求棄却）を求めるための要件のことを言います。もし、この訴訟要件を１つでも充たしていないと、訴えそれ自体が不適法となってしまうので、却下判決が下されることになります。却下判決は言わば「門前払い判決」です。請求の当否すら判断されないまま「はい、帰ってください」と言われるようなものです。非常にむなしいですね。

（1）処分性

講学上の行政行為は処分と同じ意味だったよね。だから、行政行為には当然「処分性」があるよ。

処分の取消しの訴え（取消訴訟）は、処分の公定力を排除することを目的とする訴訟ですから、訴訟要件として「処分性」が要求されます。この点、判例は「処分」の定義をしてくれています。ゴミ焼却場の設置行為が処分にあたるか否かが争われた事件において、最高裁は、処分とは、「行政庁の法令に基づく行為のすべてを意味するものではなく、公権力の主体たる国又は公共団体が行う行為のうち、その行為によって、直接国民の権利義務を形成し又はその範囲を確定することが法律上認められているものをいう」としています（大田区ゴミ焼却場設置事件、最判昭39・10・29）。そのうえで、ゴミ焼却場の設置行為は非権力的事実行為であるため処分ではないと判断しています。どうでしょう？　とても抽象的ですね。結局は、一つひとつの判例を見る中で、処分性のあるなしを覚えていく必要があります。続いて、処分性に関して問題となった判例を表にしてまとめておきます。基本的にこの表に書いてある判例以外は出題されないはずなので、何回も目を通す中で覚えていきましょう。コピーしてトイレ等に貼っておくのでもよいでしょう（笑）。

処分性のまとめ

公式 処分性が認められる（行政処分である）→ 取消訴訟等の抗告訴訟を提起できる！！

（○：処分性あり　×：処分性なし）

問題となった行為	処分性
ゴミ焼却場の設置行為（最判昭39·10·29、大田区ゴミ焼却場事件） 東京都がゴミ焼却場の設置を計画し、その計画案を都議会に提出した行為は、都自身の内部的手続行為に止まる。また、私法上の契約によって設置されたものである。よって、処分にはあたらない。	×
公務員の採用内定取消し（最判昭57・5・27） 公務員の採用内定取消しは、法令上の根拠に基づくものではなく、単に採用発令の手続を支障なく行うための準備としてなされる事実行為に過ぎない。よって、処分にあたらない。	×
墓地埋葬に関する通達（最判昭43・12・24） 通達は行政機関相互の行政組織内部における命令に過ぎないから、専ら行政機関を拘束するにとどまり、一般の国民を直接拘束するものではない。よって、処分にはあたらない。	×
建築許可に際しての消防庁の同意（最判昭34·1·29） 消防法７条に基づく消防庁の同意は、知事に対する行政機関相互間の行為であって、対国民との関係で影響を及ぼすものではない。よって、処分にはあたらない。	×
日本鉄道建設公団に対する運輸大臣の認可（最判昭53・12・8、成田新幹線事件） 運輸大臣の認可は、言わば上級行政機関としての運輸大臣が下級行政機関である建設公団に対し、監督手段としての承認の性質を有するもので、行政機関相互の行為と同視すべきものである。よって、行政行為として外部に対する効力を有するものではないので、処分にはあたらない。	×

問題となった行為	処分性
公共施設の管理者（市長）がする開発行為に関する同意の拒否（最判平7・3・23） 公共施設の管理者としての同意を拒否する行為は、それ自体が開発行為を禁止したり、あるいは制限したりする効果を持つものではない。よって、処分にはあたらない。	×
市町村長がなす住民票の続柄への記載行為（最判平11・1・21） 住民票に特定の住民と世帯主との続柄がどのように記載されるかは、その者が選挙人名簿に登録されるか否かには何らの影響も及ぼさないことが明らかであり、住民票に続柄を記載する行為が何らかの法的効果を有すると解すべき根拠はない。つまり、それ自体によって新たに国民の権利義務を形成し、又はその範囲を確定する法的効果を有するものではない。よって、処分にはあたらない。	×
出生した子につき住民票の記載を求める親からの申出に対し特別区の区長がした上記記載をしない旨の応答（最判平21・4・17） 本件応答は、法令に根拠のない事実上の応答に過ぎず、これにより子又は父の権利義務ないし法律上の地位に直接影響を及ぼすものではない。よって、処分にはあたらない。	×
国有財産の払下げ（最判昭35・7・12） 国有財産の払下げは、売渡申請書の提出、これに対する払下げ許可という形を採っているが、私法上の売買契約である。よって、処分にはあたらない。	×
市営の老人福祉施設の民間事業者への移管につき、市長がした公募決定に至らなかった旨の通知（最判平23・6・14） 移管は市と相手方となる事業者との間で契約を締結することにより行うことが予定されていたものであり、公募は法令の定めに基づくものではなく移管に適する事業者を契約の相手方として選考するための手法として行われたものであったので、通知は、単なる事実の通知であり処分にはあたらない。	×
都市計画法上の用途地域の指定（工業地域の指定）（最判昭57・4・22） 都市計画区域内において工業地域を指定する決定は、法令を制定した場合におけるのと同様の当該地域内の不特定多数の者に対する一般的抽象的効果しか有しない（NOT具体的）。よって、処分にはあたらない。	×

問題となった行為	処分性
普通地方公共団体が営む簡易水道事業につき、水道料金を改定する内容の条例制定行為（最判平18・7・14） 本件条例は、水道料金を一般的に改定する内容のものであって、限られた特定の者に対してのみ適用されるものではなく、このような条例の制定行為をもって行政庁が法の執行として行う処分と実質的に同視することはできない。よって、処分にはあたらない。	×
道路交通法127条１項の規定に基づく反則金の納付の通告（最判昭57・7・15） 道路交通法は、通告を受けた者が、その自由意思により、通告に係る反則金を納付し、これによる事案の終結の途を選んだときは、もはや当該通告の理由となった反則行為の不成立等を主張して通告自体の適否を争い、これに対する抗告訴訟によってその効果の覆滅を図ることはこれを許さず、このような主張をしようとするのであれば、反則金を納付せず、後に公訴が提起されたときにこれによって開始された刑事手続の中でこれを争い、これについて裁判所の審判を求める途を選ぶべきである。	×
供託官による供託物取戻請求の却下処分（最判昭45・7・15） 供託官が供託物取戻請求を理由がないと認めて却下した行為については、「却下」及び「処分」という字句を用い、さらに、供託官の却下処分に対しては特別の不服審査手続を設けている。よって、処分にあたる。	○
①土地区画整理事業計画の決定（最大判平20・9・10） 事業計画の決定がなされることによって、施行区域内の宅地所有者等は、建築行為等の制限等を伴う土地区画整理事業の手続に従って換地処分を受けるべき地位に立たされる。その意味で法的地位に変動をもたらす。よって、処分にあたる。 ②土地区画整理組合の設立の認可（最判昭60・12・17） 事業施行区域内の宅地について所有権又は賃借権を有する者すべてを強制的に組合員とし、土地区画整理事業の施行する権限を付与する効力を有する。よって、処分にあたる。	○
都市再開発法に基づく第二種市街地再開発事業計画の決定・公告（最判平４・11・26） 都市再開発法に基づく再開発事業計画は、土地収用法上の事業の認定と同一の効果がある。したがって、特別の事情がない限り、自己の所有地等が収用されるべき地位に立たされることとなる。また、宅地所有者等は、公告があった日から起算して30日以内に、その対償の払渡しを受けるか、これに代えて建築施設の部分の譲受けを希望するかの選択に迫られる。よって、処分にあたる。	○

問題となった行為	処分性
市町村営の土地改良事業の施行認可（最判昭61・2・13） 土地改良法は、市町村営の土地改良事業における事業施行の認可についても、それが取消訴訟の対象となることを認めているものと解せざるを得ない。よって、処分にあたる。	○
関税定率法に基づく輸入禁制品にあたる旨の税関長の通知（最判昭54・12・25、最大判昭59・12・12） 税関長の通知は、観念の通知ではあるものの、これにより貨物を適法に輸入ができなくなるという法律上の効果を及ぼすものである。よって、処分にあたる。	○
食品衛生法に基づく検疫所長による食品衛生法違反の通知（最判平16・4・26） 検疫所長の違反通知は、輸入申請書の不受理という法効果につながり、食品等の輸入許可を受けることができなくなるという法的効果をもたらす。よって、処分にあたる。	○
所得税についての税務署長による納税告知（最判昭45・12・24） 源泉徴収による所得３税についての納税の告知は、確定した税額がいくばくであるかについての税務署長の意見が初めて公にされるものであるから、支払者がこれと意見を異にするときは、当該税額による所得税の徴収を防止するため、審査請求のほか、抗告訴訟をもなし得る。この場合、支払者は、納税の告知の前提となる納税義務の存否または範囲を争って、納税の告知の違法を主張することができる。	○
登録免許税法に基づく過誤納金の還付等に関する通知をすべき旨の請求に対して登記機関がなした拒否通知（最判平17・4・14） 還付通知をすべき旨の請求に対してされた拒否通知は、登記機関が還付通知を行わず、還付手続をとらないことを明らかにするものである。そして、これによって、登記等を受けた者は簡易迅速に還付を受けることができる手続を利用することができなくなる。よって、処分にあたる。	○
医療法30条の７に基づく知事の病院開設中止の勧告（最判平17・7・15） 本件勧告は、行政指導として定められている。しかし、これに従わない場合には、保険医療機関の指定を受けられないという結果をもたらすものであり、実際上病院の開設自体を断念せざるを得ないことになる。よって、処分にあたる。	○

問題となった行為	処分性
建築基準法42条２項の規定による二項道路（みなし道路）の指定（最判平14･１･17） 告示によって二項道路の指定の効果が生じるので、その敷地所有者は道路内の建築等が制限され、私道の変更または廃止が制限される等の具体的な私権の制限を受けることになる。したがって、特定行政庁による二項道路の指定は、それが一括指定の方法でされた場合であっても、個別の土地についてその本来的な効果として具体的な私権制限を発生させるものであり、個人の権利義務に対して直接影響を与えるものである。よって、処分にあたる。	○
市の設置する特定の保育所を廃止する条例制定行為（最判平21･11･26） 本件条例は、他に行政庁の処分を待つことなく、その施行により各保育所廃止の効果を発生させ、当該保育所に現に入所中の児童及びその保護者という限られた特定の者らに対して、直接、保育所において保育を受けることを期待し得る法的地位を奪う結果を生じさせるものであるから、その制定行為は、行政庁の処分と実質的に同視し得るものということができる。よって、処分にあたる。	○
労働基準監督署長が労働者災害補償保険法23条に基づいて行う労災就学援護費の支給に関する決定（最判平15･９･４） 労働基準監督署長の支給決定によって初めて具体的な労災就学援護費の支給請求権を取得するものと言わなければならない。そうすると、労働基準監督署長の行う労災就学援護費の支給又は不支給の決定は、法を根拠とする優越的地位に基づいて一方的に行う公権力の行使であり、被災労働者又はその遺族の上記権利に直接影響を及ぼす法的効果を有するものである。よって、処分にあたる。	○
土壌汚染対策法３条２項による通知（最判平24・２・３） 土壌汚染対策法に基づく有害物質使用特定施設の使用が廃止された旨の通知は、通知を受けた土地の所有者等に調査及び報告の義務を生じさせ、その法的地位に直接的な影響を及ぼすものというべきであり、また、実効的な権利救済を図るという観点から見ても、当該通知がされた段階で、これを対象とする取消訴訟の提起が制限されるべき理由はない。よって、処分にあたる。	○

（2）原告適格

さて、上記のように処分性が認められたとしても、処分の取消しを求める者には「訴えの利益（広義）」がなければなりません。この訴えの利益（広義）は、誰が原告となれるのかという問題である「原告適格」と、当該処分が取り消されたときに現実に法律上の利益の回復が得られるのか（ひいては取消訴訟を継続する実益があるのか）という「狭義の訴えの利益」の問題とに分けられます。今回は「原告適格」を見ていきます。

訴えの利益（広義）

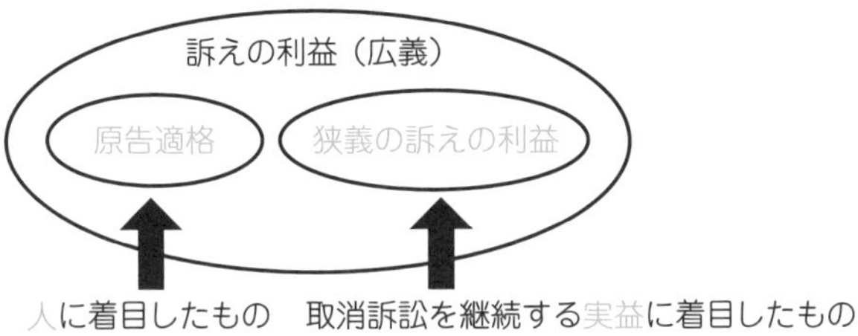

行政事件訴訟法

9条1項　処分の取消しの訴え及び裁決の取消しの訴え（以下「取消訴訟」という。）は、当該処分又は裁決の取消しを求めるにつき法律上の利益を有する者（処分又は裁決の効果が期間の経過その他の理由によりなくなつた後においてもなお処分又は裁決の取消しによつて回復すべき法律上の利益を有する者を含む。）に限り、提起することができる。

2項　裁判所は、処分又は裁決の相手方以外の者について前項に規定する法律上の利益の有無を判断するに当たつては、当該処分又は裁決の根拠となる法令の規定の文言のみによることなく、当該法令の趣旨及び目的並びに当該処分において考慮されるべき利益の内容及び性質を考慮するものとする。この場合において、当該法令の趣旨及び目的を考慮するに当たつては、当該法令と目的を共通にする関係法令があるときはその趣旨及び目的をも参酌するものとし、当該利益の内容及び性質を考慮するに当たつては、当該処分又は裁決がその根拠となる法令に違反してされた場合に害されることとなる利益の内容及び性質並びにこれが害される態様及び程度をも勘案するものとする。

9条1項は、処分の取消しを求めるにつき「法律上の利益」を有する者に限り、取消訴訟を提起することができるとして、原告適格を要求しています。

ちなみに9条2項は「法律上の利益」の有無を判断する際の考慮・勘案事項を規定しているよ。

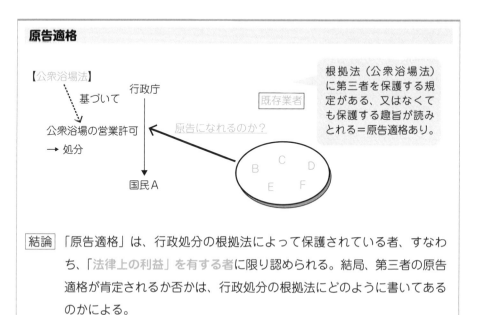

原告適格

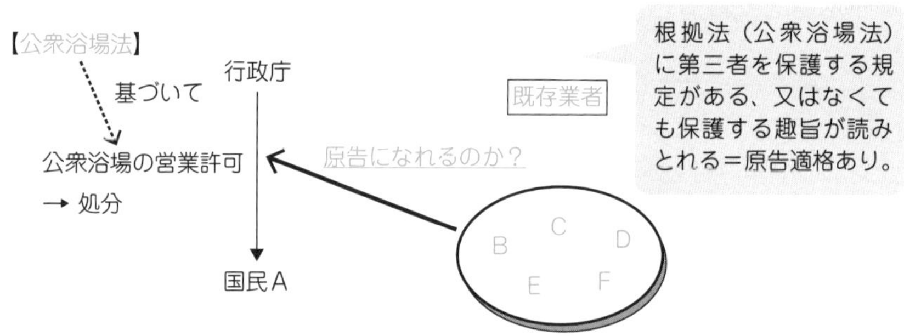

結論　「原告適格」は、行政処分の根拠法によって保護されている者、すなわち、「法律上の利益」を有する者に限り認められる。結局、第三者の原告適格が肯定されるか否かは、行政処分の根拠法にどのように書いてあるのかによる。

「原告適格」が問題となるのは、処分の名あて人ではありません。なぜなら、処分の名あて人に原告適格が認められるのは当然だからです。ここで問題となるのは、処分の名あて人以外の第三者（周辺住民や既存業者）に原告適格が認められるのかという点です。

行政庁は、行政処分の根拠法に基づいて処分を行うのですが（法律による行政）、このときに、当該根拠法に第三者を保護する規定があったり、保護規定という明文自体はなくても、当該法律全体の趣旨から第三者を保護することが読みとれたりすれば、その第三者は当該法律によって、利益を守られていることになります。このように処分の根拠法によって保護されている者のことを「法律上の利益」を有する者と表現します。つまり、取消訴訟の「原告適格」は、このような「法律上の利益」を有する者に限って認められることになります。

なお、この点は「無効等確認の訴え」「非申請型義務付け訴訟」「差止めの訴え」

でも同じです。ただ、不作為の違法確認の訴えや申請型義務付け訴訟などの原告適格は「申請をした者」に限られるので、それ以外の第三者が提起することはできません。

では、具体的にどのような者が「法律上の利益」を有する者にあたるのでしょうか？　この点については、判例を一つひとつ見ていかなければなりません。試験では、原告適格が認められる、認められないの結論部分しか問われないので、キーワードにピッキーン！と反応して結論を導き出せるようにしておきましょう。

原告適格まとめ（9条1項）

公式　処分の名あて人以外でも、処分を取り消すことにつき「法律上の利益」を有する者には原告適格が認められる。

（○…原告適格あり　×…原告適格なし）

根拠法	処分	原告	原告適格
①公衆浴場法（最判昭37・1・19）	公衆浴場の営業許可	既存業者	○ 適正な許可制度の運用によって保護されるべき業者の営業上の利益は、単なる事実上の反射的利益というにとどまらず公衆浴場法によって保護される法的利益である。
②森林法（最判昭57・9・9，長沼ナイキ事件）	保安林指定解除処分	周辺住民	○ 森林法の「直接の利害関係を有する者」は、保安林の指定が違法に解除され、それによって自己の利益を害された場合には、原告適格を有する。
③航空法（最判平元・2・17，新潟空港訴訟）	定期航空運送事業免許	周辺住民	○ 新たに付与された定期航空運送事業免許に係る路線の使用飛行場の周辺に居住していて、当該免許に係る事業が行われる結果、航空機の騒音によって社会通念上著しい障害を受けることとなる者は、原告適格を有する。

根拠法	処分	原告	原告適格
④ 原子炉等規制法（最判平4・9・22，もんじゅ原発訴訟）	原子炉設置許可処分	周辺住民	○ 原発の事故がもたらす災害等により直接的かつ重大な被害を受けるものと想定される地域内に居住する者は、原子炉設置許可処分の無効確認を求める訴訟において、「法律上の利益」を有する者に該当する。
⑤ 都市計画法（最判平9・1・28，急傾斜地マンション事件）	開発許可処分	周辺住民	○ 開発区域内の土地ががけ崩れのおそれが多い土地等にあたる場合には、がけ崩れ等による直接的な被害を受けることが予想される範囲の地域に居住する者は、開発許可の取消しを求めるにつき法律上の利益を有する。
⑥ 都市計画法（最大判平17・12・7，小田急電鉄高架化事件）	小田急の都市計画事業の認可（鉄道敷設事業）	沿線住民	○ 都市計画事業の事業地の周辺に居住する住民のうち当該事業が実施されることにより騒音、振動等による健康又は生活環境に係る著しい被害を直接的に受けるおそれのある者は、当該事業の認可の取消しを求めるにつき法律上の利益を有する。
⑦ 廃棄物処理法（最判平26・1・28）	一般廃棄物処理業の許可処分又は許可更新処分	既存業者	○ 市町村長から一定の区域につき既に廃棄物処理法７条に基づく一般廃棄物処理業の許可又はその更新を受けている者は、当該区域を対象として他の者に対してされた一般廃棄物処理業の許可処分又は許可更新処分について、その取消しを求めるにつき法律上の利益を有する者として、その取消訴訟における原告適格を有する。

根拠法	処分	原告	原告適格
⑧ 廃棄物処理法 （最判平26・7・29）	産業廃棄物処分業者に対して行った許可処分及び許可更新処分	周辺住民	○ 環境影響調査の対象地域の住民は、処分等により直接的に著しい損害を受けるおそれがある者として法律上の利益を有し、許可処分の無効確認等及び更新処分の取消しを求める原告適格が認められる。
⑨ 質屋営業法 （最判昭34・8・18，質屋訴訟）	新規営業許可	既存業者	× 質屋営業法は公益的見地から規制を定めるもので既存の質屋の権益保護を目的とするものではないので、既存の質屋が営業上いかに不利益を受けても、それは反射的利益の侵害に過ぎない。
⑩ 風俗営業等の規制及び業務の適正化等に関する法律 （最判平10・12・17）	風俗営業（パチンコ店）に対する営業許可	周辺住民	× 風俗営業適正化法１条の目的規定からは、一般的公益の保護に加えて個々人の個別的利益をも保護すべきものとする趣旨を含むことを読み取ることは困難である。
⑪ 地方鉄道法 （最判平元・4・13，近鉄特急訴訟）	特急料金改定の認可	周辺住民（近鉄特急の利用者）	× 地方鉄道法21条の趣旨は、もっぱら公益の利益を確保することにあるのであって、路線の周辺に居住する者であって通勤定期券を購入するなどしたうえ、日常同社が運行している特別急行旅客列車を利用しているとしても、認可処分の取消しを求める原告適格を有しない。
⑫ 文化財保護条例及び文化財保護法（最判平元・6・20，伊場遺跡訴訟）	史跡指定解除処分	学術研究者	× 本件条例及び法において、文化財の学術研究者の学問研究上の利益の保護について特段の配慮をしていると解しうる規定を見いだすことができない。

根拠法	処分	原告	原告適格
⑬ 医療法（最判平19・10・19）	新規の病院開設許可処分	医療法人、社会福祉法人、医師会（既存業者）	× 法の目的を定める1条及び医師等の責務を定める1条の4の規定からは、病院開設の許可に関する法の規定が他施設開設者の利益を保護すべきものとする趣旨を含むことを読み取ることはできず、そのほか、上告人らが本件開設許可の取消しを求める法律上の利益を有すると解すべき根拠を見いだせない。
⑭ 不当景品類及び不当表示防止法（景表法）（最判昭53・3・14, 主婦連ジュース訴訟）	ジュースの表示認定	一般消費者	× 景表法の規定により一般消費者が受ける利益は、公益の保護の結果として生ずる反射的な利益ないし事実上の利益であって、法律上保護された利益とは言えない。よって、一般消費者には不服申立人適格が認められない。 ※本判例は、不服申立ての事案なので、原告適格ではなく、不服申立人適格が問題となった。
⑮ 自転車競走法（最判平21・10・15）	場外車券発売施設の設置許可	ア． 周辺住民又は周辺で事業を営む者、医療施設等の利用者 イ． 周辺地域で医療施設等を開設する者	ア．→× イ．→○ 場外施設の周辺において居住し又は事業（医療施設等に係る事業を除く）を営むに過ぎない者や、医療施設等の利用者は、位置基準を根拠として場外施設の設置許可の取消しを求める原告適格を有しない。一方、当該場外施設の設置、運営に伴い著しい業務上の支障が生ずるおそれがあると位置的に認められる区域に医療施設等を開設する者は、位置基準を根拠として当該場外施設の設置許可の取消しを求める原告適格を有する。

根拠法	処分	原告	原告適格
⑯ 公有水面埋立法 (最判昭60・12・17,伊達火力訴訟)	公有水面埋立免許	漁業権者	× 公有水面の周辺の水面において漁業を営む権利を有するに過ぎない者は、本件埋立免許の法的効果として自己の権利利益を侵害され又は必然的に侵害されるおそれのある者ということができず、その取消しを求める原告適格を有していない。
⑰ 墓地、埋葬等に関する法律 (最判平12・3・17)	墓地の経営許可処分	墓地から300メートル以内の地域に居住する者(周辺住民)	× 法は、都道府県知事が、公益的見地から、墓地等の経営の許可に関する許否の判断を行うことを予定している。そして、法の規定自体が当該墓地等の周辺に居住する者個々人の個別的利益をも保護することを目的としているものとは解し難い。

PLAY! 理解度チェック

1. 供託官による供託物取戻請求の却下処分には、処分性が認められるか。

2. 関税定率法に基づき税関長が行う輸入禁制品該当の通知には、処分性が認められるか。

3. 都市計画法に基づく用途地域の指定には、処分性が認められるか。

4. 労働基準監督署長が労働者災害補償保険法23条に基づいて行う労災就学援護費の支給に関する決定には、処分性が認められるか。

1. 認められる。

2. 認められる。

3. 認められない。

4. 認められる。

5. 日本鉄道建設公団に対する運輸大臣の認可には、処分性が認められるか。	**5.** 認められない。
6. 建築基準法42条２項のみなし道路の一括指定には、処分性が認められるか。	**6.** 認められる。
7. 医療法30条の７の規定に基づく知事の病院開設中止の勧告には、処分性が認められるか。	**7.** 認められる。
8. 国有財産の払下げには、処分性が認められるか。	**8.** 認められない。
9. 公衆浴場の既存業者には、原告適格が認められるか。	**9.** 認められる。
10. 原子炉設置許可処分につき、一定の地域内に居住する者には原告適格が認められるか。	**10.** 認められる。
11. 定期航空運送事業免許につき、周辺住民であって、航空機の騒音によって社会通念上著しい障害を受けることとなる者には、原告適格が認められるか。	**11.** 認められる。
12. 都市計画事業の事業地の周辺に居住する住民のうち当該事業が実施されることにより騒音、振動等による健康又は生活環境に係る著しい被害を直接的に受けるおそれのある者には、当該事業の認可の取消しを求める原告適格が認められるか。	**12.** 認められる。

13． 特急料金改定の認可処分につき、鉄道利用者に原告適格は認められるか。

13．
認められない。

14． 公有水面埋立免許につき、漁業権を有する者に原告適格は認められるか。

14．
認められない。

15． 場外施設の周辺において居住し又は事業（医療施設等に係る事業を除く）を営むに過ぎない者や、医療施設等の利用者には、位置基準を根拠として場外車券発売施設の設置許可の取消しを求める原告適格が認められるか。

15．
認められない。

TRY! 本試験問題に挑戦

処分性に関するア～オの記述のうち、判例に照らし、妥当なもののみを全て挙げているのはどれか。　【国家総合職R1】

ア． 土壌汚染対策法に基づく有害物質使用特定施設が廃止された旨の通知は、通知を受けた土地の所有者等に調査及び報告の義務を生じさせ、その法的地位に直接的な影響を及ぼすものであり、また、実効的な権利救済を図るという観点から見ても、当該通知がされた段階で、これを対象とする取消訴訟の提起が制限されるべき理由はなく、抗告訴訟の対象となる行政処分に当たる。

ア．○
そのとおり。
通知には処分性が認められる。

イ． 源泉徴収による所得税割についての納税の告知は、滞納処分の不可欠の前提となるものであり、また、その性質は徴収処分であって、

イ．○
そのとおり。
納税の告知には処分性が認められる。

確定した税額がいくばくであるかについての税務署長の意見が初めて公にされるものであるから、支払者がこれと意見を異にするときは、当該納税による所得税の徴収を防止するため、当該告知に対して抗告訴訟をもなし得るものと解すべきであり、抗告訴訟の対象となる行政処分に当たる。

ウ. 都市計画法に基づく用途地域指定の決定は、当該決定が告示されて効力を生ずると、当該地域内においては、従前と異なる基準が適用され、その基準に適合しない建築物については建築確認を受けることができず、ひいてはその建築等をすることができないこととなるから、当該地域内の土地所有者等に建築基準法上新たな制約を課し、その限度で一定の法状態の変動を生ぜしめるものであるということができるため、抗告訴訟の対象となる行政処分に当たる。

ウ. ×
用途地域指定の決定は、法令を制定した場合におけるのと同様の当該地域内の不特定多数の者に対する一般的抽象的効果しか有しないため、処分性が認められない。

エ. 市の設置する特定の保育所を廃止することのみを内容とする条例の制定行為は、およそ児童及びその保護者は保育の実施期間が満了するまでの間、保育所における保育を受けることを期待し得る法的地位を有するとはいえない以上、行政庁の処分と実質的に同視し得るとまではいえないが、他に行政庁の処分を待つことなく、その施行による保育所廃止の効果を発生させることとなるため、抗告訴訟の対象となる行政処分に当たる。

エ. ×
条例の制定行為は、行政庁の処分と実質的に同視し得るものということができるとするのが判例である。

オ. 国有普通財産である土地の払下げは、売渡申請書の提出及びこれに対する払下許可の形式をとっており、当該土地上に私法上の権利を有する私人の権利義務に変動をもたらす効果が法律上認められているものということができるため、抗告訴訟の対象となる行政処分に当たる。

オ．×
私法上の売買契約に過ぎないため、処分性が認められない。

1．ア、イ　2．ア、エ　3．イ、ウ　4．ウ、オ　5．エ、オ

正答　1

TRY! 本試験問題に挑戦

処分性に関するア～オの記述のうち、判例に照らし、妥当なもののみをすべて挙げているのはどれか。【国家総合職H28】

ア. 供託官が供託金取戻請求を理由がないと認めて却下した行為は、金銭債務の弁済供託事務が大量で、確実かつ迅速な処理を要する関係上、法律秩序の維持のため国家機関である供託官に供託事務を取り扱わせることとしていることにかんがみると、当該却下行為について特別の不服審査手続を設けているかどうかにかかわらず、抗告訴訟の対象となる行政処分にあたる。

ア．×
判例は、供託官の却下処分に対して特別の不服審査手続を設けていることを、行政処分にあたる理由としている。

イ. 特定行政庁の指定により幅員が狭い一定の道を道路とみなす建築基準法第42条第２項の規定に基づき、告示により一定の条件に合致する道を一括して指定する行為は、特定の土地について個別具体的に指定をするものではなく、当該指定自体によって直ちに私権制限が生じるものではないため、抗告訴訟の対象となる行政処分にあたらない。

イ. ×
判例によると、特定行政庁による二項道路の指定は、それが一括指定の方法でされた場合であっても、個別の土地についてその本来的な効果として具体的な私権制限を発生させるものであるため、抗告訴訟の対象となる行政処分にあたる。

ウ. 市町村が施行する第２種市街地再開発事業計画の決定は、その公告の日から、土地収用法上の事業の認定と同一の法律効果を生ずるものであり、また、都市再開発法上、施行区域内の宅地所有者は、契約又は収用により市町村に取得される当該宅地につき、一定期間内にその対償の払渡しを受けるか又はこれに代えて建築施設の部分の譲受け希望の申出をするかの選択を余儀なくされることから、抗告訴訟の対象となる行政処分にあたる。

ウ. ○
そのとおり。
判例は、公告があった日から起算して30日以内に、その対償の払渡しを受けるか、これに代えて建築施設の部分の譲受けを希望するかの選択に迫られる点を強調している。

エ. 市町村が経営する簡易水道事業に係る条例所定の水道料金を改定する条例の制定行為は、同条例が当該水道料金を一般的に改定するものであって、限られた特定の者に対してのみ適用されるものではなく、当該制定行為をもって行政庁が法の執行として行う処分と実質的に同視することはできないという事情の下では、抗告訴訟の対象となる行政処分にあたらない。

エ. ○
そのとおり。
特定の保育所を廃止することのみを内容とする条例制定行為には処分性が認められることと区別しよう。

オ. 食品衛生法（平成15年法律第55号による改正前のもの）の規定に基づき、検疫所長が同法所定の食品等の輸入の届出をした者に対して行う当該食品等が同法に違反する旨の通知は、食品等を輸入しようとする者のとるべき措置を事実上指導するものに過ぎず、当該食品等につき、税関長による輸入許可が与えられないという法的効果を有するものではないから、抗告訴訟の対象となる行政処分にあたらない。

オ. ×
判例は、食品等の輸入許可を受けることができなくなるという法的効果をもたらすため、抗告訴訟の対象となる行政処分にあたるとしている。

1．ア、イ　2．ア、エ　3．イ、オ　4．ウ、エ　5．ウ、オ

正答　4

TRY! 本試験問題に挑戦

抗告訴訟の原告適格等に関する次の記述のうち、判例に照らし、妥当なのはどれか。
【国税専門官H25】

1. 原子炉設置許可申請に係る原子炉の周辺に居住する住民が、当該許可を受けた者に対する原子炉の建設・運転の民事差止訴訟とともに、原子炉設置許可処分の無効確認訴訟を提起している場合、民事差止訴訟の方がより有効かつ適切な紛争解決方法であると認められることから、当該周辺住民には、無効確認訴訟の原告適格は認められない。

1．×
当該周辺住民には、無効確認訴訟の原告適格が認められる。

2. 都市計画事業の認可の取消訴訟において、都市計画法は、騒音、振動等によって健康又は生活環境に係る著しい被害を直接的に受けるおそれのある個々の住民に対して、そのような被害を受けないという利益を個々人の個別的利益としても保護すべきものとする趣旨を含むと解されることから、都市計画事業の事業地の周辺に居住する住民のうち、同事業の実施により騒音、振動等による健康又は生活環境に係る著しい被害を直接的に受けるおそれのある者は、当該認可の取消しを求めるにつき法律上の利益を有し、原告適格が認められる。

2．○
そのとおり。
被害を直接的に受けるおそれのある個々の住民についてという限定付きである点に注意しよう。

3. 県が行った史跡指定解除処分の取消訴訟において、文化財享有権を憲法第13条等に基づく法律上の具体的権利とは認めることはできないものの、当該史跡を研究対象としてきた学術研究者は、文化財保護法の趣旨及び目的に照らせば、個々の県民あるいは国民から文化財の保護を信託されたものとして、当該解除処分の取消しを求めるにつき法律上の利益を有し、原告適格が認められる。

3．×
学術研究者は、史跡指定解除処分の取消しを求めるにつき法律上の利益を有しないので、原告適格が認められない。

4．風俗営業の許可について、風俗営業等の規制及び業務の適正化等に関する法律は、善良な風俗と清浄な風俗環境を保持し、及び少年の健全な育成に障害を及ぼす行為を防止することを目的としており、風俗営業の許可に関する規定は一般的公益の保護に加えて個々人の個別的利益をも保護していると解されることから、住居集合地域として風俗営業規制地域に指定されている地域に居住する者は、同地域における風俗営業の許可の取消しを求めるにつき法律上の利益を有し、原告適格が認められる。

4．×
住居集合地域として風俗営業規制地域に指定されている地域に居住する者は、同地域における風俗営業の許可の取消しを求めるにつき法律上の利益を有しないため、原告適格が認められない。

5．不当景品類及び不当表示防止法に基づく、商品表示に関する公正競争規約の認定について、一般消費者の個々の利益は、同法による公益の保護の結果として保護されるべきものであり、原則として一般消費者に不服申立人適格は認められないが、著しく誤認を招きやすい認定については、自己の権利若しくは法律上保護された利益を侵害され又は必然的に侵害されるおそれがあることから、一般消費者にも不服申立人適格が認められる。

5．×
どのみち一般消費者が受ける利益は、公益の保護の結果として生ずる反射的な利益ないし事実上の利益なので、法律上保護された利益とは言えない。よって、一般消費者には不服申立人適格が認められない。

正答　2

君は原告に
なれないって
言われた…
どうしよう…

24 行政事件訴訟法（3）

重要度
★★★
頻出度
★★★

今回も引き続き訴訟要件を見ていく。覚えることがたくさんあるので、焦らずに進もう。「狭義の訴えの利益」が一番大切なテーマである。

1 狭義の訴えの利益

「**狭義の訴えの利益**」とは、取消訴訟を継続する実益のことを言います。処分又は裁決の効果が期間の経過その他の理由によりなくなった後であっても処分又は裁決の取消しによって「**回復すべき法律上の利益**」を有するときには狭義の訴えの利益があるとされます。例えば、労働者の祭典であるメーデー（5月1日）に使いたいからという理由で、皇居外苑の使用を申請したところ、それが不許可となってしまったとしましょう。これに不服がある！ ということで不許可処分の取消訴訟を提起したのですが、これを争っている途中で5月1日を経過してしまいました。さて、この場合果たして取消訴訟を継続する実益はあるのでしょうか？ 多分、ないでしょうね。取消判決が出されても「もう遅いよ～」ということになってしまうので、このように取消訴訟を継続する実益がないときには、「狭義の訴えの利益」がないということで却下されてしまいます。

さて、ここで狭義の訴えの利益が問題となった判例を紹介します。「処分性」や「原告適格」に比べると、覚えるべき判例は少ないので、深呼吸をし、気合を入れて覚えてみてください。

訴えの利益（広義）の中に原告適格と狭義の訴えの利益があったことは覚えているかな？

狭義の訴えの利益まとめ

公式	処分又は裁決の効果が期間の経過その他の理由によりなくなった後においても処分又は裁決の取消しによって「**回復すべき法律上の利益**」を有するときには狭義の訴えの利益がある（9条1項かっこ書）。

（○：存続　×：消滅）

取消しの対象となる処分	その後の事情変化	狭義の訴えの利益
① 保安林の指定解除処分（最判昭57・9・9,長沼ナイキ訴訟）	保安林指定解除処分の取消しを争っていたら、代替施設の整備により洪水や渇水の危険がなくなった。	×消滅 （代替措置がとられた以上取消しは無意味） ※本判例は、処分性を肯定し、原告適格も肯定したが、狭義の訴えの利益を欠くとして却下した。
② 皇居外苑使用不許可処分（最大判昭28・12・23）	その後5月1日のメーデーの期日が経過した。	×消滅 （5月1日というメーデーの期日を経過した以上取消しは無意味）
③ 生活保護の変更決定（最大判昭42・5・24,朝日訴訟）	その後受給者が死亡した。	×消滅 （生活保護受給権は一身専属的な権利なので相続の対象とはならず取消しは無意味）
④ 運転免許停止処分（最判昭55・11・25）	処分後無違反・無処分で1年が経過。	×消滅 （原処分の日から満1年間、無違反・無処分で経過した以上、その期間の経過によって原処分の法的効果は一切消滅したと言える。よって、再び運転できるようになったのだから原処分を取り消しても無意味である。また、本件処分の記載のある免許証を所持することにより名誉、感情、信用等を損なう可能性があるが、これは本件処分のもたらす事実上の効果に過ぎない）
⑤ 運転免許取消処分（最判昭40・8・2）	訴訟係属中に免許証の有効期間を経過。	○存続 （取消しを受ければ免許の更新が認められるから）

取消しの対象となる処分	その後の事情変化	狭義の訴えの利益
⑥ 一般運転者のままの更新処分 （最判平21・2・27）	自動車運転免許証の更新の際に、一般運転者として扱われ、優良運転者である旨の記載のない免許証を交付されて更新処分を受けた。	○存続 （確かに、免許証の有効期間には差異はない。しかし、道路交通法は、優良運転者に対して更新手続上の優遇措置を講じているので、優良運転者である旨の記載がある免許証を交付して更新処分を受ける法律上の利益がある）
⑦ 特定の保育所を廃止する旨の条例制定行為（最判平21・11・26）	保育の実施期間がすべて満了した。	×消滅 （特定の保育所の廃止を目的とした条例制定行為は、処分性があるものの、訴えを提起した者の児童に関し、保育の実施期間がすべて満了した場合には、条例制定行為の取消しを求める訴えの利益は失われる）
⑧ 建築確認（最判昭59・10・26）	工事完了	×消滅 （建築物の工事が完了した以上取消しは無意味。建築確認は、それを受けなければ工事をすることができないという法的効果を付与されているに過ぎない）
⑨ 市街化区域内における開発許可（最判平５・９・10）	工事完了、検査済証交付	×消滅 （工事が完了し、検査済証も交付された後においては、開発許可の有する法的効果は消滅する）
⑩ 市街化調整区域内における開発許可（最判平27・12・14）	工事完了、検査済証交付	○存続 （市街化調整区域においては、開発許可がなされ、その効力を前提とする検査済証が交付されて工事完了公告がなされることにより、予定建築物の建築が可能となるという法的効果が生じる。よって、検査済証が交付されてもなお開発許可の効力を否定する利益は残存する）

取消しの対象となる処分	その後の事情変化	狭義の訴えの利益
⑪ 土地改良事業の施行認可処分 （最判平４・１・24）	工事完了、換地処分	○存続 （換地処分は事業認可が有効であることが条件だから取消しの意味がある。工事完了の事情は、行政事件訴訟法31条の事情判決の適用に関して考慮されるべき事柄である）
⑫ 公務員の免職処分	ア. 公職への立候補 （最大判昭40・４・28） イ. 公務員の死亡（最判昭49・12・10）	○存続 （免職処分から立候補までに生じたはずの給料請求権を争う利益はなお残存する） ○存続 （給料請求権は一身専属的な権利ではないので、当該免職処分の取消しを求める訴えの利益は失われず、当該公務員の相続人が訴訟を承継する）
⑬ 税務署長の更正処分（最判昭55・11・20）	その後増額再更正処分がなされた。	×消滅 （増額再更正処分は当初の更正処分を取り消したうえでなされる新たな処分である。したがって、当初の更正処分を争う訴えの利益はなくなる）
⑭ 国家公務員に対する懲戒処分 （最判昭62・４・21）	その後人事院が修正裁決をした。	○存続 （修正裁決がなされたからといって当初の懲戒処分の違法性は変わらない。したがって、当初の懲戒処分は懲戒権の発動に基づく懲戒処分としてなお存続するので、これを争う訴えの利益はなくならない）
⑮ 再入国の不許可処分（最判平10・４・10）	再入国の許可を受けないまま日本から出国。	×消滅 （それまで有していた在留資格は消滅し、不許可処分が取り消されても、従前の在留資格のままで再入国することを認める余地はなくなる。つまり、出国した以上取り消す意味なし）

取消しの対象となる処分	その後の事情変化	狭義の訴えの利益
⑯ 公文書の非公開決定（最判平14・2・28）	取消訴訟の係属中に、当該公文書が書証として提出された。	○存続 （公文書の非公開決定の取消訴訟において、当該公文書が書証として提出された場合であっても、非公開決定の取消しを求める訴えの利益は消滅しない）
⑰ 放送免許処分（最判昭43・12・24，東京12チャンネル事件）	当初の免許期間が満了し、競願者が再免許を受けた。	○存続 （Aが、B（競願者）に対する免許処分の取消しを請求する場合及び自己に対する拒否処分の取消しを請求する場合において、当該免許期間が満了しても、Bが「再免許」を受けて免許事業を継続しているときは、Aの提起した訴訟の利益は失われない）

2 被告適格

「被告適格」とは、取消訴訟において誰が被告となるのか？ という問題です。原告適格の逆の概念です。これも訴訟要件なので、もし被告を間違えてしまうと却下されてしまいます。面倒ですが、原則、例外、さらにその例外という流れで押さえましょう。

①処分又は裁決をした行政庁が国又は公共団体に所属する場合（原則） →当該処分又は裁決をした行政庁の所属する国又は公共団体（11条１項）。
②処分又は裁決をした行政庁が国又は公共団体に所属しない場合（例外） →当該処分又は裁決をした当該行政庁を被告として提起しなければならない（11条２項）。
③被告とすべき国若しくは公共団体又は行政庁がない場合（さらにその例外） →当該処分又は裁決に係る事務の帰属する国又は公共団体（11条３項）。

まずは、原則形態の①を押さえるとよいと思います。被告となるのは原則として「国又は公共団体」です。つまり、行政主体が被告になるという考え方（行政主体説）をとっているわけですね。

3 管轄

「管轄」とは、どこの裁判所で訴訟を提起するのかという問題です。これは場所の問題ですね。もちろん管轄も訴訟要件なので、管轄権のない裁判所に訴えを提起してもやはりダメです。ここでは試験で問われるものだけを説明していきます。

まず、取消訴訟は、被告の所在地を管轄する裁判所又は処分若しくは裁決をした行政庁の所在地を管轄する裁判所の管轄に属します（12条１項）。また、取消訴訟は、当該処分又は裁決に関し事案の処理にあたった下級行政機関の所在地の裁判所にも、提起することができます（12条３項）。ここで分かるのは、原告側の所在地を管轄する裁判所では提起できないということです。これは意外と不便ですよね。

そこで、国や独立行政法人などを被告とする訴えは、原告の普通裁判籍の所在地を管轄する高等裁判所の所在地を管轄する地方裁判所（特定管轄裁判所）にも、提起することができるということになっています（12条４項）。例えば、山形県在住の者が、国を被告として訴訟を提起しようとする場合には、山形県を管轄する高等裁判所、すなわち仙台高等裁判所の所在地を管轄する地方裁判所＝仙台地方裁判所に提起することができるのです。

4 出訴期間

「出訴期間」とは、行政庁の処分又は裁決の取消訴訟を提起できる期間を言います。取消訴訟は、法律関係の早期安定の見地から出訴期間が制限されているのです。出訴期間を経過すると講学上の「不可争力」が生じます。

取消訴訟は、処分又は裁決があったことを知った日から６か月を経過してしまうと、提起することができません。「知った日」という主観を基準にした出訴期間なので、「主観的出訴期間」と呼びます。ただし、正当な理由があるときは、例外的に６か月を経過していても提起することができますので、この６か月という期間は不変期間ではありません（14条１項）。なお、ここにいう「処

出訴期間の期間の長さをどのように定めるかは立法者の裁量に任されているが、その期間が著しく不合理で実質上裁判の拒否と認められるような場合は、憲法32条に違反するおそれがある（最大判昭24・5・18）。

行政庁が職権取消しをすることは出訴期間うんぬんにかかわらず可能だよ。

分又は裁決があったことを知った日」とは、処分又は裁決の存在を現実に知った日を言い（最判昭27・11・20）、抽象的に知り得べかりし日を意味するものではありません。もっとも、処分を記載した書類が送達されれば、反証のない限り、その処分があったことを知ったものと推定されます。つまり、必ずしも現実の了知は必要ないということですね。

反証とは、反対の証拠を挙げて推定を覆すことを言うよ。

また、取消訴訟は、処分又は裁決の日から１年を経過したときにも、提起することができなくなります。これを「処分又は裁決の日」という客観的な日を基準としているので、「客観的出訴期間」と呼びます。ただし、正当な理由があるときは、例外的に１年を経過していても提起することができます（14条２項）。これも同じく不変期間ではありません。このように、主観的出訴期間も客観的出訴期間も「正当な理由」があれば延長されるので、ともに不変期間ではないという点には注意を要します。

なお、最初の訴えを取り下げて、新しい訴えを提起する「訴えの変更」についての出訴期間は、原則として訴えの変更時（新しい訴えを提起した時）を基準として決めることになります。ただし、変更前と変更後の訴え相互間に実質的な同一性・類似性が認められるような特段の事情があるときは、最初の訴えの段階で出訴期間を充たしていれば足ります。

PLAY! 理解度チェック

1. 処分又は裁決の効果が期間の経過その他の理由によりなくなった後においても処分又は裁決の取消しによって（　　　　　　）を有するときには狭義の訴えの利益が認められる。

2. 保安林指定解除処分の取消訴訟係属中に、代替施設が整備されたときは、狭義の訴えの利益は消滅するのか。

1.
回復すべき法律上の利益

2.
消滅する。

3. 自動車運転免許証の更新の際に、一般運転者として扱われ、優良運転者である旨の記載のない免許証を交付されて更新処分を受けた。このとき狭義の訴えの利益は消滅するのか。	**3.** 消滅しない。
4. 特定の保育所を廃止する旨の条例制定行為を争っていたところ、保育実施期間がすべて満了したときは、狭義の訴えの利益は消滅するのか。	**4.** 消滅する。
5. 建築確認を争っていたところ工事が完了してしまった。このとき狭義の訴えの利益は消滅するのか。	**5.** 消滅する。
6. 処分又は裁決をした行政庁が国又は公共団体に所属する場合、被告は誰になるのか。	**6.** 当該処分又は裁決をした行政庁の所属する国又は公共団体。
7. 国や独立行政法人などを被告とする訴えは、特定管轄裁判所においても提起することができる。ここに言う特定管轄裁判所とは何か。	**7.** 原告の普通裁判籍の所在地を管轄する高等裁判所の所在地を管轄する地方裁判所。
8. 取消訴訟の「主観的出訴期間」は？　また、これは不変期間か？	**8.** 処分又は裁決があったことを知った日から６か月。不変期間ではない。

TRY! 本試験問題に挑戦

行政事件訴訟法に規定する取消訴訟における原告適格に関するA～Dの記述のうち、最高裁判所の判例に照らして、妥当なものを選んだ組合せはどれか。

【特別区R1】

A. 免職された公務員が、免職処分の取消訴訟係属中に公職の選挙の候補者として届出をしたため、法律上その職を辞したものとみなされるに至った場合、当該免職処分が取り消されたとしても公務員たる地位を回復することはできないが、違法な免職処分がなければ公務員として有するはずであった給料請求権その他の権利、利益が害されたままになっているという不利益状態の存在する余地がある以上、なお当該免職処分の取消しを求める訴えの利益を有するとした。

A. ○
そのとおり。
給料請求権を争う利益はなお残存する。

B. 自動車運転免許の効力停止処分を受けた者は、免許の効力停止期間を経過し、かつ、当該処分の日から無違反・無処分で1年を経過したときであっても、当該処分の記載のある免許証を所持することにより警察官に処分の存した事実を覚知され、名誉、感情、信用を損なう可能性が常時継続して存在するのであるから、当該処分の取消しによって回復すべき法律上の利益を有するとした。

B. ×
回復すべき法律上の利益を有しないとした。

C. 建築確認は、建築基準法の建築物の建築等の工事が着手される前に、当該建築物の計画が建築関係規定に適合していることを公権的に判断する行為であって、それを受けなければ当該工事をすることができないという法的効果が付与されているにすぎないものというべきであるから、当該工事が完了した場合においては、建築確認の取消しを求める訴えの利益は失われるとした。

C. ○
そのとおり。
工事完了により訴えの利益は消滅する。

D. 町営の土地改良事業の工事がすべて完了し、当該事業施行認可処分に係る事業施行地域を原状に回復することが物理的に全く不可能とまでいうことはできないとしても、その社会的、経済的損失を考えると、社会通念上、法的に不可能である場合には、もはや違法状態を除去することはできないから、当該認可処分の取消しを求める法律上の利益は消滅するとした。

D. ×
取消しを求める法律上の利益は消滅しないとした。

1．A、B　2．A、C　3．A、D　4．B、C　5．B、D

正答　2

TRY! 本試験問題に挑戦

行政事件訴訟法に規定する取消訴訟に関する記述として、妥当なのはどれか。

【特別区H30】

1. 取消訴訟は、被告の普通裁判籍の所在地を管轄する裁判所又は処分若しくは裁決をした行政庁の所在地を管轄する裁判所の管轄に属するが、国を被告とする取消訴訟は、原告の普通裁判籍の所在地を管轄する高等裁判所の所在地を管轄する地方裁判所にも提起することができる。

1．○
そのとおり。
いわゆる「特定管轄裁判所」にも提起することができる。

2. 取消訴訟は、主観的出訴期間である処分又は裁決があったことを知った日から6か月を経過したときであっても、正当な理由があれば提起することができるが、客観的出訴期間である処分又は裁決があった日から1年を経過したときは、いかなる場合であっても提起することができない。

2．×
客観的出訴期間についても同様に、期間経過後も正当な理由があれば提起することができる。

3. 裁判所は、取消訴訟の審理において必要があると認めるときは、職権で、証拠調べをすることができるが、その証拠調べの結果については、裁判所の専断であるため、当事者の意見をきく必要はない。

3．×
後で勉強するので（25章）、今のところは気にする必要がないが、当事者の意見をきく必要がある。

4. 裁判所は、取消訴訟の結果により権利を害される第三者があるときは、当事者又はその第三者の申立てにより、その第三者を訴訟に参加させることができるが、当該裁判所の職権で、その第三者を訴訟に参加させることはできない。

> 4. ×
> これも後で勉強するので(25章)、今のところ気にする必要はないが、当該裁判所の職権で、その第三者を訴訟に参加させることもできる。

5. 処分又は裁決をした行政庁が国又は公共団体に所属する場合には、処分の取消訴訟は、当該処分をした行政庁を被告として提起しなければならないが、裁決の取消訴訟は、当該裁決をした行政庁の所属する国又は公共団体を被告として提起しなければならない。

> 5. ×
> 処分の取消訴訟は、当該処分をした行政庁の所属する国又は公共団体を被告として提起しなければならない。

正答 1

25 行政事件訴訟法(4)

重要度
★★☆
頻出度
★★☆

今回は取消訴訟の執行停止、判決、その他の論点を一気に見ていく。受験生が手を抜く(?)テーマなので、人に差をつけるつもりで挑もう。

1 執行停止(取消訴訟における仮の救済)

行政事件訴訟法では、処分の取消しの訴えの提起は、処分の効力、処分の執行又は手続の続行を妨げないとされています(25条1項)。これを「執行不停止の原則」と言います。ただ、この執行不停止の原則を厳格に貫くと、訴訟の係属中に処分の執行がなされてしまい、後で本案訴訟で勝訴しても、もはや原告の権利利益の救済が図れなくなるケースが出てきてしまいます。そこで、例外的に執行停止の制度が用意されています。

なお、行政庁の処分その他公権力の行使にあたる行為については、民事保全法に規定する仮処分をすることはできないよ(44条)。

執行停止

原則 執行不停止

例外 執行停止

行政事件訴訟法の執行停止は、行政不服審査法とは異なり要件が厳しい。なぜなら、「裁判所」が執行を停止するということは、本来中立・公平であるはずの裁判所が、原告側に肩入れすることを意味するからだ。

〈要件〉

①原告の申立て(職権×)

②本案訴訟が係属していること

③処分、処分の執行又は手続の続行により生ずる重大な損害を避けるため緊急の必要があるときであること

④公共の福祉に重大な影響を及ぼすおそれがあるときでないこと(消極要件)※

⑤本案について理由がないとみえるときでないこと(勝訴の見込みが少しでもあること)(消極要件)※

弁護士に対する業務停止3か月の懲戒処分について、懲戒処分による社会的信用の低下、業務上の信頼関係の毀損等の損害は、「重大な損害」にあたる(最決平19・12・18)。

※④⑤は消極要件なので、その主張・疎明の責任は被申立人側(被告である国又は公共団体の側)が負う。

まず、処分の取消しの訴えの提起があった場合において、処分、処分の執行又は手続の続行により生ずる重大な損害を避けるため緊急の必要があるときは、裁判所は、申立てにより、決定をもって、処分の効力、処分の執行又は手続の続行の全部又は一部の停止（執行停止）をすることができます。ただし、「処分の効力の停止」は、処分の執行又は手続の続行の停止によって目的を達することができる場合には、することができません。この「処分の効力の停止」は、執行停止の種類の中で最も強力な処置であるため、最後の手段にしてほしいというわけです（25条２項ただし書、補充性）。この裁判所の決定は、申立人の疎明に基づいてします（25条５項）。また、決定は口頭弁論を経ないですることができるのですが、あらかじめ、当事者の意見をきかなければなりません（25条６項）。なお、執行停止の決定は、処分を取り消したわけではないので、将来効しか有しないと解されています。つまり、遡及効はありません。

「疎明」とは、一応確からしいという心証を生じさせることを言うよ。証明よりは程度が低くていいんだ。

執行停止の決定が確定した後に、執行停止の理由が消滅し、その他事情が変更したときは、裁判所は、相手方である行政側の申立てにより、決定をもって、執行停止の決定を取り消すことができます（26条１項）。

なお、上記執行停止又はその決定の取消しの申立てをする管轄裁判所は、本案の係属する裁判所です（28条）。なぜなら、執行停止は本案訴訟の付随手続だからです。そして、このような執行停止の決定又はこれを取り消す決定は、第三者に対しても効力を有します（32条２項）。これを「第三者効」ないし「対世効」と呼びます。

あと、執行停止の決定は、処分をした行政庁その他の関係行政庁を拘束するんだよ（33条4項）。

2 内閣総理大臣の異議

原告から執行停止の申立てがあった場合、内閣総理大臣は、裁判所に対し、執行停止の決定の前後を問わず、異議を述べることができます（27条１項）。これを「内閣総理大臣の異議」と呼びます。裁判所に対して「その執行停止はやめいっ！」と内閣総理大臣がちょっかいを出すことができるというわけです。これは普通に考えれば司法権に対する行政権の干渉ですね。でも、行政事件訴訟法はこれを制度として認めてしまっているのです。ここで注意してほしいのは、内閣総理大臣は、裁判所が執行停止の決定をする前であろうがした後であろうが異議を述べることができるという点です。ただし、これら２つの異議はその効果が異なるので、次の図で見てみましょう。

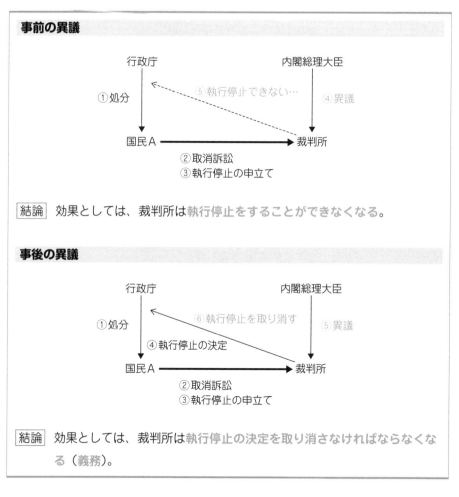

事前の異議

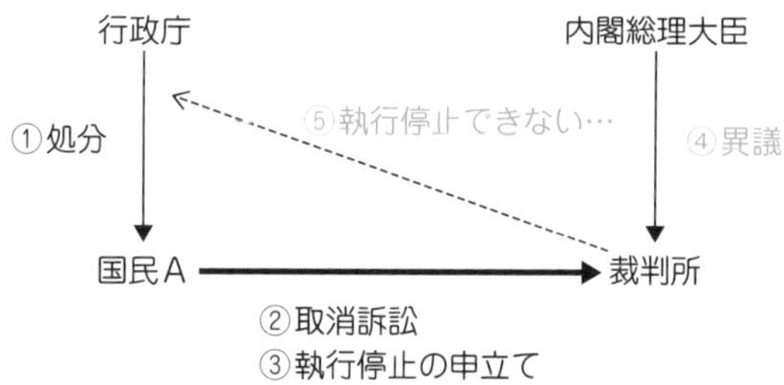

結論　効果としては、裁判所は**執行停止をすることができなくなる**。

事後の異議

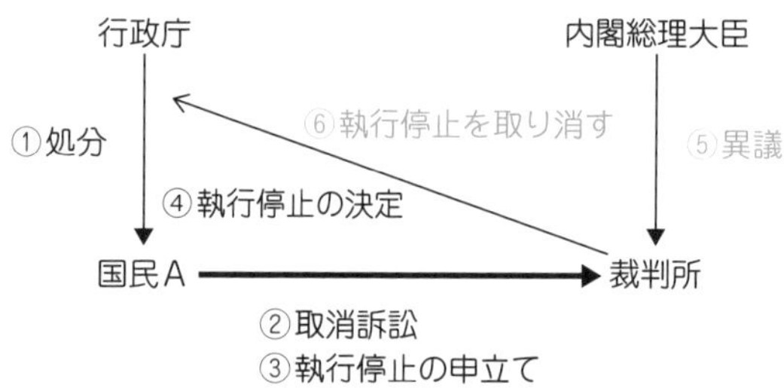

結論　効果としては、裁判所は**執行停止の決定を取り消さなければならなくなる（義務）**。

分かりましたか？　執行停止の決定前に異議を述べたケースであれば、裁判所としては執行停止ができなくなります。一方、執行停止の決定後に異議を述べたケースであれば、裁判所としては執行停止の決定を取り消さなければなりません。このように異議を述べたときの効果が異なるのです。

内閣総理大臣の異議は、司法権に対する行政権の干渉ですから、なるべく抑制的であるべきです。そこで、内閣総理大臣は、異議に理由を附さなければなりません(27条2項)。また、その理由においては、内閣総理大臣は、処分の効力を存続し、処分を執行し、又は手続を続行しなければ、公共の福祉に重大な影響を及ぼすおそれのある事情を示すものとされています(27条3項)。ただ、裁判所はその理由の当否を審査判断する権能を有していませんので、実際のところ理由は付いていれば足りるという感じになってしまっています。

そして、内閣総理大臣は、やむを得ない場合でなければ、異議を述べてはならず、異議を述べたときは、次の常会において国会にこれを報告しなければなりません(27条6項)。

承諾を得る必要まではないので注意しよう。

3 判決

(1) 判決の種類

却下判決	訴訟要件を欠き不適法である場合に出される判決
棄却判決	原告の請求に理由がないとして請求を斥ける判決
認容判決	原告の請求に理由があるとして請求を認める判決(取消訴訟の場合は処分や裁決を取り消すので「取消判決※」と呼ぶ)
事情判決	判決の主文において当該処分又は裁決が違法であることが宣言されるが、原告の請求自体は棄却する判決 →取消訴訟については、処分又は裁決が違法ではあるが、これを取り消すことにより公の利益に著しい障害を生ずる場合において、原告の受ける損害の程度、その損害の賠償又は防止の程度及び方法その他一切の事情を考慮したうえ、処分又は裁決を取り消すことが公共の福祉に適合しないと認めるときは、裁判所は、請求を棄却することができる。この場合には、当該判決の主文において、処分又は裁決が違法であることを宣言しなければならない(31条1項)。

※判例には、土地課税台帳等に登録された基準年度の土地の価格についての審査決定の取消訴訟において、審査決定を取り消す場合には、当該審査決定を全部取り消すのではなく、適正な時価等を超える部分のみ(つまり一部のみ)取り消せばよいとしたものがある(最判平17・7・11)。よって、取消判決では必ずしも処分の全部が取り消されるとは限らない。

（2）判決の効力

①既判力

「既判力」とは、裁判所の判断した事項が裁判で確定したときは、当事者間で再び当該事項を争うことができなくなるという効力です。紛争の蒸し返しを防止する趣旨から認められる一般的な効力です。

②形成力

「形成力」とは、取消判決（認容判決）があった場合、当該処分の効力は、処分庁の取消しを待つことなく、遡及的に消滅し、はじめから当該処分が行われなかったのと同様に扱われる効力です。試験的には、取消判決が出た後に行政庁が自ら職権取消しをしなければならないわけではないという点が大切です。行政庁が何もしなくても当然に遡って処分がなかったことになる、これが形成力です。

③第三者効（対世効）

「第三者効」とは、取消判決（認容判決）の形成力が第三者にも及ぶという効力です（32条１項）。行政的な法律関係を一律に処理し、法的安定性を確保する趣旨で認められています。

形成力の拡張と考えるわけだから、形成力とセットで暗記した方がいいよね。

④拘束力

「拘束力」とは、取消判決（認容判決）により、その事件について、処分又は裁決をした行政庁その他の関係行政庁を拘束する効力を言います（33条１項）。関係行政庁をも拘束する点がポイントです。具体的には、行政庁は、同一事情、同一理由の下では同一内容の処分をすることができなくなります。これを「反復禁止効」と言います。また、申請拒否処分が取り消されたときは、その処分をした行政庁は、判決の趣旨に従い、改めて申請に対する処分をしなければなりません（33条２項）。これを「積極的作為義務」と言います。なお、この場合、国民は再度申請をし直す必要はありません。

裏を返せば、「違う事情」や「違う理由」の下であれば同一の処分をすることができるということだよ。

4 その他

(1) 処分権主義

訴訟の開始と終了については、「**処分権主義**」という建前がとられています。処分権主義とは、訴訟の開始、審判対象の設定、訴訟の終了を当事者の自由な意思に委ねようという考え方です。よって、原告は判決を待たずに訴えを取り下げてしまうこともできます(**訴えの取下げ**)。

(2) 弁論主義

取消訴訟では、判決の基礎となる事実と証拠の収集・提出は、原則として当事者の権限かつ責任とされています。これを「**弁論主義**」と言います。裁判の場面では、中立・公平を保つ必要があるので、当事者が事実を主張し証拠を提出するのが基本です。ですから、裁判所は、当事者が主張していない事実を勝手に取り上げることはできません(**職権探知主義の不採用**)。「主張しない者は負ける」というのが裁判の基本ですから、これぱかりは仕方がありません。しかし、証拠を自分で集められなくて困っているときに裁判所が手を差し伸べてくれることはあります。すなわち、裁判所は、必要があると認めるときは、**職権で**、証拠調べをすることができるのです(24条、**職権証拠調べ**)。ただし、その証拠調べの結果について、当事者の意見を聴かなければなりません。このように、裁判所は主張レベルを救ってくれることはありませんが、証拠レベルを救ってくれることはあるのです。

なお、行政不服審査法の下では職権探知主義が採用されているよ。

(3) 訴訟参加

「**訴訟参加**」とは、当事者以外の第三者が訴訟に参加する制度です。この訴訟参加には「**第三者の訴訟参加**」(22条)と「**行政庁の訴訟参加**」(23条)の2つがあります。

第三者の訴訟参加（22条）

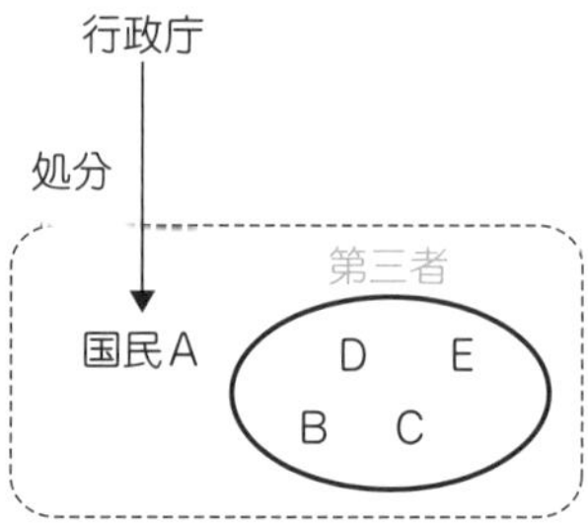

結論 裁判所は、訴訟の結果により権利を害される第三者があるときは、当事者若しくはその第三者の**申立て**により又は**職権**で、**決定**をもって、その第三者を訴訟に参加させることが**できる**。裁判所は、この決定をするには、あらかじめ、**当事者及び第三者の意見**を聴かなければならない。

行政庁の訴訟参加（23条）

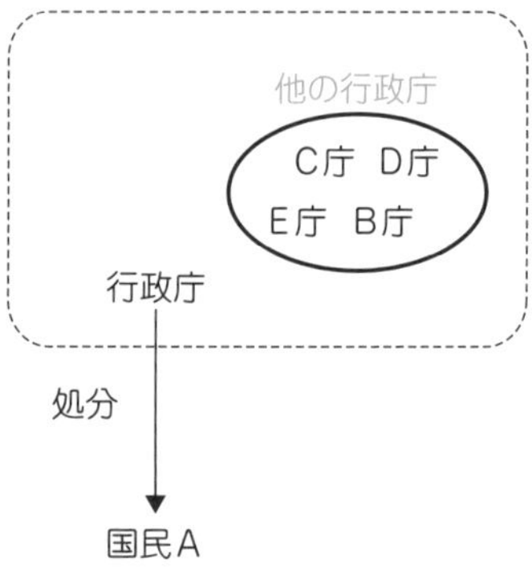

結論 裁判所は、処分又は裁決をした行政庁以外の行政庁を訴訟に参加させることが必要であると認めるときは、当事者若しくはその行政庁の**申立て**により又は**職権**で、**決定**をもって、その行政庁を訴訟に参加させることが**できる**。裁判所は、この決定をするには、あらかじめ、**当事者及び当該行政庁の意見**を聴かなければならない。

（4）違法判断の基準時

例えば、処分の取消しの訴えを提起したケースで、処分時は法律上違法であったのに、その後の規制緩和の流れの中で法律が改正され、判決時には当該処分が適法になっていたとしましょう。さて、この場合裁判所としてはどのような判断を下せばよいのでしょうか？　この点、違法判断は**処分時を基準**とするというのが判例です（最判昭27･1･25）。そうすると、今回のような場合はあくまでも処分時は違法であったため、取消判決を下すことになりますね。

違法判断の基準時

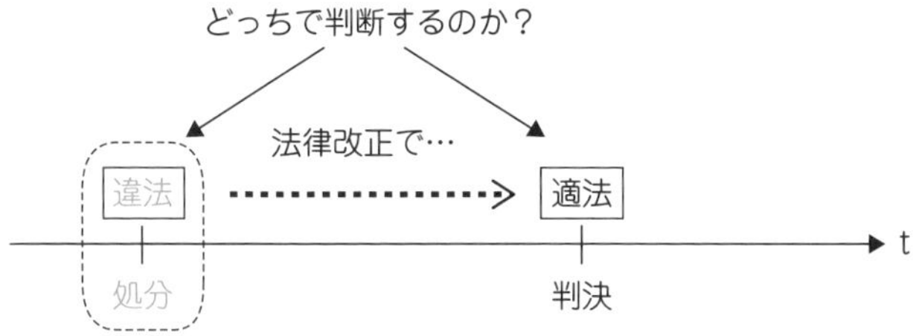

結論　**処分時を基準**とする。よって、裁判所は**取消判決**を下すことになる。

5 教示

「**教示**」とは、行政庁が国民に対し、訴訟の方法を教えることを言います。この行政事件訴訟法上の教示は**平成16年改正で新設**されたものになります。ですから、まだ歴史が浅いのです。また、行政不服審査法の教示と比べると非常に覚えることが少なくて楽です（笑）。具体的には、行政庁は、取消訴訟を提起することができる**処分を書面**でする場合には、当該処分の**相手方**に対し、一定の事項を**書面で教示**しなければなりません。裏を返せば、当該処分を口頭でする場合には、教示は不要ということになります（46条１項）。

なお、行政不服審査法とは異なり、**利害関係人**など第三者に対して教示する制度はないよ。また、教示ミスについての救済規定も**ない**んだ。

PLAY! 理解度チェック

問題	解答
1. 処分の取消しの訴えを提起すると、処分の効力、処分の執行又は手続の続行は停止するのか。	1. 停止しない（執行不停止の原則）。
2. 本案訴訟が係属していないのに、執行停止だけをしてもらうことはできるのか。	2. できない。
3. 執行停止の種類の中で（　　　　　　　）は、処分の執行又は手続の続行の停止によって目的を達することができる場合には、することができない。	3. 処分の効力の停止
4. 執行停止の決定には遡及効があるのか？	4. ない。
5. 内閣総理大臣は、裁判所に対し、異議を述べることができるが、これは執行停止の決定の前後を問わず、述べることができるのか。	5. 前後を問わず、述べることができる。
6. 事情判決は、（　　　　　　）において、処分又は裁決が違法である旨を宣言しなければならない。	6. 判決の主文
7. 取消判決があった場合、当該処分の効力は、処分庁の取消しを待つことなく、遡及的に消滅し、はじめから当該処分が行われなかったのと同様に扱われる効力を何と呼ぶか。	7. 「形成力」と呼ぶ。

8. 取消判決は、処分又は裁決をした行政庁その他の関係行政庁を拘束する。これを「拘束力」と呼ぶが、その具体的内容は？	**8.** ①反復禁止効、②積極的作為義務。
9. 裁判所は、必要があると認めるときは、職権で、証拠調べをすることができるが、その証拠調べの結果については何をしなければならないのか。	**9.** 当事者の意見を聴かなければならない。
10.「訴訟参加」には２つある。何と何か。	**10.**「第三者の訴訟参加」と「行政庁の訴訟参加」。
11. 行政庁は、取消訴訟を提起することができる処分を書面でする場合には、当該処分の相手方だけでなく、利害関係人に対しても一定の事項を書面で教示しなければならないのか。	**11.** 相手方に対してのみ教示をすればよい。

TRY! 本試験問題に挑戦

行政事件訴訟法に規定する執行停止に関する記述として、妥当なのはどれか。

（特別区Ｒ２）

1. 裁判所は、処分の執行又は手続の続行により生ずる重大な損害を避けるため緊急の必要があるときは、申立てにより、決定をもってそれらを停止することができるが、処分の効力の停止はいかなる場合もすることができない。	**1. ×** 処分の効力の停止は、処分の執行又は手続の続行の停止によって目的を達することができない場合には、することができる。

2. 裁判所は、執行停止の決定が確定した後に、その理由が消滅し、その他事情が変更したときは、相手方の申立てにより、決定をもって、執行停止の決定を取り消すことができる。

2．○
そのとおり。
執行停止の決定を取り消す場合は、相手方の申立てがなければならない点は重要である。

3. 裁判所は、処分の取消しの訴えの提起があった場合において、申立てにより、執行停止の決定をするときは、あらかじめ、当事者の意見をきく必要はなく、口頭弁論を経ないで、当該決定をすることができる。

3．×
あらかじめ、当事者の意見をきく必要がある。

4. 内閣総理大臣は、執行停止の申立てがあり、裁判所に対し、異議を述べる場合には、理由を付さなければならないが、公共の福祉に重大な影響を及ぼすおそれのあるときは、理由を付す必要はない。

4．×
理由は必ず付さなければならない。

5. 内閣総理大臣は、執行停止の申立てがあった場合には、裁判所に対し、異議を述べることができるが、執行停止の決定があった後においては、これをすることができない。

5．×
執行停止の決定があった後においても、異議を述べることができる。その場合は、裁判所は、執行停止の決定を取り消さなければならない。

正答　2

TRY! 本試験問題に挑戦

取消訴訟における判決に関するア～オの記述のうち、妥当なもののみをすべて挙げているのはどれか。 【国家一般職H23】

ア. 行政処分の取消判決がなされた場合に生じる取消しの効力は、将来に向かってのみ生じる。

ア. ×
取消判決があった場合、当該処分の効力は、処分庁の取消しを待つことなく、遡及的に消滅し、はじめから当該処分が行われなかったと扱われる。

イ. 行政処分の取消判決がなされた場合に生じる取消しの効力は、取消訴訟の当事者である原告と被告との関係においてのみ生じるものであり、当事者以外の第三者には及ばない。

イ. ×
取消判決の形成力は第三者にも及ぶ（第三者効）。

ウ. 申請の拒否処分の取消訴訟において、当該処分の理由付記が不備であるとして取消判決がなされた場合であっても、当該処分をした行政庁は、判決の趣旨に従い、適法かつ十分な理由を付記して、当該申請について再び拒否処分をすることができる。

ウ. ○
そのとおり。
いわゆる反復禁止効は、同一事情、同一理由の下では同一内容の処分をすることができなくなるというにとどまる。本肢では「適法かつ十分な理由を付記して」とある以上、事情が変わっていることが分かる。したがって、再び拒否処分をしても構わない。

エ. 申請の拒否処分の取消訴訟を提起して取消判決を得た場合には、当該訴訟を提起した申請者は、改めて申請することなく、当該申請に対する応答を受けることができる。

エ. ○
そのとおり。
申請者の側から改めて申請をし直す必要はない。

オ. 行政処分の取消訴訟において、裁判所は、いわゆる事情判決により原告の請求を棄却する場合には、判決の主文において当該処分が違法であることを宣言しなければならない。

オ．○
そのとおり。
事情判決の場合は、本肢のように当該処分が違法であることを判決の主文で明らかにしておく必要がある。

1．ア、オ　　2．イ、エ　　3．ウ、オ　　4．ア、イ、ウ
5．ウ、エ、オ

正答　5

執行停止ではなくて、
僕の場合は
思考停止だなぁ…

26 国家賠償法（1）

重要度 ★★★
頻出度 ★★★

今回から行政法における最頻出テーマ、「国家賠償法」を見ていく。毎年出題されるテーマなので、必ず得意にしておく必要がある。判例の数が多いので焦らずにじっくりと進もう。

1 国家賠償とは？

「国家賠償」とは、国又は公共団体の「違法」な行為によって生じた損害を填補する制度です。明治憲法下においては、主権の行使について国家は責任を負わないと解されていました。これを「国家無答責の原則」と言います。その関係で、国家賠償を認める規定は、憲法上はおろか法律上も存在しませんでした。せいぜい公物の管理の瑕疵について、民法717条を根拠に市の損害賠償責任を認めた判例がある程度でした（大判大5・6・1、徳島小学校遊動円棒事件）。

しかし、ときとして国家もミスをするわけですから、その責任を国家が負うシステムがあってもいいはずです。そこで、日本国憲法では国民の人権（受益権）として国家賠償請求権を明記したのです（憲法17条）。そして、この憲法17条を受けて制定されたのが国家賠償法ということになります。

2 国家賠償法1条

第1条

1項　国又は公共団体の公権力の行使に当る公務員が、その職務を行うについて、故意又は過失によつて違法に他人に損害を加えたときは、国又は公共団体が、これを賠償する責に任ずる。

2項　前項の場合において、公務員に故意又は重大な過失があつたときは、国又は公共団体は、その公務員に対して求償権を有する。

（1）国家賠償法1条の構造

では、まずは国家賠償法1条の構図を確認していきましょう。条文にもあるように、公務員が、その職務を行うについて、故意又は過失によって違法に他人に損害を加えたときは、国又は公共団体が損害賠償をする責任を負います。ですから、

①被害者は、公務員個人に対して直接損害賠償を請求することはできないのです。判例も「公務員が行政機関としての地位において賠償の責任を負うものではなく、また公務員個人もその責任を負うものではない」としています（最判昭30・4・19）。また、②国又は公共団体は、自らの無過失を立証しても免責されません（**免責規定なし**）。

> また、「国又は公共団体以外の者の被用者の行為が国又は公共団体の公権力の行使に当たるとして国又は公共団体が国家賠償法1条1項に基づく損害賠償責任を負う場合には、**被用者個人が民法709条に基づく損害賠償責任を負わない**のみならず、**使用者も民法715条に基づく損害賠償責任を負わない**」とした判例もあるよ（最判平19・1・25）。

そして、損害賠償をした国又は公共団体は、公務員に対して**求償権**を行使することができるのですが、その要件は加重されています。つまり、③公務員に**故意又は重過失**がある場合にのみ**求償権**を行使することができるのです（**求償権加重**）。これは公務員の側から見れば、軽過失（単なる過失）は免責される（求償権を行使されないで済む）ということを意味します。

> 求償権とは、他人の損害賠償責任を肩代わりした場合に、その他人に対して金銭の返還を請求する権利だよ。

国家賠償法１条

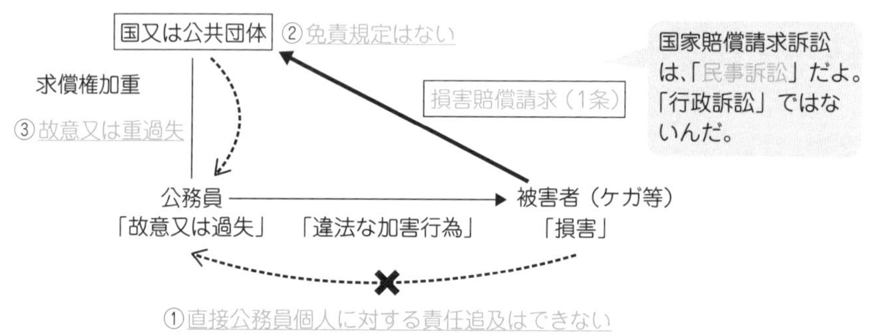

（2）国家賠償法１条の責任の法的性質

国家賠償法１条の責任はどのような法的性質を有するのでしょうか？　この点、「代位責任説」と「自己責任説」の対立があります。ただ、一般的には①１条１項が公務員自身の故意又は過失を要件としていること、また、②１条２項が公務員への求償権を認めていることから、本来は公務員が負うべき責任を国又は公共団体が肩代わりしていると考えるのが自然です。したがって、「代位責任説」が通説です。

（3）成立要件

さて、ここからは1条の要件ごとに問題点を探っていきます。

①国又は公共団体の公権力の行使にあたる公務員

❶国又は公共団体

「国又は公共団体」とは、国や都道府県、市区町村などの地方公共団体、公庫公団などの特殊法人などを指します。したがって、1条の責任主体（つまり被告適格）は、公権力の行使の主体である国又は公共団体ということになります。

❷公権力の行使

「公権力の行使」とは、純粋な私経済作用と国家賠償法2条の対象となる「公の営造物の設置又は管理」以外のものすべてを指します（東京高判昭56・11・13）。これを「広義説」と呼びます。そうすると、事実上ほとんどの作用が「公権力の行使」に該当することになります。行政権のみならず、立法権や司法権も該当しますし、権力的作用である行政行為や行政上の強制執行だけでなく、非権力的作用である行政指導などもこれにあたります。次に、判例で問題となったものをまとめてみます。

判例

問題となった作用	結論
公立学校の教師の教育活動（体育の授業中ないし課外クラブ活動中）（最判昭62・2・6、最判昭58・2・18） なお、課外のクラブ活動は本来生徒の自主性を尊重すべきものであることから、何らかの事故の発生する危険性を具体的に予見することが可能であるような特段の事情のある場合でない限り、顧問の教諭としては、個々の活動に常時立会い、監視指導すべき義務までを負うものではないとしているよ。	「公権力の行使」にあたる。 
国立大学病院の医療過誤（最判昭36・2・16）	私経済作用にあたり、公権力の行使にあたらない。

国の嘱託に基づいて地方公共団体の職員である保健所勤務の医師が国家公務員の定期健康診断の一環として行ったレントゲン写真による検診及びその結果の報告（最判昭57・4・1）	医師の一般的診断行為と異ならない行為であり「公権力の行使」にあたらない。
勾留されている患者に対する拘置所職員たる医師の医療行為（最判平17・12・8）	「公権力の行使」にあたる。
社会福祉法人の設置運営する児童養護施設の職員等が行った養育監護行為（最判平19・1・25）	「公権力の行使」にあたる。
海浜に打ち上げられた旧陸軍の砲弾爆発の危険を未然に防ぐ措置を警察官が怠ったという不作為（最判昭59・3・23）	「公権力の行使」にあたる。
他人の生命又は身体に危害を及ぼす可能性のある者の所持するナイフについて、警察官が一時保管措置を講じなかったという不作為（最判昭57・1・19）	「公権力の行使」にあたる。

❸公務員

「公務員」とは、公務員法制（国家公務員法・地方公務員法等）によってその法的身分が定められている公務員に限定されず、公権力の行使を委ねられた者を広く含みます。よって、民間人であっても、公権力の行使を委託された者は、国家賠償法上の「公務員」に該当します。

①民間の建築確認検査機関（指定確認検査機関）は、建築確認を委託されているので、その機関の故意又は過失によって被害が生じた場合には、地方公共団体に対して国家賠償を請求できる（最決平17・6・24）。
②社会福祉法人という民間法人が設置運営する児童養護施設の職員等についても、公的な権限が委託されていることや地方公共団体の事務を処理することを理由に、国家賠償法が適用される（最判平19・1・25）。

通常、損害賠償をするときには、加害行為や加害行為者を特定する必要があります。そうすると、国家賠償法１条の責任を追及する際にも、被害者側は加害行為や加害行為者を特定しなければならないはずです。しかし、よく考えてみましょう。行政手続は重層的な構造を持っているので、在野の人間からはその内部構造をうかがい知ることができません。にもかかわらず、損害賠償をしたければ「誰の」「どのような行為」によって損害を被ったのかをすべて特定せよとするのは少し酷ではないでしょうか？　そこで、判例は一定の要件さえ満たせば、必ずしも加害行為や加害行為者を特定しなくてもよいとしています。

判例

【税務署健康診断事件】（最判昭57・4・1）　Ⓐ

事案▶ 税務署職員Xは、健康診断を受けていたにもかかわらず、結核の長期療養を余儀なくされた。しかし、その原因が医師のレントゲン写真の読影ミスにあるのか、結果の報告を怠ったことにあるのか、税務署長への伝達ミスにあるのか、はたまた税務署長が健康保持上必要な措置を怠ったことにあるのかを具体的に特定できなかった。

判旨▶ 国又は公共団体の公務員による一連の職務上の行為の過程において他人に被害を生ぜしめた場合において、それが具体的にどの公務員のどのような違法行為によるものであるかを特定することができなくても、①右の一連の行為のうちのいずれかに行為者の故意又は過失による違法行為があったのでなければ右の被害が生ずることはなかったであろうと認められ、かつ、②それがどの行為であるにせよこれによる被害につき行為者の属する国又は公共団体が法律上賠償の責任を負うべき関係が存在するときは、国又は公共団体は、加害行為不特定の故をもって国家賠償法上の損害賠償責任を免れることができない。もっとも、この法理が肯定されるのは、それらの一連の行為を組成する各行為のいずれもが国又は同一の公共団体の公務員の職務上の行為にあたる場合に限られ、一部にこれに該当しない行為が含まれている場合には、この法理は妥当しない。

理解のコツ

本判例は、加害行為及び加害行為者の特定は不要であり、上記①②の要件さえ満たせば損害賠償を請求することができるとしました。試験的には①②の要件が出題されることが多いです。

②職務を行うについて

「**職務を行うについて**」とは、客観的に職務執行の外形を備える行為を言います。公務員の主観は考慮せずに、あくまでも行為の外形から客観的に判断します。これを「**外形標準説**」あるいは「**外形理論**」などと呼びます。

【非番警察官強盗殺人事件】(最判昭31・11・30) Ⓐ

事案▶ 警視庁の巡査Xは、非番の日に制服・制帽を着用し、拳銃を持って管轄外の市に赴いた。そして、住民Aに対して声をかけたうえで所持品検査をし、金員を受け取って持ち逃げしようとした。しかし、Aが声をあげたので、拳銃を発砲し射殺した(強盗殺人を犯した)。

判旨▶ 公務員が主観的に権限行使の意思をもってする場合に限らず**自己の利を図る意図をもってする場合**でも、**客観的に**職務執行の外形を備える行為をしてこれによって、他人に損害を加えた場合には、国又は公共団体は損害賠償の責任を負う。

理解のコツ

主観は関係ない、外形上はれっきとした警察官

たとえ自己の利益を図る意図があったとしても、客観的に職務執行の外形を備える行為をしている以上、「職務を行うについて」と言えるということです。そして、結論として東京都は1条に基づく国家賠償責任を負うとしています。

③故意又は過失

ここは特に目立った論点はないのですが、公務員個人に「故意又は過失」があることを要求しているということは、「過失責任主義」を採用しているということです。なお、判例には、ある事項に関する法律解釈につき異なる見解が対立し、実務上の取扱いも分かれていて、そのいずれについても相当の根拠が認められる場合に、公務員がその一方を正当としてこれに立脚して公務を執行したときは、後にその執行が違法と判断されたからといって、直ちに当該公務員に国家賠償法第1条第1項にいう過失があったものとすることは相当ではない、としたものがあります（最判平16・1・15）。もともと法律解釈に対立があった以上、結果的に間違っていたからといってそれを直ちに「過失アリ」とは言いにくいわけですね。

損害の発生につき、故意又は過失がある場合に限り加害者が損害賠償責任を負うという建前。近代法の大原則だよ。

④違法

「違法」とは、客観的な法規範に違反することを言います。この要件に関する判例は本当にたくさんあります。試験でも超頻出なので、大変面倒ですが一つひとつ理解していかなければなりません。次に試験で出題されたことのある判例をまとめてみましたので、最低限これだけは押さえてください。

【カーチェイス事件】（最判昭61・2・27） Ⓐ

事案▶ パトカーの追跡行為によって、逃走車両が走行中に第三者に損害を被らせた。

判旨▶ パトカーの追跡行為が違法であると言うためには、右追跡が当該職務目的を遂行するうえで不必要であるか、又は逃走車両の逃走の態様及び道路交通状況等から予測される被害発生の具体的危険性の有無及び内容に照らし、追跡の開始・継続若しくは追跡の方法が不相当であることを要する。

理解のコツ

不必要又は不相当で違法となります

①不必要「又は」②不相当＝違法という公式を覚えておくと楽です。

【竹村泰子事件】（最判平9・9・9） Ⓐ

事案▶ 国会議員（竹村泰子）が国会の質疑の中で個別の国民の名誉又は信用を低下させる発言をした。

判旨▶ 国会議員の発言が違法となるためには、当該国会議員が、その職務とはかかわりなく**違法又は不当な目的をもって事実を摘示**し、あるいは、**虚偽であることを知りながらあえてその事実を摘示**するなど、国会議員がその付与された権限の趣旨に明らかに背いてこれを行使したものと認められるような**特別の事情**があることを必要とする。

理解のコツ

国会議員の発言はそうやすやすと違法となるものではない

憲法にも出てきた判例です。ちなみに、本件では「特別の事情」があるとは言えないとしました。

【宅建事件】（最判平元・11・24） Ⓐ

事案▶ 宅地建物取引業法に基づき免許を更新された業者（宅建業者）が不正な行為により個々の取引関係者に対して被害を負わせた。このとき、監督処分権限を適切に行使しなかったという知事の不作為は違法となるのか。

判旨▶ 知事の権限不行使は直ちに違法となるわけではない。具体的事情の下において、知事等に監督処分権限が付与された趣旨・目的に照らし、その不行使が著しく不合理であると認められて初めて違法となる。

理解のコツ

権限の不行使が違法となるのか、その１

権限不行使の違法性は一般的に認められにくいとされています。現に、本件でも違法性を否定しています。

【クロロキン薬害事件】（最判平７・６・23）　Ⓐ

事案▶ 医薬品（クロロキン製剤）の副作用による被害が発生した。このとき、クロロキン製剤の製造・販売を禁止する措置をとらなかった厚生大臣の不作為は違法となるのか。

判旨▶ 厚生大臣が各権限を行使しなかったことが直ちに違法となるわけではない。薬事法の目的及び厚生大臣に付与された権限の性質等に照らし、権限の不行使がその許容される限度を逸脱して著しく合理性を欠くと認められるときに初めて違法となる。

理解のコツ

権限の不行使が違法となるのか、その２

判旨では「宅建事件」と同じようなことを言い、権限不行使につき違法性を否定しました。

【筑豊じん肺訴訟】（最判平16・４・27）　Ⓐ

事案▶ 通商産業大臣は、石炭鉱山におけるじん肺発生を防止するための保安規制の権限を行使しなかった。このような不作為は違法となるのか。

判旨▶ 通商産業大臣が、鉱山保安法に基づく保安規制の権限を直ちに行使しなかったことは、その趣旨、目的に照らし、**著しく合理性を欠く**ものであって、国家賠償法1条1項の適用上**違法**と言うべきである。

理解のコツ

権限不行使につき違法性を肯定した判例です。

【熊本水俣病関西訴訟】（最判平16・10・15） Ⓐ

事案▶ 通商産業大臣は、水俣病による健康被害の拡大を防止するために水質二法に基づく規制権限を行使するべきであったのにこれを行使しなかった。このような不作為は違法となるのか。

判旨▶ 通商産業大臣が、水質二法に基づく規制権限を行使しなかったことは、規制権限を定めた水質二法の趣旨、目的や、その権限の性質等に照らし、**著しく合理性を欠く**ものであって、国家賠償法1条1項の適用上**違法**と言うべきである。

理解のコツ

「筑豊じん肺訴訟」に続いて、権限不行使につき違法性を肯定した判例です。
「平成16年セット＝違法」と覚えましょう。

【水俣病患者申請不作為事件】（最判平3・4・26） Ⓑ

事案▶ 水俣病患者の認定申請をしたところ、処分庁が不当に長期間にわたり応答処分を留保した。この場合における不作為が違法とされるための要件とは何かが争われた。

判旨▶ 不作為が条理上の作為義務に違反したと言えるためには、客観的に処分庁がその処分のために手続上必要と考えられる期間内に処分できなかったことだけでは足りず、その期間に比して更に長期間にわたり遅延が続き、かつ、その間、処分庁として通常期待される努力によって遅延を解消できたのに、これを回避するための努力を尽くさなかったことが必要である。

理解のコツ

申請に対する不作為は簡単には違法とならない

申請に対する不作為については、①更なる長期間にわたる遅延と、②努力の懈怠がなければ違法とは判断されないのです。

【在外邦人選挙権剥奪違憲判決】(最大判平17・9・14) Ⓐ

事案▶ 国外に居住している日本国民に対して国政選挙の選挙権を行使する機会を確保し、そのような制度を講ずるべきであったのに、長い間不作為により放置してきた。このような国会議員の立法行為又は立法不作為が違法の評価を受けるのはどのような場合なのかが争われた。

判旨▶ 国会議員の立法行為又は立法不作為の違法性の問題は、立法内容又は立法不作為の違憲性の問題とは区別して考えるべきであるが、①立法の内容又は立法不作為が国民に憲法上保障されている権利を違法に侵害するものであることが明白な場合や、②国民に憲法上保障されている権利行使の機会を確保するために所要の立法措置をとることが必要不可欠であり、それが明白であるにもかかわらず、国会が正当な理由なく長期にわたってこれを怠る場合には、例外的に、国会議員の立法行為又は立法不作為が、国家賠償法1条1項の適用上、違法となる。

理解のコツ

「違憲性」の問題と「違法性」の問題は原則区別しよう

本判例は、上記①②の要件を挙げて、今回の立法不作為を違法と評価しています。なお、この判例と似て非なるものとして、**内閣の法案不提出等の違法性を争った事案**があります。判例は、立法について固有の権限を有する国会ないし国会議員の立法行為が違法とされない以上、国会に対して法律案の提出権を有するにとどまる内閣の法律案不提出等の行為についても、国家賠償法1条1項の適用上**違法とする余地はない**、としています(最判平7・12・5)。この際、併せて覚えておきましょう。

【裁判の瑕疵と違法性】(最判昭57・3・12) Ⓐ

事案▶ 裁判官がした争訟の裁判も、時と場合によっては国家賠償法1条1項にいう違法と判断されることがあるのかが争われた。

判旨▶ 裁判官がした争訟の裁判に上訴等の訴訟法上の救済方法によって是正されるべき瑕疵が存在したとしても、これによって当然に国家賠償法1条1項の規定にいう違法な行為があったものとして国の損害賠償責任の問題が生ずるわけではない。右責任が肯定されるためには、当該裁判官が違法又は不当な目的をもって裁判をしたなど、裁判官がその付与された権限の趣旨に明らかに背いてこれを行使したものと認め得るような**特別の事情**があることを必要とする。

理解のコツ

裁判の瑕疵は簡単には違法とならない

本判例のいう「特別の事情」が認められることはほぼないでしょう。つまり、裁判の瑕疵の違法性を争うことは非常に難しいのです。なお、この理は**再審の場面でも同じく妥当**します。すなわち、別の判例で、再審で無罪が確定した場合でも、裁判官がした裁判が違法となるのは、当該裁判官が付与された権限の趣旨に明らかに背いてこれを行使したと認め得るような**特別の事情**があった場合に限られる、としたものがあります(最判平2・7・20)。

【刑事手続と違法性】(最判昭53・10・20) B

事案▶ 刑事事件で無罪の判決が確定した場合に、当該刑事事件についてなされた逮捕、勾留（起訴前及び起訴後）、公訴提起（起訴）、公訴追行はすべて違法となるのかが争われた。

判旨▶ 刑事事件において無罪の判決が確定したというだけで直ちに起訴前の逮捕・勾留、公訴の提起・追行、起訴後の勾留が違法となるということはない。なぜなら、逮捕・勾留はその時点において犯罪の嫌疑について相当な理由があり、かつ、必要性が認められる限りは適法であり、起訴時あるいは公訴追行時における検察官の心証は、その性質上、判決時における裁判官の心証と異なり、起訴時あるいは公訴追行時における各種の証拠資料を総合勘案して合理的な判断過程により有罪と認められる嫌疑があれば足りるものと解するのが相当であるからである。

理解のコツ

直ちにすべてが違法というのは無理です

無罪の判決が確定したというだけで直ちに起訴前の逮捕·勾留、公訴の提起·追行、起訴後の勾留がすべて違法となってしまったら、法的安定性を著しく害します。このようなことを考えあわせると本判例は妥当な判断をしたものと評価できますね。

【所得税の更正】(最判平5・3・11) A

事案▶ 税務署長が所得金額を過大に認定してしまった場合における、所得税の更正が国家賠償法１条１項でいう違法となるための要件は何かが争われた。

判旨▶ 税務署長のする所得税の更正は、所得金額を過大に認定していたとしても、そのことから直ちに国家賠償法１条１項にいう違法があったとの評価を受けるものではなく、税務署長が資料を収集し、これに基づき課税要件事実を認定、判断するうえにおいて、職務上通常尽くすべき注意義務を尽くすことなく漫然と更正をしたと認め得るような事情がある場合に限り、違法の評価を受ける。

理解のコツ

漫然と更正してはいけません

本件においては、税務署長がその職務上通常尽くすべき注意義務を尽くすことなく漫然と更正をした事情は認められないとして、違法があったと言えないとしました。

【犯罪被害者及び告訴人の利益】（最判平2・2・20） B

事案▶ 犯罪被害者や告訴人は、捜査が適正でないこと又は不起訴処分が違法であることを理由として国家賠償を請求できるのか否かが争われた。

判旨▶ 被害者又は告訴人が捜査又は公訴提起によって受ける利益は、公益上の見地に立って行われる捜査又は公訴の提起によって反射的にもたらされる事実上の利益に過ぎず、法律上保護された利益ではない。したがって、被害者ないし告訴人は、捜査機関による捜査が適正を欠くこと又は検察官の不起訴処分の違法を理由として、国家賠償法の規定に基づく損害賠償請求をすることはできない。

理解のコツ

反射的にもたらされる事実上の利益は、
法律上保護された利益ではありません

「反射的にもたらされる事実上の利益に過ぎず、法律上保護された利益ではない」というくだりはちょっとかわいそうですね。でも、判例が言っている以上は仕方ありません。

【砲弾爆発事件】（最判昭59・3・23） C

事案▶ 警察官が海浜に打ち上げられた旧陸軍の砲弾を回収しなかったために、小学生がその残留弾を拾い、焚き火の中に投げ込んだために爆発し、死傷者が出たという事案。

判旨▶ 警察官は、進んで自ら又は他の機関に依頼して砲弾類を積極的に回収するなどの措置を講ずべき職務上の義務があったものと解するのが相当であって、警察官が、かかる措置をとらなかったことは、その職務上の義務に違背し、違法であると言わなければならない。

理解のコツ

警察官は砲弾類を積極的に回収するべきだよね

本判例では、警察官の不作為を争い、違法性が認められました。

【一時保管措置の懈怠】（最判昭57・1・19） C

事案▶ 警察官がナイフを所持している者からこれを提出させて一時保管の措置をとらなかったために傷害事件が起こったという事案。

判旨▶ ナイフを携帯したまま帰宅することを許せば、帰宅途中に本件ナイフで他人の生命又は身体に危害を及ぼすおそれが著しい状況にあったので、帰宅を許す以上少なくとも本件ナイフを提出させて一時保管の措置をとるべき義務があったものと解するのが相当であって、警察官が、かかる措置をとらなかったことは、その職務上の義務に違背し違法である。

理解のコツ

ナイフは危ないから取り上げた方がいい

「砲弾爆発事件」とともに、警察官が粗相をやらかした事案として押さえておきましょう。

【通達と違法性】（最判平19・11・1） Ⓑ

事案▶ 法の解釈を誤った通達を作成・発出し、これに従った取扱いを継続してしまったという事案。

判旨▶ 通達の定めが法の解釈を誤る違法なものであったとしても、そのことから直ちに同通達を発出し、これに従った取扱いを継続した行為に国家賠償法１条１項にいう違法があったと評価されることにはならず、担当者が**職務上通常尽くすべき注意義務**を尽くすことなく**漫然**と上記行為をしたと認められるような事情がある場合に限り、**違法**の評価がなされることになる。

理解のコツ

誤った通達を出しても直ちには違法になりません

「職務上通常尽くすべき注意義務を尽くすことなく漫然と～した」という判断基準の使用は、最近の判例の流行りです。なお、本件はこれにあてはめて違法性を肯定しました。

【接見拒否事件】（最判平20・4・15） Ⓒ

事案▶ 弁護士会が設置した人権擁護委員会が、受刑者から人権救済の申立てを受け、調査の一環として他の受刑者との接見を求めた際、刑務所長が接見を許可しなかったという事案。

判旨▶ 法律上、人権擁護委員会には**強制的な調査権限は付与されていない**

ので、刑務所長には同委員会の調査活動の一環として行われる受刑者との接見申入れに応ずべき法的義務は存しない。また、刑務所長は、同委員会に人権救済を申立てた受刑者と同委員会所属の弁護士との接見は許している。したがって、このような事情の下で接見を許可しなかった刑務所長の措置は、違法ではない。

理解のコツ

接見拒否も適法？？

本判例は、事案判例的な要素が強いです。すなわち、あくまでも「本件の事情の下においては」違法とは言えないというだけの話なのです。ですから、これを一般化することができるかどうかは不明ですね。

【都道府県警察の加えた損害】（最判昭54・7・10） Ⓑ

事案▶ 都道府県警察の警察官が交通犯罪の捜査を行う際に他人に損害を加えた場合に、国家賠償責任は国が負うのか、都道府県が負うのかが争われた。

判旨▶ 都道府県の警察官が犯罪の捜査を行うことは、検察官が自ら行う犯罪の捜査の補助に係るものであるような例外的な場合を除いて、当該都道府県の公権力の行使にほかならない。よって、原則として国は国家賠償責任を負わない。

理解のコツ

都道府県警察に所属しているのだからあたり前だね

「検察官が自ら行う犯罪の捜査の補助に係るものである」場合とは、検察官による具体的指揮の下、警察が補充捜査をするような場合です。このような場合は検察官の所属する国が責任を負うべきだという話になりますね。

⑤損害

前提として、加害行為と損害の発生との間には、相当因果関係がなければなりません。結果が生じればすべて責任を負うというわけではないのです。また、ここに言う「損害」には、財産的損害だけではなく慰謝料等の非財産的損害（精神的損害）も含まれます。

財産的損害には、積極的損害(治療費など)と消極的損害(逸失利益＝例えば、ケガなどをしていなければ得られたであろう利益)があります。

（4）求償権

国又は公共団体が損害を賠償した場合は、公務員に「故意又は重過失」があったときに限り、求償権を行使することができます（1条2項)。これは軽過失（単なる過失）を免責する趣旨なので注意しましょう。

PLAY! 理解度チェック

1. 被害者は、公務員個人に対して直接損害賠償を請求することができるのか。
2. 損害賠償をした国又は公共団体は、公務員に対して求償権を行使することができるが、具体的にどのような場合に求償権を行使することができるのか。
3. 行政指導などの非権力的作用は「公権力の行使」にあたるのか。
4. 公立学校の教師の教育活動（体育の授業中ないし課外クラブ活動中）は「公権力の行使」にあたるのか。
5. 民間人でも国家賠償法上の「公務員」に該当する場合がある。それはどのような場合か。

1. できない。
2. 公務員に故意又は重過失がある場合。
3. あたる。
4. あたる。
5. 公権力の行使を委託された者である場合。

6．1条の責任を追及する際には、被害者側は加害行為や加害行為者を特定しなければならないのか。

6．
一定の要件さえ満たせば特定する必要はない。

7．自己の利を図る意図があったとしても、客観的に職務執行の外形を備える行為をした場合には、損害賠償の責任を負う。このような考え方を何と呼ぶか。

7．
「外形標準説」あるいは「外形理論」と呼ぶ。

8．パトカーの追跡行為が違法となるのはどのような場合か。

8．
追跡行為が①不必要、又は②不相当である場合。

9．裁判官がした争訟の裁判に上訴等の訴訟法上の救済方法によって是正されるべき瑕疵があった場合には、当然に違法となるのか。

9．
当然には違法とならない。

10．税務署長が所得金額を過大に認定した場合に、それが違法と評価されるのはどのような場合か。

10．
職務上通常尽くすべき注意義務を尽くすことなく漫然と更正をしたと認め得るような事情がある場合。

TRY! 本試験問題に挑戦

国家賠償法に関するA～Dの記述のうち、最高裁判所の判例に照らして、妥当なものを選んだ組合せはどれか。（特別区Ｒ２）

A．町立中学校の生徒が課外のクラブ活動中の生徒とした喧嘩により左眼を失明した事故について、課外のクラブ活動が本来生徒の自主性を尊重すべきものであることに鑑みれば、何

A．○
そのとおり。
特段の事情のある場合は格別、との留保をしている点も覚えておこう。

らかの事故の発生する危険性を具体的に予見することが可能であるような特段の事情のある場合は格別、そうでない限り、顧問の教諭としては、個々の活動に常時立会い、監視指導すべき義務までを負うものではないとした。

B． 公立図書館の職員である公務員が、閲覧に供されている図書の廃棄について、著作者又は著作物に対する独断的な評価や個人的な好みによって不公正な取扱いをしたとしても、当該図書の著作者は、自らの著作物が図書館に収蔵され閲覧に供されることにつき、何ら法的な権利利益を有するものではないから、本件廃棄について国家賠償法上違法となるということはできないとした。

B. ×
憲法で勉強した図書司書文書破棄事件に関する説明である。破棄行為について国家賠償法上の違法を認めたので誤り。

C． 在留資格を有しない外国人に対する国民健康保険の適用について、ある事項に関する法律解釈につき異なる見解が対立し、実務上の取扱いも分かれていて、そのいずれについても相当の根拠が認められる場合に、公務員がその一方の見解を正当と解しこれに立脚して公務を遂行したときは、後にその執行が違法と判断されたからといって、直ちに上記公務員に過失があったものとすることは相当ではないとした。

C. ○
そのとおり。
法律解釈につき異なる見解が対立し、実務上の取扱いも分かれていて、そのいずれについても相当の根拠が認められる場合である以上、直ちに過失があるとはされない。

D． 都道府県による児童福祉法の措置に基づき社会福祉法人の設置運営する児童養護施設において、国又は公共団体以外の者の被用者が第

D. ×
使用者も民法に基づく損害賠償責任を負わない。

三者に損害を加えた場合、当該被用者の行為が公権力の行使に当たるとして国又は公共団体が国家賠償法に基づく損害賠償責任を負うときは、被用者個人は民法に基づく損害賠償責任を負わないが、使用者は民法に基づく損害賠償責任を負うとした。

1．A、B　2．A、C　3．A、D　4．B、C　5．B、D

正答　2

TRY! 本試験問題に挑戦

国家賠償法第1条に関するア～エの記述のうち、判例に照らし、妥当なもののみを挙げているのはどれか。【国家一般職H30】

ア． ある事項に関する法律解釈につき異なる見解が対立し、実務上の取扱いも分かれていて、そのいずれについても相当の根拠が認められる場合に、公務員がその一方の見解を正当として解してこれに立脚して公務を執行したときは、後にその執行が違法と判断されたからといって、直ちに当該公務員に国家賠償法第1条第1項にいう過失があったものとすることは相当ではない。

ア．○
そのとおり。
法律解釈の誤りによって執行が違法となっても、直ちに過失があるとすることは相当でない。

イ． 警察官のパトカーによる追跡を受けて車両で逃走する者が惹起した事故により第三者が損害を被った場合において、当該追跡行為が国家賠償法第1条第1項の適用上違法であるというためには、追跡が現行犯逮捕、職務質問等の職務の目的を遂行する上で不必要である

イ．○
そのとおり。
追跡が不必要又は不相当である場合に違法となる。

か、又は逃走車両の走行の態様及び道路交通状況等から予測される被害発生の具体的危険性の有無・内容に照らして追跡の開始、継続若しくは方法が不相当であることを要する。

ウ. 保健所に対する国の嘱託に基づいて公共団体の職員である保健所勤務の医師が国家公務員の定期健康診断の一環としての検診を行った場合、当該医師の行った検診行為は国の公権力の行使に当たる公務員の職務上の行為と解すべきであり、当該医師の行った検診に過誤があったため受診者が損害を受けたときは、国は国家賠償法第１条第１項の規定による損害賠償責任を負う。

ウ. ×
公権力の行使に当たらないので、国は国家賠償法第１条第１項の規定による損害賠償責任を負わない。

エ. 国又は公共団体以外の者の被用者が第三者に損害を加えた場合において、当該被用者の行為が国又は公共団体の公権力の行使に当たるとして国又は公共団体が被害者に対して国家賠償法第１条第１項に基づく損害賠償責任を負うときであっても、同項は組織法上の公務員ではないが国家賠償法上の公務員に該当する者の使用者の不法行為責任まで排除する趣旨ではないから、使用者は民法第715条に基づく損害賠償責任を負う。

エ. ×
使用者は民法第715条に基づく損害賠償責任を負わない。

1．ア、イ　2．ア、ウ　3．イ、エ　4．ア、イ、エ
5．イ、ウ、エ

正答　1

TRY! 本試験問題に挑戦

国家賠償法に関するA～Dの記述のうち、判例、通説に照らして、妥当なものを選んだ組合せはどれか。 【特別区H26】

A. 最高裁判所の判例では、検察官がした公訴の提起は、検察官が裁判所に対して犯罪の成否、刑罰権の存否につき審判を求める意思表示であり、検察官の心証は、判決時における心証と異なり、起訴時あるいは公訴追行時における各種の証拠資料を総合勘案して合理的な判断過程により有罪と認められる嫌疑があれば足りるものと解するのが相当であるから、刑事事件において無罪の判決が確定したというだけで直ちに違法となるものではないとした。

A. ○
そのとおり。
刑事事件において無罪の判決が確定したというだけで直ちに起訴前の逮捕・勾留、公訴の提起・追行、起訴後の勾留が違法となるということはない。

B. 最高裁判所の判例では、警察官のパトカーによる追跡を受けて車両で逃走する者が惹起した事故によって第三者が損害を被った場合において、当該追跡行為が国家賠償法の適用上違法であると言うためには、追跡が現行犯逮捕等の職務を遂行するうえで不必要であるか、又は予測される被害発生の具体的危険性の有無・内容に照らして追跡の開始、継続若しくは方法が不相当であることを要するとした。

B. ○
そのとおり。
追跡行為が不必要又は不相当であれば違法となる。

C. 国又は公共団体の公権力の行使にあたる公務員が、重大な過失によって違法に他人に損害を加えたときは、国又は公共団体はこれを賠償しなければならないが、国又は公共団体は、その公務員に対して求償権を有しない。

C. ×
公務員に故意又は重過失があるときは、国又は公共団体は、当該公務員に対して求償権を行使することができる（1条2項）。

D. 日本国憲法の基本的人権は外国人にも保障されるので、公務員の不法行為による被害者が外国人であるときは、いかなる場合であっても国家賠償法の規定は適用される。

D. ×
後で勉強するので気にしなくてもよいが（28章）、国家賠償法は「相互保証主義」を採用している。すなわち、国家賠償法6条では「この法律は、外国人が被害者である場合には、相互の保証があるときに限り、これを適用する」とされている。よって、「いかなる場合であっても」外国人に国家賠償法の規定が適用されるわけではない。

1．A、B　2．A、C　3．A、D　4．B、C　5．B、D

正答　1

27 国家賠償法（2）

重要度
★★★
頻出度
★★★

今回は「国家賠償法２条」を見ていく。１条に比べると覚えるべき知識が少ないので、出題内容が固定化している。したがって、受験生的には安定的な得点源になるおいしいテーマと言える。

1 国家賠償法2条（公の営造物責任）

第2条

１項	道路、河川その他の公の営造物の設置又は管理に瑕疵があつたために他人に損害を生じたときは、国又は公共団体は、これを賠償する責に任ずる。
２項	前項の場合において、他に損害の原因について責に任ずべき者があるときは、国又は公共団体は、これに対して求償権を有する。

さて、まずは２条の構造を見ていきます。２条は道路や河川などの「公の営造物」の設置又は管理に瑕疵があった場合には、国又は公共団体が賠償の責任を負うと規定しています。こちらは１条と異なり、公務員という「人」が出てきません。「物」から生じた損害について国又は公共団体が責任を負う構造になっています。そして、「人」が出てこない以上、主観的要件である「故意又は過失」を考える意味はなさそうです。したがって、この責任は無過失責任であると言われています。人格のない物については故意又は過失を考える実益が乏しいですからね（設置又は管理の仕方について不注意等を考慮することはある）。ただ、これはあくまでも無過失責任というだけであり、結果責任ではありません。もちろん、「設置又は管理の瑕疵」と「損害発生」との間には相当因果関係がなければなりませんし、不可抗力の場合や用法逸脱の場合も責任を負いません（ガードレール訴訟、テニスの審判台事件などを参照、後述）。つまり、純粋に「物」自体の主観を考えることは意味がないというわけです。一方、国又は公共団体に免責規定がないという点は１条と同じです。

「結果責任」とは、結果（損害）が生じさえすればすべて責任を負うという考え方だよ。ローマ法の十二表法などはこの原則に立っていたらしいよ。

国家賠償法２条

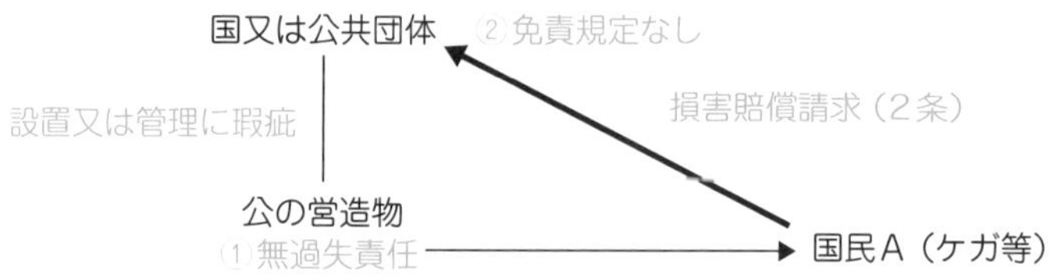

2 成立要件

では、ここからは２条の要件ごとに問題点を探っていきます。

（１）公の営造物

「公の営造物」とは、国又は公共団体により直接に公の目的に供されている有体物のことで、講学上の公物と同じ意味です。２条に例示されている道路や河川のほかに、橋梁、堤防、官公庁舎、公立学校の施設、公園、空港などの不動産が含まれます。また、判例上、「公の営造物」には、不動産だけではなく、警察署の公用車（パトカー）、拳銃、警察犬、自衛隊の砲弾、刑務所内の工場の自動旋盤機などの動産も含まれます。さらに、人工的に手が加えられている人工公物のみならず、河川や湖沼、海岸などの自然公物も営造物に含まれます。このように「公の営造物」の概念はとても広いのです。

国又は公共団体によって「直接に公の目的に供されていること」が要件になっているので、私人が所有権を持っていても、それを国又は公共団体が借りて公の目的に供していれば「公の営造物」にあたるんだ。このようなものを「私有公物」と呼ぶよ。

（２）設置又は管理の瑕疵

２条にいう「設置又は管理」とは、所有権や賃借権等の権原に基づく法律上の設置又は管理である必要はなく、事実上の設置又は管理でも構いません（最判昭59･11･29）。

次に、「瑕疵」とは、営造物が通常有すべき安全性を欠いていることを言います。これは、当該営造物の構造、用法、場所的環境及び利用状況等諸般の事情を総合考慮して具体的個別的に判断します（最判昭53・７・４）。先ほど述べたとおり、「瑕疵」について国又は公共団体に**過失があることは不要**です（最判昭45・8・20）。もっとも、不可抗力の場合や用法逸脱の場合には責任を負いません。つまり、結果責任ではないということです。以下判例で問題となったものをまとめてみます。

判例

【ガードレール訴訟】（最判昭53・7・4） Ⓐ

事案▶ 幼児（6歳）が防護柵（ガードレール）の上段手すりに後ろ向きに腰かけて遊んでいたところ、誤って転落して重傷を負ったという事件。

判旨▶ 本件防護柵は、本件道路を通行する人や車が誤って転落するのを防止するために設置されたものであり、その材質、高さその他その構造に徴し、通行時における転落防止の目的から見ればその安全性に欠けるところがない。本件の転落事故は、同人が当時危険性の判断能力に乏しい6歳の幼児であったとしても、本件道路及び防護柵の設置管理者において**通常予測することのできない行動に起因**するものであったと言うことができる。したがって、右営造物につき本来それが具有すべき安全性に欠けるところがあったとは言えず、本件道路の設置又は管理に所論の**瑕疵はない**。

理解のコツ

幼児の予測できない行動についてまでは
責任を負いません

本件における幼児の行動は、通常予測することのできないものであったということです。さすがにこのような場合には責任を負いかねますよね。

【テニスの審判台事件】（最判平5・3・30） Ⓐ

事案▶ 幼児が、公立中学校の校庭にあるテニスコートの審判台に昇り、その後部から降りようとしたためにそのまま審判台が後方に倒れ、後頭部を強打、審判台の下敷きになって死亡したという事件。

判旨▶ 本件事故時の幼児の行動は、極めて異常なもので、本件審判台の本来の用法と異なることはもちろん、設置管理者の通常予測し得ないものであった。幼児が異常な行動に出ることのないようにしつけるのは、保護者の側の義務であり、このような通常予測し得ない異常な行動の結果生じた事故につき、保護者から設置管理者に対して責任を問うというのは、もとより相当でない。よって、本件事故は、本件審判台の安全性の欠如に起因するものではなく、幼児の異常な行動に原因があったものと言わなければならず、このような場合にまで、国家賠償法2条1項所定の責任を負ういわれはない。

理解のコツ

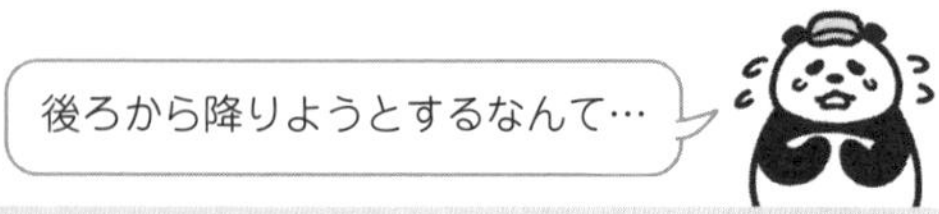

「ガードレール訴訟」と一緒に覚えるべき判例です。幼児が異常な行動に出ることのないようにしつけるのは、保護者の側の義務だと言っているくだりは激アツです。この点は誰も批判できないでしょう。

【大阪国際空港事件】(最大判昭56・12・16) Ⓐ

事案▶ 大阪国際空港の供用に伴い航空機の発する騒音等により種々の損害を被ったとして訴訟を提起した。その中で「供用目的に沿って利用されることとの関連において危害を生ぜしめる危険性」(機能的瑕疵)も「瑕疵」にあたるのかが争われた。

判旨▶ 「営造物の設置又は管理の瑕疵」とは、営造物が有すべき安全性を欠いている状態を言うのであるが、そこに言う安全性の欠如、すなわち、他人に危害を及ぼす危険性のある状態とは、ひとり当該営造物を構成する物的施設自体に存する物理的、外形的な欠陥ないし不備によって一般的に右のような危害を生ぜしめる危険性がある場合のみならず、その営造物が供用目的に沿って利用されることとの関連において危害を生ぜしめる危険性がある場合をも含み、また、その危害は、営造物の利用者に対してのみならず、利用者以外の第三者に対するそれをも含むものと解すべきである。

理解のコツ

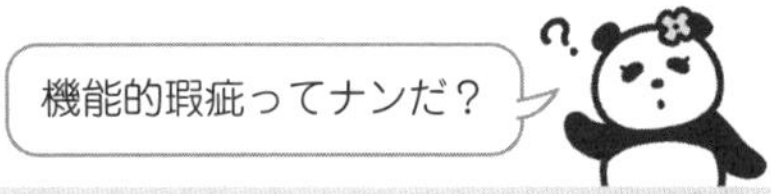

機能的瑕疵のイメージをしっかりとつかむことが大切です。すなわち、物理的な欠陥などに起因する危険性はないものの、営造物が供用目的に沿って利用されることとの関連において危害を生ぜしめる危険性がある場合を**機能的瑕疵**と呼ぶわけです。

※なお、この機能的瑕疵の場合の違法性の判断は、その侵害が受忍限度内か否かを基準として決めます（最判平7・7・7、国道43号線事件）。これを「受忍限度論」などと呼びます。

【高知落石事件】（最判昭45・8・20）　Ⓐ

事案▶　国道近くで山崩れが起き、土砂とともに落下した岩石が、たまたまそこを通りかかった貨物自動車の助手席上部に直撃し、助手席に乗っていた人が即死したという事件。本件では、防護柵を設置していなかったことが問題とされ、これに対して県の側は費用が多額にのぼることなどを理由に「予算の抗弁」を提出した。

判旨▶　本件道路における防護柵を設置するとした場合、その費用の額が相当の多額にのぼり、県としてその予算措置に困却するであろうことは推察できるが、それにより直ちに道路の管理の瑕疵によって生じた損害に対する賠償責任を免れ得るものと考えることはできない。つまり、道路の瑕疵の場合には、予算の抗弁は損害賠償を免れる理由にはならない。

理解のコツ

道路の瑕疵の場合には予算の抗弁は成り立たない

お金がないから防護柵を設置できませんでした。ごめんなさい……、で済む問題ではありません。道路はもともと誰もが通ることが予定されているわけなので、どんなにお金がなくても防護柵くらいは設置しておかないとマズイでしょう……。

【赤色灯事件】（最判昭50・6・26） Ⓐ

事案▶ 道路工事中であることを表示する工事標識板、バリケード及び赤色灯標柱が先行車によって倒されたまま放置され、その直後にそこを通りがかった他車が事故を起こしたという事案。

判旨▶ 本件事故発生当時、工事標識板、バリケード及び赤色灯標柱が道路上に倒れたまま放置されていたのであるから、道路の安全性に欠如があったと言わざるを得ないが、それは夜間、しかも事故発生の直前に先行した他車によって惹起されたものであり、時間的に遅滞なくこれを原状に復し道路を安全良好な状態に保つことは不可能であった（つまり不可抗力）と言うべく、このような状況の下においては、道路管理に瑕疵がなかったと認めるのが相当である。

理解のコツ

直後の事故は不可抗力です

直後の事故は時間的に原状回復が不可能と言えるので、言わば不可抗力として責任を免れるのです。

【大型貨物自動車放置事件】（最判昭50・7・25） Ⓐ

事案▶ 大型貨物自動車が約87時間放置され、その後夜間に原付バイクがこれに衝突して事故が起こったという事案。

判旨▶ 幅員7.5メートルの国道の中央線近くに故障した大型貨物自動車が約87時間駐車したままになっていたにもかかわらず、道路管理者がこれを知らず、道路の安全保持のために必要な措置を全く講じなかった事実関係の下においては、道路の管理に瑕疵があると言うべきである。

理解のコツ

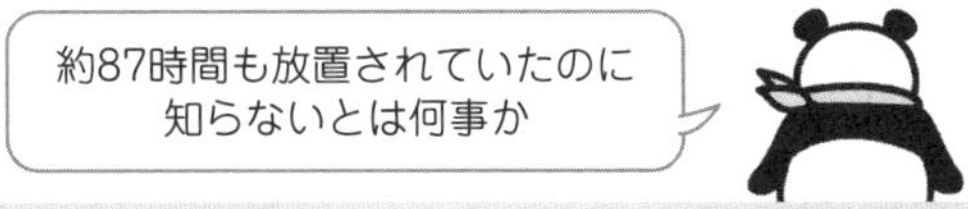

約87時間も放置されていたのに
知らないとは何事か

約87時間も放置されていたのに、知りませんでした、ごめんなさい……、で済む問題ではありませんよね。

【大東水害訴訟】（最判昭59・1・26） Ⓐ

事案▶ 未改修河川ないし改修不十分な河川において求められる安全性について争われた事案。

判旨▶ 未改修河川又は改修の不十分な河川の安全性としては、諸制約の下で一般に施行されてきた治水事業による河川の改修、整備の過程に対応する言わば過渡的な安全性をもって足りる。

河川の管理についての瑕疵の有無は、過去に発生した水害の規模、発生の頻度、発生原因、……（略）改修を要する緊急性の有無及びその程度等諸般の事情を総合的に考慮し、河川管理の特質に由来する財政的、技術的及び社会的諸制約の下での同種・同規模の河川の管理の一般水準及び社会通念に照らして、是認し得る安全性を備えていると認められるかどうかを基準として判断すべきである。そして、既に改修計画が定められ、これに基づいて現に改修中である河川については、計画が全体として格別不合理なものと認められないときは、特段の事由が生じない限り、改修がいまだ行われていないとの一事をもって河川管理に瑕疵があるとすることはできない。

理解のコツ

未改修だから過渡的な安全性でOK

河川の管理については、財政的、技術的及び社会的諸制約があることを認めています。ですから、場合によっては**予算の抗弁**が成り立ち得ます。また、「過渡的な安全性」で足りるとは、一応安全と言えればOKだということです。

【多摩川水害訴訟】（最判平2・12・13） Ⓐ

事案▶ 改修済ないし改修を要しない河川において求められる安全性について争われた事案。

判旨▶ 工事実施基本計画が策定され、計画に準拠して改修、整備がされ、あるいは右計画に準拠して新規の改修、整備の必要がないものとされた河川（改修済ないし改修を要しない河川）の改修、整備の段階に対応する安全性とは、**同計画に定める規模の洪水**における流水の通常の作用から予測される災害の発生を防止するに足りる安全性を言うものと解すべきである。そして、水害が発生した場合において、当該河川の改修、整備がされた段階において想定された規模の洪水から当該水害の発生の危険を**通常予測することができなかった場合**には、河川管理者は**損害賠償責任を負わない**。

理解のコツ

改修済河川は過渡的な安全性では足りない

改修済ないし改修を要しない河川において求められる安全性は、過渡的安全性では足りず、改修計画に沿った安全性までが要求されます。

【点字ブロック事件】(最判昭61・3・25) Ⓐ

事案▶ 点字ブロック等のように、新たに開発された視力障害者用の安全設備が駅のホームに設置されていないことをもって「瑕疵」があると言えるのかが争われた。

判旨▶ 点字ブロック等のように、新たに開発された視力障害者用の安全設備を駅のホームに設置しなかったことをもって当該駅のホームが通常有すべき安全性を欠くか否かを判断するにあたっては、その安全設備がホーム等に**普及しているかどうか**、駅のホームにおける構造又は視力障害者の利用度との関係から予測される視力障害者の**事故の発生の危険性の程度**、事故を未然に防止するため安全設備を設置する**必要性の程度**及び安全設備の設置の**困難性の有無**等の**諸般の事情を総合考慮**することを要する。

理解のコツ

点字ブロックは総合考慮が鍵

安全性を欠くか否かを判断するにあたっては、諸般の事情を総合考慮していくわけですが、その要素を一つひとつ暗記するようにしてください。特に、「普及しているかどうか」という指標はとても大切です。

(3)効果

公の営造物の設置又は管理の瑕疵に基づいて、国又は公共団体が損害を賠償した場合において、他に損害の原因について責任を負うべき者がいるときは、国又は公共団体は、その者に対して**求償権**を行使することができます(2条2項)。例えば、公の営造物に瑕疵があり、それがA業者の施工ミスだった場合には、当該A業者に対して求償権を行使することができるのです。

PLAY! 理解度チェック

1. ２条の責任は過失責任か。

2. 「公の営造物」には、動産も含まれるのか。

3. 「公の営造物」には、自然公物も含まれるのか。

4. 「設置又は管理」とは、法律上の設置又は管理だけでなく、事実上の設置又は管理でもよいのか。

5. 「ガードレール訴訟」と「テニスの審判台事件」では、２条の責任を肯定したか。

6. 安全性の欠如（瑕疵）には、営造物が供用目的に沿って利用されることとの関連において危害を生ぜしめる危険性がある場合も含まれるのか。

7. 道路の瑕疵の場合、予算の抗弁は損害賠償を免れる理由になるのか。

8. 大型貨物自動車が約87時間駐車したままになっていた事案において、判例は道路管理の瑕疵を認めたのか。

9. 未改修河川ないし改修不十分な河川において求められる安全性は？

1.
無過失責任である。

2.
含まれる。

3.
含まれる。

4.
よい。

5.
否定した。

6.
含まれる（機能的瑕疵）。

7.
ならない。

8.
瑕疵を認めた。

9.
過渡的な安全性。

10． 国又は公共団体が損害を賠償した場合において、他に損害の原因について責任を負うべき者がいるときは、国又は公共団体は、その者に対して求償権を行使することができるのか。

10．
できる。

TRY! 本試験問題に挑戦

国家賠償法に規定する公の営造物の設置又は管理の瑕疵に基づく損害賠償責任に関するＡ～Ｄの記述のうち、最高裁判所の判例に照らして、妥当なものを選んだ組合せはどれか。　【特別区H30】

A． 道路管理者は、道路を常時良好な状態に保つように維持し、修繕し、もって一般交通に支障を及ぼさないように努める義務を負うため、故障した大型貨物自動車が87時間にわたって放置され、道路の安全性を著しく欠如する状態であったにもかかわらず、道路の安全性を保持するために必要とされる措置を全く講じていなかった場合には、道路管理に瑕疵があり、当該道路管理者は損害賠償責任を負うとした。

A. ○
そのとおり。
長時間放置したことを理由に、道路管理の瑕疵を認めた。

B． 工事実施基本計画が策定され、当該計画に準拠して改修、整備がされた河川は、当時の防災技術の水準に照らして通常予測し、かつ、回避し得る水害を未然に防止するに足りる安全性を備えるだけでは不十分であり、水害が発生した場合において、当該河川の改修、整備がされた段階において想定された規模の洪

B. ×
当該河川の改修、整備がされた段階において想定された規模の洪水から当該水害の発生の危険を通常予測することができなかった場合には、河川管理者は損害賠償責任を負わない。

水から当該水害の発生の危険を通常予測することができなかった場合にも、河川管理者は損害賠償責任を負うとした。

C. 校庭内の設備等の設置管理者は、公立学校の校庭開放において、テニスコートの審判台が本来の用法に従って安全であるべきことについて責任を負うのは当然として、幼児を含む一般市民の校庭内における安全につき全面的な責任を負うため、通常予測し得ない行動の結果生じた事故についても、当該設置管理者は損害賠償責任を負うとした。

C. ×
通常予想し得ない行動の結果生じた事故については、損害賠償責任を負わない。

D. 国家賠償法の営造物の設置又は管理の瑕疵とは、営造物が通常有すべき安全性を欠いている状態であるが、営造物が供用目的に沿って利用されることとの関連において危害を生ぜしめる危険性がある場合も含み、その危害は、営造物の利用者に対してのみならず、利用者以外の第三者に対するそれも含むため、国際空港に離着陸する航空機の騒音等による周辺住民の被害の発生は、当該空港の設置、管理の瑕疵の概念に含まれ、当該空港の設置管理者は損害賠償責任を負うとした。

D. ○
そのとおり。
機能的瑕疵についても損害賠償をしなければならない。

1．A、B　2．A、C　3．A、D　4．B、C　5．B、D

正答　3

TRY! 本試験問題に挑戦

国家賠償に関するア～オの記述のうち、妥当なもののみをすべて挙げているのはどれか。

【財務専門官H28】

ア. 非権力的な行政活動については、民法の規定により賠償が可能であることから、国家賠償法第１条第１項にいう「公権力の行使」とは、権力的な行政活動のみを指し、公立学校における教師の教育活動等は含まれない。

ア. ×
非権力的な行政活動も含まれるので、公立学校における教師の教育活動等も含まれる。

イ. 国又は公共団体の公務員による一連の職務上の行為の過程において、他人に被害を生じさせたが、それが具体的にどの公務員のどのような違法行為によるものであるかを特定することができない場合、国又は公共団体は加害行為の不特定を理由に損害賠償責任を免れることができないが、このことは、当該一連の行為の中に国又は同一の公共団体の公務員の職務上の行為に該当しない行為が含まれている場合も同様である。

イ. ×
確かに、国又は公共団体は加害行為の不特定を理由に損害賠償責任を免れることができないが、この法理が肯定されるのは、それらの一連の行為を組成する各行為のいずれもが国又は同一の公共団体の公務員の職務上の行為にあたる場合に限られ、一部にこれに該当しない行為が含まれている場合には、この法理は妥当しない。

ウ. 国家賠償法第２条にいう「公の営造物の設置又は管理」とは、国等が法令所定の権限に基づき設置・管理を行うことを言い、国等が、法令に基づかず事実上管理を行っていたに過ぎない場合には、同条の責任を負うことはない。

ウ. ×
事実上の管理を行っていれば同条の責任を負う。

エ. 河川による水害の損害賠償請求における河川管理の瑕疵の有無については、道路の管理等の場合とは異なり、過去に発生した水害の規模、発生の頻度、改修を要する緊急性の有無等諸般の事情を総合的に考慮し、河川管理の特質に由来する財政的、技術的及び社会的諸制約の下での同種・同規模の河川の管理の一般水準及び社会通念に照らして、是認し得る安全性を備えていると認められるかどうかを基準として判断すべきである。

エ. ○
そのとおり。
大東水害訴訟。

オ. 公の営造物の設置・管理の瑕疵により、国又は公共団体が損害賠償責任を負う場合において、営造物の設置・管理者と費用負担者とが異なるときは、被害者は、設置・管理者と費用負担者のいずれに対しても、賠償請求をすることができる。

オ. ○
そのとおり。
国家賠償法３条による（後述するので、今は気にしなくてよい）。

1．ア、イ　　2．ア、ウ　　3．エ、オ　　4．イ、エ、オ
5．ウ、エ、オ

正答　3

28 国家賠償法（3）

重要度
★★☆

頻出度
★★☆

今回は、国家賠償法３条以下を見ていく。試験では３条以下のみで問題が作られるということはあまりなく、１条、２条と共に出題されることが多い。最後の詰めとしてしっかりと学習していこう。

1 国家賠償法3条

第3条

１項 前２条の規定によつて国又は公共団体が損害を賠償する責に任ずる場合において、公務員の選任若しくは監督又は公の営造物の設置若しくは管理に当る者と公務員の俸給、給与その他の費用又は公の営造物の設置若しくは管理の費用を負担する者とが異なるときは、費用を負担する者もまた、その損害を賠償する責に任ずる。

２項 前項の場合において、損害を賠償した者は、内部関係でその損害を賠償する責任ある者に対して求償権を有する。

（1）条文構造

３条では、２つのことを規定しています。すなわち、①公務員の選任若しくは監督にあたる者と公務員の俸給、給与その他の費用を負担する者とが異なるとき（１条のケース）、②公の営造物の設置若しくは管理にあたる者と公の営造物の設置若しくは管理の費用を負担する者とが異なるとき（２条のケース）、の２つです。このような場合には、費用を負担する者もまた、その損害を賠償する責任を負います。被害者保護の観点から、どちらに対して損害賠償を請求しても構わないということにしたのです（倍額を請求できるという意味ではない）。要するに、被害者の便宜を図ったというわけです。

国家賠償法３条１項

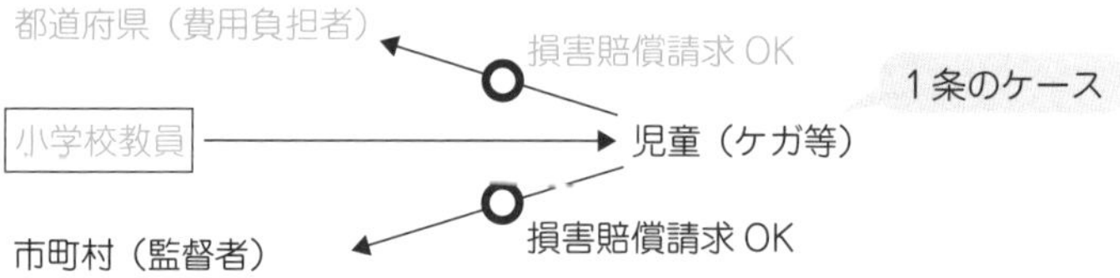

結論　被害者保護の観点から、どちらにも請求できる。

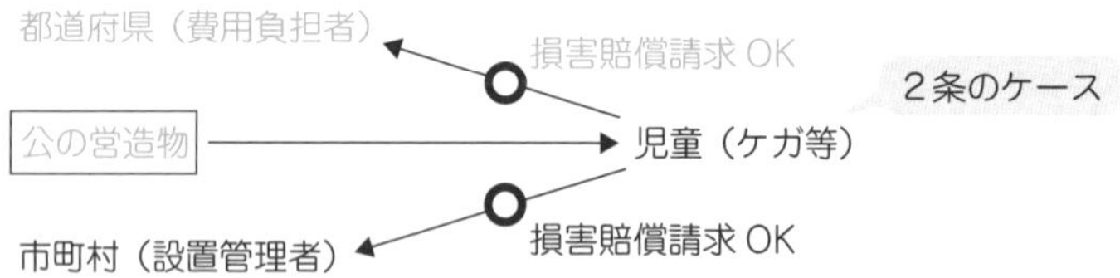

結論　被害者保護の観点から、どちらにも請求できる。

さて、ここで１つ判例を紹介します。３条１項にいう公の営造物の設置費用の負担者とはどのような者を指すのかを明らかにした判例です。

判例

【３条１項の費用負担者】（最判昭50・11・28）　A

事案▶　国が、地方公共団体に対し、国立公園の設置費用の２分の１近くを補助金として支出しているときには、国家賠償法３条１項にいう公の営造物の設置費用の負担者にあたるのかが争われた。

判旨▶　同法３条１項所定の設置費用の負担者には、当該営造物の設置費用につき**法律上負担義務を負う者のほか**、①この者と**同等もしくはこれに近い設置費用を負担**し、②実質的にはこの者と当該営造物による事業を**共同して執行**していると認められる者であって、③当該営造物の瑕疵による**危険を効果的に**

防止し得る者も含まれる。したがって、公の営造物の設置者に対してその費用を単に贈与したに過ぎない者は同項所定の設置費用の負担者に含まれるものではないが、法律の規定上当該営造物の設置をなし得ることが認められている国が、自らこれを設置するにかえて、特定の地方公共団体に対しその設置を認めたうえ、右営造物の設置費用につき当該地方公共団体の負担額と同等もしくはこれに近い経済的な補助を供与する反面、右地方公共団体に対し法律上当該営造物につき危険防止の措置を請求し得る立場にあるときには、国は、同項所定の設置費用の負担者に含まれる。

理解のコツ

補助金を出している場合にも
費用負担者になり得る

3条1項所定の設置費用の負担者には、法律上の負担義務者以外の者も含まれることがあるということです。具体的には、補助金交付者は直ちに「設置費用の負担者」となるわけではありませんが、上記①②③の要件を満たす者はこれに該当するということですね。そして、結論として国立公園の設置費用の2分の1近くを補助金として支出している国を「費用を負担する者」に該当するとしました。

（2）3条2項

損害を賠償した者は、内部関係でその損害を賠償する責任のある者に対して求償権を有します。この点、最近になって1つ大きな判例が出ました。求償権の範囲について述べた判例として注目されています。

判例

【求償権の範囲】（最判平21・10・23） Ⓐ

事案▶ 市町村が設置する中学校の教諭が生徒に損害を与えたため、これにつき都道府県が賠償した場合、当該都道府県は市町村に対してどの程度求償権を行使できるのかが争われた。

判旨▶ 市町村が設置する中学校の教諭がその職務を行うについて故意又は過失によって違法に生徒に損害を与えた場合において、当該教諭の給料その他の給与を負担する都道府県が国家賠償法１条１項、３条１項に従い上記生徒に対して損害を賠償したときは、当該都道府県は、同条２項に基づき、賠償した損害の全額を当該中学校を設置する市町村に対して求償することができる。

理解のコツ

求償の範囲を「全額」と言っている点が特徴的です。パンチのある判例だけに最近よく出題されています。

2 国家賠償法4条

第4条 国又は公共団体の損害賠償の責任については、前３条の規定によるの外、民法の規定による。

国家賠償法は、民法の不法行為の特別法と解されています。よって、国家賠償法に規定がない場合には、民法の規定が適用されます（４条）。ただ、ここにいう「民法の規定による」とは、損害賠償の範囲や過失相殺、時効などについて民法の規定によるという意味であって、他の規定、例えば、民法657条や665条の寄託関係の規定をも斟酌する趣旨ではありません（最判昭34・1・22）。注意しておきましょう。

民法付属法規をも含む趣旨だよ。だから失火責任法も「民法」に含まれるんだ。

判例

【失火責任法の適用の可否】（最判昭53・7・17） Ⓑ

事案▶ 消防職員の消火活動が不十分であったため、残り火が再燃して火災が発生した事案。消防職員の行為に「失火ノ責任ニ関スル法律」（失火責任法）の適用があるのかが争われた。

失火
消防隊員 A ――――――→ 住民 B（ケガ等）
軽過失 で再燃
→免責される

判旨▶ 失火責任法は、失火者の責任条件について民法709条（不法行為）の特則を規定したものであるから、国家賠償法４条の「民法」に含まれる。したがって、公権力の行使にあたる公務員の失火による国又は公共団体の損害賠償責任については、国家賠償法４条により失火責任法が適用され、当該公務員に重大な過失のあることを必要とするものと言わなければならない。

理解のコツ

失火責任法は「民法」に含まれる

失火の場合には、消防職員に重過失がなければ、国家賠償を請求できないということです。

3 国家賠償法5条

第5条 国又は公共団体の損害賠償の責任について民法以外の他の法律に別段の定があるときは、その定めるところによる。

国家賠償法は、国又は公共団体の賠償責任に関する一般法という性質を有するので、他に特別法があれば、その規定が優先的に適用されます。ですから、場合によっては特別法で無過失責任主義を採用したり、免責規定を設けたりすることもできます。しかし、それはあくまでもケースバイケースで許容されるものであり、やりすぎてはいけません。次に、やりすぎによって特別法が憲法違反だと判断されてしまったケースを紹介します。一度憲法でも勉強した郵便法違憲判決です。

判例

【郵便法違憲判決】(最大判平14・9・11) Ⓑ

① 書留郵便物について、郵便法が、郵便業務従事者の故意又は重大な過失によって損害が生じた場合に、不法行為に基づく国の損害賠償責任を免除し、又は制限している部分は憲法17条に違反する。

② 特別送達郵便物について、郵便法が、郵便業務従事者の軽過失による不法行為に基づき損害が生じた場合に、国家賠償法に基づく国の損害賠償責任を免除し、又は制限している部分も憲法17条に違反する。

理解のコツ

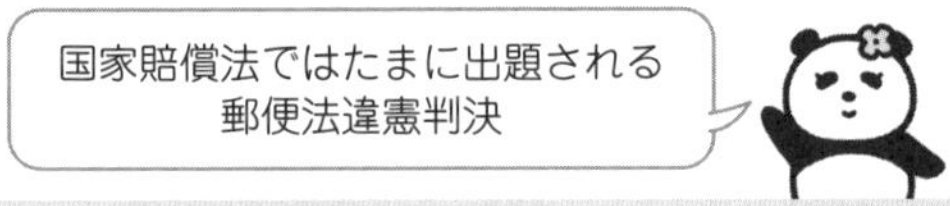

国家賠償法ではたまに出題される
郵便法違憲判決

書留郵便物や特別送達郵便物は、普通の郵便物と異なり追加料金を支払います。にもかかわらず、そこで生じた損害について郵便業務従事者の不法行為責任を免除・制限するのはおかしいし、合理性・必要性もないと言わざるを得ません。

4 国家賠償法6条

第6条 この法律は、外国人が被害者である場合には、相互の保証があるときに限り、これを適用する。

6条では、外国人について「相互保証主義」を採用する旨を述べています。つまり、外国人はその全員が日本において国家賠償を請求できるわけではないのです。ここで「相互保証主義」とは、A国で損害を受けた日本人がA国に対して国家賠償を請求できるような場合に限り、日本国で損害を受けたA国人も日本国に対して国家賠償を請求できるとする考え方です。簡単に言うと、制度的にギブ・アンド・テイクの関係になっていなければならないということです。

PLAY! 理解度チェック

1. ……(略)公務員の選任若しくは監督又は公の営造物の設置若しくは管理にあたる者と公務員の俸給、給与その他の費用又は公の営造物の設置若しくは管理の費用を負担する者とが異なるときは、(　　　　　　　)もまた、その損害を賠償する責に任ずる(3条1項)。

2. 3条1項所定の設置費用の負担者には、当該営造物の設置費用につき法律上負担義務を負う者のみが該当するのか。

3. 市町村が設置する中学校の教諭がその職務を行うについて故意又は過失によって違法に生徒に損害を与えた場合において、都道府県が損害を賠償したときは、当該都道府県は、どの範囲で市町村に対して求償することができるのか。

4. 失火責任法は、国家賠償法4条の「民法」に含まれるのか。

5. 国家賠償法は、外国人が被害者である場合にも常に適用されるのか。

1.
費用を負担する者

2.
①この者と同等もしくはこれに近い設置費用を負担し、②実質的にはこの者と当該営造物による事業を共同して執行していると認められる者であって、③当該営造物の瑕疵による危険を効果的に防止し得る者も該当する。

3.
賠償した損害の「全額」を求償することができる。

4.
含まれる。

5.
常に適用されるわけではない。相互保証があるときのみ適用される(相互保証主義)。

TRY! 本試験問題に挑戦

国家賠償法に関するア～オの記述のうち、判例に照らし、妥当なもののみを全て挙げているのはどれか。 【国税専門官R１】

ア. 点字ブロック等の新たに開発された視覚障害者用の安全設備を国鉄（当時）の駅のホームに設置していなかったことが、国家賠償法第２条第１項にいう「営造物の設置又は管理に瑕疵があった」ということができるか否かを判断するに当たっては、その安全設備が相当程度標準化されて全国的ないし当該地域における道路及び駅のホーム等に普及しているかどうかを考慮する必要はない。

ア. ×
普及しているかどうかを考慮する必要がある。

イ. 医薬品の副作用による被害が発生した場合であっても、厚生大臣（当時）が当該医薬品の副作用による被害の発生を防止するためにその権限を行使しなかったことが直ちに国家賠償法第１条第１項の適用上違法と評価されるものではなく、副作用を含めた当該医薬品に関するその時点における医学的、薬学的知見の下において、薬事法（当時）の目的及び厚生大臣に付与された権限の性質等に照らし、当該権限の不行使がその許容される限度を逸脱して著しく合理性を欠くと認められるときは、その不行使は、副作用による被害を受けた者との関係において同項の適用上違法となる。

イ. ○
そのとおり。
当該権限の不行使がその許容される限度を逸脱して著しく合理性を欠くと認められるときに初めて違法となる。

ウ. 国家賠償法第３条第１項は、公の営造物の設置・管理の費用を負担する者も当該営造物の設置・管理者とともに損害賠償責任を負う旨を規定しているが、国が地方公共団体に財政的支援をする場合、地方財政法上、負担金と補助金は区別されているため、国が当該費用を補助金として交付しているときは、国は同項の費用負担者には該当し得ない。

ウ．×
判例は、国立公園の設置費用の２分の１近くを補助金として支出している国を「費用を負担する者」に該当するとした。

エ. 警察官が、交通法規等に違反して車両で逃走する者をパトカーで追跡する職務の執行中に、逃走車両の走行により第三者が損害を被った場合、当該追跡行為が警察官の正当な職務行為と認められる以上、逃走車両の逃走の態様等に照らし追跡の方法が不相当であったとしても、当該追跡行為を国家賠償法第１条第１項の適用上違法と評価することはできない。

エ．×
追跡が不必要又は不相当である場合に違法となる。

オ. 国道に故障車が長時間にわたって放置されていたところ、夜間に原動機付自転車が当該故障車に追突し事故が発生した場合、当該道路は客観的に安全性が欠如する状態であったということができるが、道路自体に物理的な欠陥がない以上、道路管理に瑕疵があったということはできず、国家賠償法第２条第１項の適用上違法とはならない。

オ．×
違法となる。

1．イ　2．オ　3．ア、エ　4．イ、ウ　5．ウ、オ

正答　1

TRY! 本試験問題に挑戦

国家賠償法に関するア～オの記述のうち、判例に照らし、妥当なもののみをすべて挙げているのはどれか。【国家総合職H28】

ア. 国家賠償法第1条は、公務員が主観的に権限行使の意思をもってする場合に限らず自己の利を図る意思をもってする場合でも、客観的に職務執行の外形を備える行為によって他人に損害を加えた場合には、国又は公共団体に損害賠償の責めを負わせ、広く国民の権益を擁護することをもって、その立法の趣旨と解すべきである。

ア. ○
そのとおり。
いわゆる「外形標準説」に関する記述として正しい。

イ. 国家賠償法第2条第1項にいう営造物の設置又は管理の瑕疵の有無は、当該営造物の構造、用法、場所的環境及び利用状況等諸般の事情を総合考慮して具体的個別的に判断すべきところ、幼児が道路の防護柵の上段手すりに後ろ向きに腰掛けて遊ぶうち誤って転落したというような、通常の用法に即しない行動の結果生じた事故については、設置管理者が責任を負うべき理由はない。

イ. ○
そのとおり。
ガードレール訴訟。

ウ. 一般に、処分庁が認定申請を相当期間内に処分すべきは当然であり、不当に長期間にわたって処分がなされない場合には、早期の処分を期待していた申請者が不安感、焦燥感を抱かされ内心の静穏な感情を害されるに至るであろうことは容易に予測できるから、処分庁には、こうした結果を回避すべき条理上の作為義務があるということができ、客観的に処分庁がその処分のために手続上必要と考えられる期間内に処分できなかったことをもって、この作為義務に違反すると解すべきである。

ウ. ×
不作為が条理上の作為義務に違反したと言えるためには、客観的に処分庁がその処分のために手続上必要と考えられる期間内に処分できなかったことだけでは足りず、その期間に比して更に長期間にわたり遅延が続き、かつ、その間、処分庁として通常期待される努力によって遅延を解消できたのに、これを回避するための努力を尽くさなかったことが必要である。

エ. 国家賠償法第４条は、「国又は公共団体の損害賠償の責任については、前三条の規定によるの外、民法の規定による」とするが、ここでいう「民法」とは、民法典に限られ、民法付属法規は含まれない。

エ. ×
民法付属法規も含まれる。

オ. 国家賠償法第５条は、「国又は公共団体の損害賠償の責任について民法以外の他の法律に別段の定めがあるときは、その定めるところによる」とするが、郵便法（平成14年法律第121号による改正前のもの）の規定のうち、書留郵便物について、郵便業務従事者の故意又は過失（軽過失を含む）による不法行為に基づき損害が生じた場合に、国の損害賠償責任を免除し、又は制限している部分は、憲法第17条に違反し、無効である。

オ. ×
書留郵便物について、郵便業務従事者の故意又は「重大な過失」による不法行為に基づき損害が生じた場合に、国の損害賠償責任を免除し、又は制限している部分は憲法第17条に違反し、無効であるとするのが判例である。

1．ア、イ　2．ア、ウ　3．ウ、エ　4．ア、イ、オ
5．イ、エ、オ

正答　1

29 損失補償

重要度 ★★★
頻出度 ★★★

損失補償は、憲法でも勉強したテーマであるが、行政法でも出題されることがある。5年に一度くらいのペースで国家賠償法の代わりとして出題される。

1 損失補償とは

「損失補償」とは、国又は公共団体の「適法」な行為によって私人が損失を被ったときに、その損失を填補することを言います。国家賠償とは異なり、一般法がないので、個別法があれば個別法によって、それがなければ憲法29条３項を直接の根拠として請求していくことになります（最大判昭43･11･27、河川附近地制限令事件）。次に国家賠償との違いを表にしてまとめておきます。

国家賠償と損失補償の比較

	国家賠償	損失補償
国又は公共団体の行為	違法	適法
一般法	国家賠償法	個別法があれば個別法に基づき、それがなければ憲法29条３項を直接の根拠として請求可（判例）
要件	国家賠償法１条、２条に列挙	「特別の犠牲」が生じた場合（解釈）
訴訟手続	民事訴訟	当事者訴訟（実質的当事者訴訟＝給付の訴え）

ココがポイント

2 損失補償の要否

「損失補償」が必要となるのは、特定人に「特別の犠牲」が生じる場合に限られると解されています。この損失補償の要否に関しては、様々な判例があります。試験で問われそうなものだけをまとめておきますので見てみましょう。

なお、精神的損失は補償の対象にならないと解されているよ。この点は、国家賠償との大きな違いだ。

①ため池の保全に関する条例は、ため池の堤とうを使用する財産上の権利の行使を著しく制限するものではあるが、災害を防止し公共の福祉を保持するうえで社会生活上やむを得ないものであり、そのような制約は、ため池の堤とうを使用し得る財産権を有する者が当然受忍しなければならない責務と言うべきものであって、憲法29条３項の損失補償はこれを必要としない（最大判昭38・6・26、奈良県ため池条例事件）。
②戦争損害については、国民一般が財産権の制約を等しく受忍しなければならない場合にあたるので、「補償」は不要である（最大判昭43・11・27）。
③破壊消防の事案につき、延焼のおそれがある対象物を消火等のために使用・処分・使用制限した場合については「補償」は不要である。一方、延焼のおそれがない対象物を消火等のために使用・処分・使用制限した場合については「補償」が必要である（最判昭47・5・30）。

破壊消防の事案

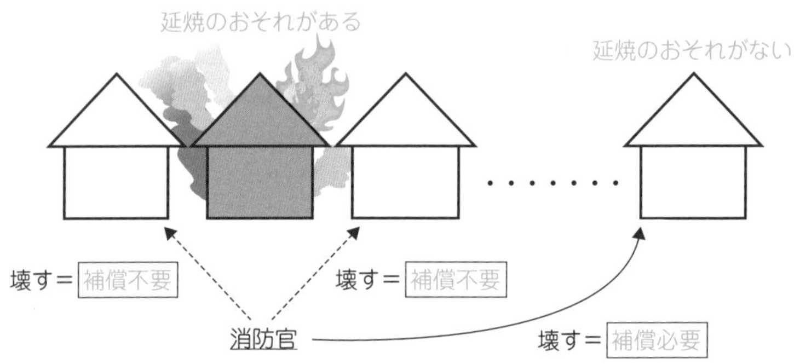

3 「正当な」補償の具体的内容

「正当な補償」の中身については「相当補償説」と「完全補償説」の対立があり、判例も事案に応じて判断を異にしています。ここは憲法の復習になりますが今一度確認しておきましょう。

農地改革事件 （最大判昭28・12・23） Ⓐ	農地改革の場面における「正当な補償」とは、その当時の経済状態において成立することを考えられる価格に基づき、合理的に算出された相当な額を言うのであって、必ずしも常にかかる価格と完全に一致することを要しない（相当補償説）。
土地収用法事件 （最判昭48・10・18） Ⓐ	土地収用法における損失の補償は、完全補償、すなわち、収用の前後を通じて被収用者の財産価値を等しくならしめるような補償をすべきであり、金銭をもって補償する場合には、被収用者が近傍において被収用地と同等の代替地等を取得することを得るに足りる金額の補償を要する（完全補償説）。

また、土地収用法により、公用収用における損失補償には、所有権や地上権などの収用される権利についての補償が含まれるだけでなく（権利補償）、移転料、調査費及び営業上の損失など収用に伴い受けるであろう付随的損失（通損補償）も含まれます。ただし、いわゆる「生活再建補償」は含まれません。

4 損失補償の方法

損失補償は、原則として、金銭の支払をもってなされます（金銭支払の原則）。もっとも、例外的に、替地による補償など現物補償がなされる場合もあります（土地収用法70条、82条～86条）。

5 その他の判例

判 例

【モービル石油事件】（最判昭58・2・18） Ⓑ

事案▶ ガソリンスタンドの経営者が、国の地下道新設に伴い、埋設してあるガソリンタンクを移転せざるを得なくなったため、損失補償を求めた。

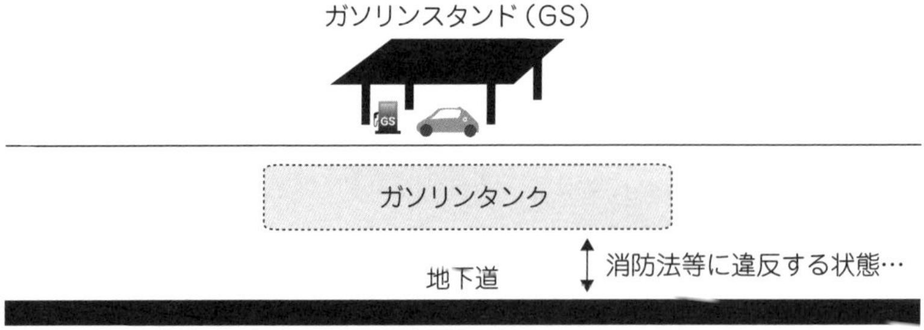

判旨▶ 道路工事の施行の結果、警察違反の状態を生じ、危険物保有者が技術上の基準に適合するように工作物の移転等を余儀なくされ、これによって損失を被ったとしても、それは道路工事の施行によって警察規制に基づく損失がたまたま現実化するに至ったものに過ぎず、このような損失は、道路法70条1項の定める補償の対象には属しないものと言うべきである。

理解のコツ

たまたまそこにタンクがあっただけ？

道路工事を施行しようと思ったら、たまたまそこにガソリンタンクがあっただけなので、たとえ移転等を余儀なくされ、これによって損失を被ったとしても損失補償はいたしません、と言っているわけですね。なんだかかわいそうですね……。

【福原輪中堤事件】（最判昭63・1・21） Ⓑ

事案▶ 「輪中堤」（洪水から守るために江戸時代に作られた堤防）のような文化財的価値は、土地収用法上の損失補償の対象となるのかが争われた。

判旨▶ 文化財的価値なるものは、それ自体経済的評価になじまないものとして、土地収用法上損失補償の対象とはなり得ない。

理解のコツ

文化財的価値は補償の対象に含まれません

文化財的価値は経済的評価になじまない、と言われてしまったらもう仕方がありませんね……。

【60年を超える建築制限】（最判平17・11・1） Ⓐ

都市計画等に基づき60年を超える長きにわたって建築物の建築制限がなされたという事案。

判旨▶ 上告人らが受けた損失は、一般的に当然に受忍すべきものとされる制限の範囲を超えて特別の犠牲を課せられたものと言うことがいまだ困難であるから、直接憲法29条３項を根拠として損失につき補償請求をすることはできないものと言うべきである。

理解のコツ

60年をも超える建築制限なのに補償は不要？
マジッすか！

この判例に対しては、批判も多く寄せられています。やはり、60年を超える期間にわたって制限が課せられていたわけですから、損失補償の必要はないと言い切ってしまうのは若干の疑問を抱かざるを得ません。

【予防接種禍による損害賠償】（最判平３・４・19） Ⓒ

事案▶ 痘そうの予防接種によって重篤な後遺障害を負った者につき、国家賠償でこれを救済する際に、接種実施者の過失が問題となった。

判旨▶ 予防接種によって後遺障害が発生した場合には、禁忌者を識別するために必要とされる予診が尽くされたが禁忌者に該当すると認められる事由を発見することができなかったこと、被接種者が個人的素因を有していたこと等の特段の事情が認められない限り、被接種者は禁忌者に該当していたと推定するのが相当である。

理解のコツ

被接種者は禁忌者に該当していたと推定します

「特段の事情が認められない限り、被接種者は禁忌者に該当していたと推定する」とは、接種実施者の側の「過失」を推定することを意味します。

PLAY! 理解度チェック

1. 損失補償が必要とされるのは、どのような場合か。

1. 「特別の犠牲」が生じる場合。

2. 条例によりため池の堤とうの使用を禁止する場合には、損失補償が必要となるのか。

2. 損失補償は必要ない。

3. 土地収用法における損失補償は、完全補償か、それとも相当補償か。

3. 完全補償。

4. 損失補償は、原則として現物補償によるのか。

4. 金銭の支払による補償が原則である。

5. 都市計画等に基づき60年を超える期間建築制限がなされていた場合は、損失補償を請求することができるのか。

5. できない。

TRY! 本試験問題に挑戦

行政法学上の損失補償に関する記述として、通説に照らして、妥当なのはどれか。　【特別区H27】

1. 公共の利用に供するために財産権が制約され損失が生じれば、それが社会生活において一般に要求される受忍の限度を超えていなくても、無条件に損失補償が受けられる。

2. 公用収用における損失補償は、所有権や地上権などの収用される権利について補償することはできるが、移転料、調査費及び営業上の損失など収用に伴い受けるであろう付随的損失について補償することはできない。

3. 土地収用法における損失補償は、土地が収用される場合、その当時の経済状態において合理的に算出された相当な額で足り、収用の前後を通じて被収用者の財産を等しくするような完全な補償は不要である。

4. 公共の用に供するために財産権を収用ないし制限された者には、法律に補償の規定がなくても、日本国憲法で定めている財産権の保障の規定に基づいて損失補償請求権が発生する。

1．×
「特別の犠牲」が生じる場合でないと損失補償は受けられない。

2．×
付随的損失についても補償することができる。

3．×
完全な補償が必要である。

4．○
そのとおり。
憲法29条３項を直接の根拠として損失補償を請求できる。

5．土地収用における損失補償の方法は、現物補償として代替地の提供に限られ、土地所有者又は関係人の要求があった場合においても、金銭の支払による補償はすることはできない。

5．×
金銭の支払による補償が原則である。

正答　4

TRY! 本試験問題に挑戦

行政法学上の損失補償に関する記述として、最高裁判所の判例に照らして、妥当なのはどれか。　【特別区R１】

1．国家が私人の財産を公共の用に供するには、これによって私人の被るべき損害を填補するに足りるだけの相当な賠償をしなければならないことは言うまでもなく、憲法の規定は補償の時期について少しも言明していないものの、補償が財産の供与と交換的に同時に履行されるべきことについては憲法の保障するところであるとした。

1．×
補償が財産の供与と交換的に同時に履行されるべきことは憲法で保障されていない。

2．石油給油所においてガソリンの地下貯蔵タンクを埋設していたところ、道路管理者の道路工事の施行に伴い、その設置状況が消防法の技術上の基準に適合しなくなり警察違反の状態を生じたため別の場所に移設せざるを得なくなったことによる損失は、道路工事の施行により警察規制に基づく損失が現実化するに至ったものであり、この損失は道路法の定める補償の対象に属するとした。

2．×
補償の対象に属しない。

3. 土地収用法の通常受ける損失とは、経済的価値でない特殊な価値についても補償の対象としており、福原輪中堤は江戸時代初期から水害より村落共同体を守ってきた輪中堤の一つとして歴史的、社会的、学術的価値を内包し、堤防の不動産としての市場価値を形成する要素となり得るような価値を有することは明らかであるから、かかる価値も補償の対象となり得るとした。

3．×
本肢のような文化的な価値は補償の対象となり得ない。

4. 火災の際の消防活動により損害を受けた者がその損失の補償を請求しうるには、消防法による処分が、火災が発生しようとし、若しくは発生し、又は延焼のおそれがある消防対象物及びこれらのもののある土地以外の消防対象物及び立地に対しなされたものであり、かつ、消火若しくは延焼の防止又は人命の救助のために緊急の必要があるときになされたものであることを要するとした。

4．○
そのとおり。
「～以外の消防対象物及び立地」という部分がポイントである。

5. 政府の責任において締結した平和条約により被った在外資産の喪失という戦争損害は、他の種々の戦争損害と同様、国民のひとしく堪え忍ばなければならないやむを得ない犠牲であるが、私有財産不可侵の原則により原所有者に返還されるべき在外資産は、憲法の規定を適用して具体的な補償請求をなしうるとした。

5．×
戦争損害については、この憲法を適用して具体的な補償請求をなしえない。

正答　4

30 地方自治法

重要度
★★★
頻出度
★★★

地方上級や市役所上級では、地方自治法から必ず１問出題される。多くの受験生が捨ててしまうこともあり、差がつくテーマと言える。今回は超頻出の箇所だけを効率よく学習できるように工夫しておいたので、しっかりと読みこんでいきたい。

1 地方公共団体の意義

地方公共団体は、住民の福祉の増進を図ることを基本として、地域における行政を自主的かつ総合的に実施する役割を広く担っています（地方自治法１条の２第１項)。地方自治法における地方公共団体は、「**普通地方公共団体**」（都道府県と市町村）と「**特別地方公共団体**」（特別区、地方公共団体の組合、財産区）の２つに大別されます。試験的には、特別区が「特別地方公共団体」に位置付けられていることを覚えておきましょう。何となく基礎自治体というイメージが先行し、市町村と同じ「普通地方公共団体」だと勘違いしてしまう人が多いので……。なお、特別区は「憲法上の」地方公共団体にはあたりません（最大判昭38・３・27)。この点は憲法で勉強しましたね。

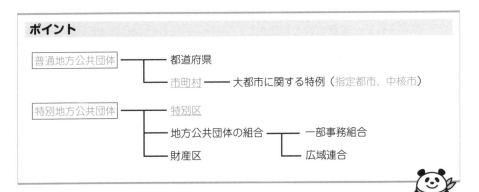

ポイント

- 普通地方公共団体
  - 都道府県
  - 市町村 ―― 大都市に関する特例（指定都市、中核市）
- 特別地方公共団体
  - 特別区
  - 地方公共団体の組合
    - 一部事務組合
    - 広域連合
  - 財産区

「市」としては「大都市に関する特例」により、「**指定都市**」と「**中核市**」の２つが認められています。「指定都市」（政令指定都市と呼ばれる）は、**人口50万人以上**で政令により指定された市です。この指定都市では都道府県の仕事

全国では20都市あって、特に神奈川県には、横浜市、川崎市、相模原市の３つがあり、三つ巴の戦いが行われているよ。

の８割、９割ができてしまうので、よく「都道府県並みの権限を有する」などと表現されることがあります。指定都市には、条例で、その区域を分けて行政区を設けることになっています。ただし、これは特別区とは異なり、独立の法人格を有するものではありません。単なる行政区画に過ぎないと思っておきましょう。一方、「中核市」は、人口20万人以上で政令により指定された市です。昔はさらにもう１つ「特例市」というものがあったのですが、平成26年の地方自治法改正により廃止されました。

2 地方公共団体の事務

「地方公共団体の事務」としては、従来、国の事務の一部を知事や市町村長などの下部機関に委任し、その執行を国が監督する「機関委任事務」というものがありました（国と地方を上下関係に置くことが前提の事務）。しかし、地方分権一括法により、これは廃止され、地方公共団体本来の事務である「自治事務」と地方公共団体が法令によって国や都道府県から事務を請け負い、当該地方公共団体の事務として遂行する「法定受託事務」に振り分けられました。ですから、現在の地方公共団体が取り扱う事務はこの自治事務と法定受託事務の２つになります。条文上は、「地域における事務及びその他の事務で法律又はこれに基づく政令により処理することとされるもの」とされているのですが（２条２項）、これには自治事務と法定受託事務が含まれるということになります。さらに、法定受託事務には２種類あり、「第１号法定受託事務」と「第２号法定受託事務」があります。この２つは、本来果たすべき役割が国にあるのか、都道府県にあるのかで振り分けた呼び名です。

法定受託事務は、機関委任事務と異なり、国の事務として行うのではなく、あくまでも地方公共団体の事務として行うんだよ。

	本来果たすべき役割の所在	実際に事務を処理する団体
第１号法定受託事務	国 →	都道府県、市区町村
第２号法定受託事務	都道府県 →	市区町村

※従前の機関委任事務は廃止された。

3 条例と規則

普通地方公共団体は、法令に違反しない限りにおいて自治事務及び法定受託事務に関し、「条例」を制定することができます（14条1項）。特に、地方公共団体が義務を課し、又は権利を制限するには、条例によらなければなりません（14条2項）。一方、普通地方公共団体の長は、法令に違反しない限りにおいて、その権限に属する事務に関し、「規則」を制定することができます（15条1項）。次に、条例と規則の違いを表にしてまとめておきます。

条例制定権は、自治事務、法定受託事務の双方に及ぶよ。

なお、普通地方公共団体の委員会も、法律の定めるところにより、法令又は普通地方公共団体の条例若しくは規則に違反しない限りにおいて、その権限に属する事務に関し、規則その他の規程を定めることができるよ（138条の4第2項）。

	条例（14条）	規則（15条）
制定機関	地方議会	長
対象	自治事務と法定受託事務	長の権限に属する事務
罰則の制定	２年以下の拘禁、100万円以下の罰金、拘留、科料及び過料 →刑罰ＯＫ※	５万円以下の過料のみ →刑罰×
直接請求の有無	あり	なし

※ただし、条例によって刑罰を定める場合には、法律の授権（委任）が必要であり、その授権の程度は、相当程度に具体的であり限定されていれば足りる（最大判昭37・5・30）。

4 地方公共団体の機関

二元代表制

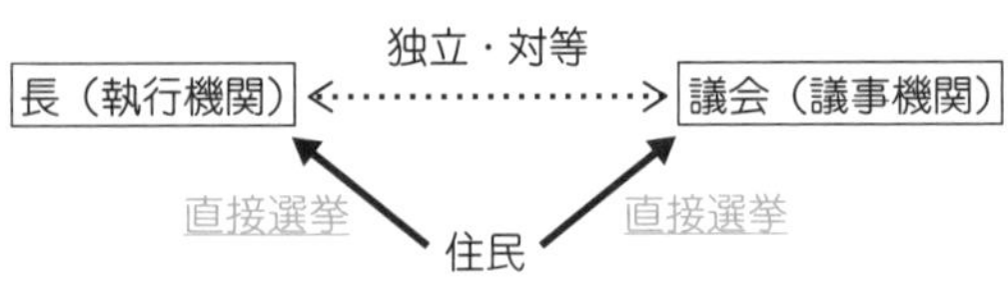

「地方公共団体の機関」としては、議事機関としての「議会」と執行機関としての

「長」の大きく２つに分けることができます。その特徴は、国とは異なり、「二元代表制」を採用している点にあります。すなわち、住民は直接選挙で地方議会の議員及び長をともに選べるのです（住民自治の徹底）。選挙権は、日本国民である満18歳以上の者で、かつ引き続き３か月以上市区町村の区域内に住所を有する者に与えられます。ここでは、議会と長とに分けて、それぞれのポイントをまとめていきます。

議会

①被選挙権を有する者は、都道府県議会議員も市区町村議会議員も**満25歳以上の日本国民である**（**住所要件あり**＝引き続き３か月以上市区町村の区域内に住所を有する者であることが要求される）。
②議員の定数は、**条例**で定めなければならない（90条１項、91条１項）。
③議員の任期は**４年**（93条１項）。
④議員には、議案の提出権が認められている（112条１項）。ただし、議案を提出するにつき、**議員の定数の12分の１以上**の者の賛成がなければならない（112条２項）。つまり、単独で議案を提出することはできない。
⑤**予算**については提出することができない（112条１項ただし書）。
⑥議会に請願しようとする者は、**議員の紹介**（１人の紹介でOK）により請願書を提出しなければならない（124条）。
⑦普通地方公共団体の議会の議長及び議員は、一身上に関する事件又は従事する業務に直接の利害関係のある事件については、その**議事に参与することができない**。ただし、**議会の同意**があったときは、会議に出席し、発言することができる（117条）。
⑧**町村（市は×）**は、**条例で**、議会を置かず、選挙権を有する者の総会を設けることができる（94条）。
⑨議会は、予算の議決をするが、増額したうえで議決することもできる（**増額修正可能**）。もっとも、長の予算提出権を侵すことはできない（97条２項）。
⑩議会の種類は２つ。定例会と臨時会である（102条１項）。招集は**長**が行う（101条１項）。❶**議長が招集を請求**した場合と、❷**議員定数の４分の１以上の者**により招集の請求がなされた場合には、長は請求のあった日から**20日以**

内に臨時会を招集しなければならない（101条２項、３項、４項）。なお、条例により、通年の会期とすることも可能である（102条の２）。

⑪議会の議事は、原則として出席議員の過半数でこれを決し、可否同数のときは、議長の決するところによる（116条１項）。この場合においては、議長は、議員として議決に加わる権利を有しない（116条２項）。

⑫議会の会議は公開されるのが原則であるが（115条１項本文）、議長又は議員３人以上の発議により、出席議員の３分の２以上の多数で議決すれば秘密会を開くことができる（115条１項ただし書）。

長

①被選挙権を有する者は、都道府県知事は満30歳以上、市区町村長は満25歳以上の日本国民である（住所要件なし）。

②長の任期は４年（140条１項）。

③議案の提出権がある（149条１号）。

④予算を調製（作成）し、これを執行する（149条２号、長の専権）。

⑤長は、議会の審議に必要な説明のため、議長から出席を求められたときは、正当な理由がない限り、議場に出席しなければならない（121条１項）。もっとも、自発的に議会に出席する権利は有していない。

⑥普通地方公共団体の議会の議決について異議があるときは、当該普通地方公共団体の長は、その議決の日（条例の制定若しくは改廃又は予算に関する議決については、その送付を受けた日）から10日以内に理由を示して再議に付することができる（176条１項）。これが「一般再議」（一般的拒否権）と呼ばれるものである。そして、再び同じ議決がなされたときは、その議決は、確定する（176条２項）。なお、この場合における条例の制定若しくは改廃又は予算に関する議決については、出席議員の３分の２以上の者の同意がなければならない（176条３項）。

⑦長は、一定の場合に議会の権限を代わりに行うことができる。これが「専決処分」と呼ばれるものである（179条、180条）。

最後に、長と議会との関係について見ていきます。長と議会が対立した場合には、議会は長に対して不信任議決を出すことができます。これに対して、長は議会を解散することができます。ただ、この流れは少しややこしいので、図式化してみます。

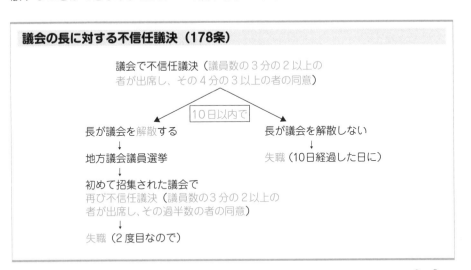

議会の長に対する不信任議決（178条）

議会で不信任議決（議員数の３分の２以上の者が出席し、その４分の３以上の者の同意）

10日以内で

長が議会を解散する
↓
地方議会議員選挙
↓
初めて招集された議会で再び不信任議決（議員数の３分の２以上の者が出席し、その過半数の者の同意）
↓
失職（２度目なので）

長が議会を解散しない
↓
失職（10日経過した日に）

どうでしょうか？「再度の不信任議決」という国にはない制度がある点がポイントです。なお、議会と対立した際の解散は、国とは異なり、民意を問い直すためだけにすることはできません。あくまでも不信任議決が出されたときに解散することができるのです。

あとは、①住民の解散請求による解散（後述）や、②自主解散が認められているよ（議員数の4分の3以上の者が出席し、その5分の4以上の者の同意があった場合のみ）。

5 直接請求

地方自治法では、住民が自分たちの意思によって、物事を決められる機会を多く設定しています。その代表的な制度が**直接請求**です。住民自治の観点から、一定の連署要件を満たすと各種請求ができることとされています。その種類としては、**①条例の制定・改廃請求**、**②事務監査請求**、**③議会の解散請求**、**④議員・長の解職請求**、**⑤主要公務員の解職請求**、の５つです。専門試験だけでなく、教養試験でも頻出になりますので、一つひとつしっかりと暗記しておきましょう。

直接請求	連署要件	請求先	請求後の措置	備考
① 条例の制定・改廃請求 （74条）	選挙権を有する者の総数の**50分の１以上**の者の連署	**長**	①長は、請求を受理した日から**20日以内に議会を招集。** ②議会に付議。	**地方税の賦課徴収並びに分担金、使用料及び手数料の徴収などお金が絡む条例の制定・改廃は不可。**
② 事務監査請求 （75条）	選挙権を有する者の総数の**50分の１以上**の者の連署	監査委員	監査委員が監査。	
③ 議会の解散請求（76条）	選挙権を有する者の総数の**３分の１以上**の者の連署	**選挙管理委員会**	①**選挙人の投票** ②過半数の同意 ③解散	議会議員選挙、解散投票の日から**１年間**は不可。
④ 議員・長の解職請求 （80条、81条）	選挙権を有する者の総数の**３分の１以上**の者の連署	**選挙管理委員会**	①**選挙人の投票** ②過半数の同意 ③失職	就職、解職投票の日から**１年間**は不可。
⑤ 主要公務員の解職請求 （86条） 主要公務員：副知事・副市町村長・指定都市の総合区長・選挙管理委員・監査委員・公安委員会の委員	選挙権を有する者の総数の**３分の１以上**の者の連署	**長**	①議会に付議 ②**議員数の３分の２以上の者が出席し、その４分の３以上の者の同意** ③失職	副知事・副市町村長、指定都市の総合区長は、就職、解職議決の日から**１年間**は不可。 選挙管理委員、監査委員、公安委員会の委員は、就職、解職議決の日から**６か月間**は不可。

直接請求は、すべて「**選挙権を有する者**」の連署が必要とされているので、選挙権がある者しかできません。つまり、外国人は直接請求をすることができないということを覚えておきましょう。

ではまず、連署要件を見てみましょう。①条例の制定・改廃請求と②事務監査請求は、求めていることが大したことではないので、「**50分の１以上**」の連署で足ります。しかし、③議会の解散請求、④議員・長の解職請求、⑤主要公務員の解職請

選挙権を有する者の総数が40万人を超える場合には、要件の緩和措置が用意されているよ。

求は求めていることがかなりの大事です。人の地位を奪う効果につながるので、「３分の１以上」の連署が要求されます。

次に、請求先を見てください。③議会の解散請求、④議員・長の解職請求の場合は、「選挙管理委員会」に請求することになっていますね。議会にしても、議員・長にしてもすべて選挙で選ばれた人たち（あるいはその集まり）です。したがって、民意を問い直すためにその後選挙人の投票に付す必要があります。そこで、それを管轄する選挙管理委員会に請求してね、となっているのです。一方、①条例の制定・改廃請求、⑤主要公務員の解職請求の請求先は「長」となっています。これは、条例の署名・公布権限を持っているのが長であるということや、主要公務員が長の任命で選ばれていることに基づきます。ただ、この場合は、長がその後の手続を勝手に行うのはまずいので、住民の代表である議会に付議して意思決定をしていくことになります。

最後に、①条例の制定・改廃請求は、地方税の賦課徴収並びに分担金、使用料及び手数料の徴収などお金が絡む内容のものは請求できません。こうしておかないと、例えば、「地方税は徴収するな、市民会館の使用料はゼロにしろ」などという請求ばかりが出されてしまいます。さすがにこんなことを認めるわけにはいきません。また、③議会の解散請求、④議員・長の解職請求、⑤主要公務員の解職請求には期間制限が設けられています。期間制限なくいつでも出せるということになると、何度も立て続けに出すことで嫌がらせをすることが可能になってしまいます。ですから、「この期間は請求できないよ、我慢してね」という形で濫用的な行使を制度的に防止しているのです。

6 事務監査請求と住民監査請求

地方自治法上、監査請求の種類としては前述した「事務監査請求」のほかにも「住民監査請求」というものがあります。この２つは似ていますが、対象や請求権者等の点で違いがあります。以下、その違いをまとめておきます。簡単に言うと、「事務監査請求」は50分の１以上の連署が必要となりますので、間口が狭いです。しかし、１回間口を通過すれば、争える対象はとても広く、事務全般にわたります。一方、「住民監査請求」は住民であれば１人でもできるので間口が広いです。しかし、争える対象は非常に狭い……。つまり、財務会計上の行為又は怠る事実のみ争うことができます。このように、２つの制度は一長一短です。したがって、時と場合によって、あるいは用途に応じて使い分ける必要がありますね。

	事務監査請求	住民監査請求
請求先	監査委員	
対象	事務全般→広い	財務会計上の行為又は怠る事実のみ→狭い
請求権者	選挙権を有する者の総数の50分の１以上の連署→狭い	住民（法人、外国人も可。１人でも可）→広い
不服がある場合	なし	住民訴訟を提起することができる。
期間制限	なし	財務会計上の行為があった日又は終わった日から１年。

怠る事実の場合には期限制限は適用されないよ。

7 住民訴訟

住民監査請求をした普通地方公共団体の住民は、①監査委員の監査の結果や勧告に不服があるとき、②監査委員の監査の勧告に基づいてとられた措置に不服があるとき、③監査委員が監査・勧告を60日以内に行わないとき（放置されたとき）、④監査委員の監査の勧告に基づく必要な措置を議会、長その他の執行機関若しくは職員が講じないときには、裁判所に訴えを提起することができます（242条の２第１項）。これが「住民訴訟」です。一度、行政事件訴訟法で民衆訴訟の一類型として勉強しましたが、住民訴訟を提起することができるのは、上記のとおり住民監査請求を前置した場合に限られます。つまり、住民監査請求をしないで、いきなり住民訴訟を提起することはできないのです。これを「住民監査請求前置主義」と呼びます。

管轄は、当該普通地方公共団体の事務所の所在地を管轄する地方裁判所に専属するよ（242条の2第5項）。

なお、適法な住民監査請求をしたにもかかわらず、これが不適法として却下された場合、当該住民は適法な住民監査請求を経たものとして直ちに住民訴訟を提起することができます。また、再度の住民監査請求をすることも許されます（最判平10・12・18）。住民訴訟の請求対象は「違法」な行為又は怠る事実についてであり、「不当な」行為又は怠る事実は含まれません。また、請求内容は以下の４つです。とくに④の４号請求には注意しましょう。住民が直接相手方に損害賠償又は不当利得返還の請求をすることはできません。これを「代位訴訟の禁止」と言います。

この点は、住民監査請求との大きな違いだよ。あくまでも訴訟は裁判所が判断権者なので、適法違法について争えても、当不当については争えないんだ。

請求内容（242条の２第１項各号）

①当該執行機関又は職員に対する当該行為の全部又は一部の差止めの請求（１号）

※ただし、差止めの請求は、当該行為を差し止めることによって人の生命又は身体に対する重大な危害の発生の防止その他公共の福祉を著しく阻害するおそれがあるときは、することができない。

②行政処分たる当該行為の取消し又は無効確認の請求（２号）

③当該執行機関又は職員に対する当該怠る事実の違法確認の請求（３号）

④当該職員又は当該行為若しくは怠る事実に係る相手方に損害賠償又は不当利得返還の請求をすることを当該普通地方公共団体の執行機関又は職員に対して求める請求（４号）

さらに、訴訟が係属しているときは、当該普通地方公共団体の他の住民は、別訴をもって同一の請求をすることができません（242条の２第４項）。これは好き勝手な別訴を認めると、訴訟不経済ですし、ひいては各訴訟で判断が割れるおそれが出てくるからです。

8 国等の関与

以前は「機関委任事務」があった関係で、国が上から目線で地方を一般的に指揮監督していました。したがって、あたり前のように国が地方に対してちょっかいを出していたわけです。このようなちょっかいを「関与」と言います。しかし、機関委任事務が廃止されたことに伴い、国が地方を一般的に指揮監督するというわけにはいかなくなりました。そこで、現在は、国等による関与は「関与法定主義」というルールの下運用されています。これは関与を法律や政令で縛るというもので、条文では「普通地方公共団体は、その事務の処理に関し、法律又はこれに基づく政令によらなければ、普通地方公共団体に対する国又は都道府県の関与を受け、又は要することとされることはない」と規定されています（245条の２）。ルール化しておくことで、むやみやたらにちょっかいを受けることがなくなるわけです（地方の自律性が維持されることになる）。

都道府県が、市区町村に対して関与することもあるので、「国等」となっているんだ。

このように、関与法定主義の下であれば、自治事務、法定受託事務の双方について一定限度で関与をすることができます。ただ、自治事務は地方公共団体の本来の事務という側面が多分にあるので、あまり強い関与は認められていません（代執行は不可）。一方、法定受託事務は国や都道府県が関心を寄せる事務ですから、ある程度強い関与まで認められています（代執行まで可）。

なお、国と地方公共団体との間で関与をめぐる争いが生じた場合は、公平中立な第三者機関である「国地方係争処理委員会」が審査をすることになっています。同じように、都道府県と市区町村との間で関与に関する争いが生じた場合にも、「自治紛争処理委員」が審査をすることになっています。

総務省に置かれているよ(250条の7第1項)。委員は5人で(250条の8第1項)、優れた識見を有する者のうちから、両議院の同意を得て、総務大臣が任命するんだ(250条の9第1項)。

PLAY! 理解度チェック

1. 特別区は地方自治法上いかなる地方公共団体に位置付けられているか。

1. 「特別地方公共団体」に位置付けられている。

2. 指定都市には、条例で、その区域を分けて区を設けるが、その区は特別区と同じなのか。

2. 同じではない。単なる行政区画に過ぎないため法人格を有しない。

3. 機関委任事務は現在存在しているのか？

3. 存在していない。

4. 条例制定権は、自治事務と法定受託事務の双方に及ぶのか。

4. 双方に及ぶ。

5. 長の定める規則に刑罰を設けることは可能か。

5. 不可能。過料のみ可。

6. 議員は単独で議案を提出することができるのか。

6. できない。議員の定数の12分の1以上の者の賛成が必要。

7. 議会は、予算の議決をする際に、増額したうえで議決することができるのか。

7. 増額したうえで議決することはできる。ただし、長の予算提出権を侵すことはできない。

8. 長は予算を調製する権限を認められているが、これを執行する権限までは認められていないのか。

8. 予算を調製し、これを執行する権限まで認められている。

9. 再度の不信任議決の要件は何か？

9. 議員数の3分の2以上の者が出席し、その過半数の者の同意。

10. 地方税の賦課徴収並びに分担金、使用料及び手数料の徴収に関する条例の制定・改廃を請求することは可能か。

10. 不可能。

11. 議員・長の解職請求の連署要件はどのくらいか？　また、請求先はどこか？

11. 連署要件は選挙権を有する者の総数の3分の1以上。請求先は選挙管理委員会。

12. 住民監査請求は、法人や外国人でもすることができるのか。

12. することができる。

13. 住民訴訟を提起するためには、住民監査請求を前置しなければならないのか。

13. 住民監査請求を前置しなければならない（住民監査請求前置主義）。

14. 住民訴訟は行政事件訴訟法では、どの訴訟類型に位置付けられているか。

14. 民衆訴訟。

15. 地方公共団体の自治事務や法定受託事務に対する国等の関与はある一定のルールに基づいて行われている。そのルールとは何か。

15. 関与法定主義。

TRY! 本試験問題に挑戦

地方公共団体の事務に関する次のア～エの記述の中には2つ妥当なものがあるが、それはどれか。 【地方上級H28】

ア. 地方自治法は、国と地方公共団体との役割を規定しており、地方公共団体は、住民の福祉の増進を図ることを基本として、地域における行政を自主的かつ総合的に実施する役割を広く担っている。

ア. ○
そのとおり。
地方自治法第1条の2に書かれている内容である。

イ. 地方公共団体が処理することとされている「地域における事務及びその他の事務で法律又はこれに基づく政令により処理することとされるもの」には、自治事務と法定受託事務が含まれる。

イ. ○
そのとおり。
地方公共団体の事務には、法定受託事務と自治事務の2つがあることを覚えておこう。

ウ. 自治事務は、法定受託事務と異なり地方公共団体が自主的に行う本来の事務であることから、その実施について、国等の関与を受けることは一切ない。

ウ. ×
関与法定主義の下、自治事務も一定の関与を受けることがある。

エ. 各地方公共団体の条例制定権は、自治事務だけに及び、法定受託事務には及ばないと一般的に解されている。

エ. ×
条例制定権は自治事務のみならず、法定受託事務にも及ぶ。

1. ア、イ　2. ア、ウ　3. イ、ウ　4. イ、エ　5. ウ、エ

正答　1

TRY! 本試験問題に挑戦

地方自治法の定める住民監査請求及び住民訴訟に関する次の記述のうち、妥当なのはどれか。　【国家総合職R１】

1．住民監査請求は、普通地方公共団体の住民が、監査委員に対して、財務会計上の行為又は怠る事実につき監査を求めるものであるが、いずれの場合においても、住民監査請求をすることができる期間に制限はない。

> 1．×
> 財務会計上の行為については、当該行為があった日又は終わった日から１年という期間制限がある。なお、怠る事実については不作為であるため、期間制限はない。

2．住民監査請求においては、普通地方公共団体の長等による違法若しくは不当な行為又は違法若しくは不当な怠る事実を争うことができ、住民訴訟においても、かかる行為又は怠る事実について、その違法性のみならず不当性について争うことができる。

> 2．×
> 住民訴訟では不当性については争えない。

3．住民訴訟は、地方財務行政全般の適正な運営を確保することを目的としており、その対象とされる事項は、公金の支出、財産の取得・管理・処分、契約の締結・履行、債務その他の義務の負担、公金の賦課・徴収を怠る事実、財産の管理を怠る事実に限られないとするのが判例である。

> 3．×
> 細かいので気にする必要はないが、判例ではこれらに限られるとしている（最判平２・４・12）。

4. 住民訴訟においては、執行機関又は職員に対して、違法な行為の全部又は一部の差止めを請求することができるが、当該差止めの請求は、当該行為により普通地方公共団体に回復の困難な損害を生ずるおそれがある場合に限り認められる。

4. ×
差止めの請求は、当該行為を差し止めることによって人の生命又は身体に対する重大な危害の発生の防止その他公共の福祉を著しく阻害するおそれがあるときは、することができない。

5. 住民訴訟を提起することができるのは、普通地方公共団体の住民で、住民監査請求をした者であり、法人や外国人であっても当該訴訟を提起することができる。また、住民訴訟が係属している場合、当該普通地方公共団体の他の住民が別に訴えを提起して同一の請求をすることはできない。

5. ○
そのとおり。
別訴提起はできない。

正答　5

ここまで読んでくれて
ありがとう。
これからも応援しているね

索引

Staff

編集
堀越美紀子
髙橋奈央

ブックデザイン・カバーデザイン
HON DESIGN（小守いつみ）

イラスト
くにとも ゆかり

エクシア出版の正誤情報は、
こちらに掲載しております。
https://exia-pub.co.jp/
未確認の誤植を発見された場合は、
下記までご一報ください。
info@exia-pub.co.jp
ご協力お願いいたします。

著者プロフィール

寺本康之

埼玉県立春日部高等学校卒業、青山学院大学文学部フランス文学科卒業、青山学院大学大学院法学研究科中退。全国の学内講座で講師を務める。大学院生のころから講師をはじめ、現在は法律科目（憲法、民法、行政法など）や行政科目、社会科学、人文科学、小論文、面接指導など幅広く講義を担当している。

寺本康之の
行政法ザ・ベスト ハイパー

2021年2月16日　初版第1刷発行
2024年7月11日　初版第2刷発行

著　者：寺本康之

発行者：畑中敦子
発行所：株式会社 エクシア出版
〒101-0054　東京都千代田区神田錦町2-1-5-204
印刷・製本：モリモト印刷株式会社

ISBN 978-4-908804-69-4 C1030